KB015572

이걸 쓸까 말까?

내가 바꾼 습관 하나가 지구를 지킨다

지은이 타라 샤인
옮긴이 이순희

펴낸이 김서영
펴낸곳 토마토하우스
등록 2005년 8월 4일(제406-2005-000027호)
주소 10881 경기도 파주시 광인사길 37
전자우편 hangilsa@hangilsa.co.kr
전화 031-955-2000 **팩스** 031-955-2005

관리이사 곽명호 **영업이사** 이경호 **경영이사** 김관영
편집 및 기획 김서영 노유연 박홍민 **관리** 이주환 문주상 이희문 원선아 이진아
디자인 창포 031-955-2097 **출력 및 인쇄** 예림 **제본** 예림바인딩

제1판 제1쇄 2024년 5월 10일
값 23,000원

ISBN 978-89-97313-78-5 03330
● 잘못 만들어진 책은 구입하신 서점에서 바꿔 드립니다.

내가 바꾼 습관 하나가 지구를 지킨다

타라 샤인 지음 · 이순희 옮김

차례

건강한 지구를 바라는 한국의 독자들에게
- 추천사

2023년 주한 아일랜드 대사로 부임한 후 가장 놀라웠던 점 중 하나는 한국의 수많은 전통이 지속 가능성 원칙과 맞닿아 있다는 사실이었다. 선물을 아름답게 포장하는 비단 보자기부터 온돌 난방법, 김치라는 잘 알려진 음식을 탄생시킨 발효법이 그렇다. 현대에도 지속 가능성을 위한 한국의 노력은 세계적으로 유명한 서울의 대중교통망, 유기농 스마트 농업의 확대 등 여러 방면에서 다른 나라에 영감을 주고 있다. The Elders(21세기 글로벌 문제를 해결하기 위해 모인 지도자 모임)의 일원인 반기문 전 유엔 사무총장은 글로벌녹색성장연구소(GGGI)를 설립해 세계 각국의 기후변화 대응에 기여했고, 우리 모두 그의 리더십에 감사하고 있다.

전 세계의 사람들과 마찬가지로, 한국인들 역시 더 건강한 지구를 위해 행동을 변화시키는 개인 차원의 방법을 모색하고 있다. 나는 외교관으로서 개인의 힘이 어떤 변화를 불러올 수 있는지, 탄소 발자국과 환경 발자국을 줄이기 위해 개인이 어떤 행동을 할 수 있는지 자주 질문을 받는다. 나는 즉각적인 성과를 거두는 몇 가지 방법 외에도 우리가 할 수 있는 일이 아주 많다고 생각한다.

내 친구인 타라 샤인 박사는 수년 동안 기후 협상가로서뿐만 아니라 개인으로서, 엄마로서, 그리고 기후 행동에 대한 대중의 목소리로서 나에게 영감을 불어넣는다. 복잡한 문제를 간단하게 풀어내고 현실적으로 조언하는 그녀의 능력이 저를 행동하게 만든다.

이 책은 지구를 보호하도록 우리에게 동기를 부여하는 지혜 덩어리다. 이 책은 우리 부모님 세대의 소비가 얼마나 간단했는지 상기시키고, 자랑스러운 한국의 전통적인 생활 양식을 떠올리게 한다. '물건이 적을수록 좋다'는 이 책의 핵심 메시지가 많은 독자에게 공감을 불러일으키길 바란다.

타라 샤인 박사는 '5개를 바꾸면 변화를 만들 수 있고, 50개를 이루면 지구적 영웅이 될 것'이라고 말한다. 이 실용적인 가이드북이 공동체와 개인이 주도하는 지속 가능성 운동의 출발점이 되기를 바란다.

2024년 5월

미셸 윈트럽

주한 아일랜드 대사

기후 낙관주의가 변화를 만든다
- 추천사

타라 샤인 박사는 뛰어난 통찰력을 지닌 미래 전략가다. 동시에 현실의 세세한 것들을 탐구하는 일 역시 부족함이 없음을 이 책을 통해 보여준다.

내가 타라를 처음 만난 것은 파리기후변화협약 탄생의 밑거름이 된 국제 기후변화 협상 석상에서였다. 나는 유엔기후변화협약 사무국 업무를 이끌고 있었고, 타라는 공정성과 정의를 토대로 법적 구속력이 있는 협약을 수립하기 위해 애쓰고 있었다. 지금도 마찬가지지만 타라는 다수에게 이익이 되는 실용적인 기후변화 해법을 찾아야 한다는 원칙과 열망, 그리고 확고부동한 결단을 마음속에 품고 활동했다. 당시에는 새로운 협약에 대한 기대감이 많은 사람의 가슴을 부풀게 했고, 공정하고 포괄적인 협정이 마련될 것 같아 보였다. 고맙게도 타라 역시 나와 마찬가지로 공동선에 대한 확고한 낙관주의를 품은 사람이었다. 그녀는 원주민 여성이나 영세 농민 등 많은 사람들과 함께 활동하면서 기후변화 협상 토론에 정의 문제를 제기했다. 또한 메리 로빈슨 전 아일랜드 대통령과 함께 활동하면서, 인류와 지구의 미래 보호를 위한 법적 구속력이 있는 국제 협약의 수립 과정에서 여성의 목소리와 리더십이 발휘될 수 있도록 도왔다.

기후변화 등 세계적인 문제의 해법을 모색하는 국제기구에서 일하다 보면, 국가와 기업의 행동 변화가 필요한 상황에서 개인의 행동은 어떤 가치를 지니느냐는 질문을 자주 받는다. 이미 국제기구와 조직이 꾸려져 있는 만큼 지금 필요한 것은 각 국가와 지자체가 행동에 나서는 것이다. 일반 시민들이 긍정적인 변화를 이룰 수 있다는 확신을 품고 변화를 이뤄간다면, 국가와 지자체 역시 행동에 나서지 않을 도리가 없다. 따라서 합리적인 선택을 할 수 있도록 일반 시민에게 필요한 정보를 제공하는 것이야말로 국가적 공론과 노력을 성장시키는 중요 단계다.

이 책은 충분한 정보를 기반으로 독자에게 질문하고 현명한 선택을 하게 함으로써 독자 스스로의 힘을 발휘하도록 돕는 책이다. 적극적으로 행동하고 토론하다 보면, 자신의 선택과 행동이 어떤 힘을 발휘하고 의미 있는 성과를 만들어낼 수 있는지 알게 된다.

타라는 환경 과학자이자 정책 기획자로서의 지식과 전문 역량을 활용하여 일상적인 물건과 활동, 그리고 습관에 대해 정보를 쉽게 전달한다. 이 책은 실용적일 뿐 아니라 과학적 데이터를 기반으로 지속 가능한 삶을 실천하기 위해서 우리가 가정과 일터 등의 일상에서 어떻게 하면 좋을지 알려준다. 게다가 할머니 할아버지 세대의 지혜와 검소함 그리고 뛰어난 식견까지 소개한다. 타라는 지속 가능성이 복잡하며 달성하기 어려운 목표라는 고정관념을 부수며 이것을 쉽게 실천할 수 있도록 한다.

세계 곳곳의 개인, 기업, 지역사회가 온실가스 배출과 폐기물 배출을 줄이고 회복력을 기르기 위해 혁신을 일궈가고 있으며, 도시와 학교에서는 지속 가능한 세상을 만들기 위한 열정적인 활동이 이어지고 있다. 나는 이러한 소식을 들을 때마다 힘이 불끈 솟는다.

개인적인 실천을 통한 일상적 삶의 방식을 바꾸는 것만으로도 지구 환경에 미치는 피해와 부담을 줄일 수 있다. 옳은 일을 하고 싶지만 어디서부터 시작해야 할지 확신이 서지 않는 사람, 혹은 이미 시작했지만 더 많은 정보를 필요로 하는 사람 모두에게 큰 도움이 될 것이다. 더 적극적인 실천을 원한다면 타라의 사회적 기업 'Change by Degrees'(www.changebydegrees.com)와 함께하라고 권하고 싶다.

나는 기후 낙관주의자다. 덕분에 더 나은 세상을 만들 수 있다는 확고한 신념을 유지하고 있다. 독자들 역시 기후 낙관주의자가 되길 바란다. 이 책에서 배운 내용을 활용하면 한 사람 한 사람이 변화의 원동력이 될 수 있다. 이 책은 소비자로서, 유권자로서, 자원봉사자로서, 노동자로서, 그리고 부모로서 더 나은 미래를 만들기 위해 어떤 행동을 해야 하는지 알려준다. 개개인의 행동이 모이면 변화를 위한 여론이 들불처럼 번져갈 것이다. 지금은 실천하기와 여론 형성이 가장 중요한 시기다.

크리스티아나 피게레스

유엔기후변화협약(UNFCCC) 전 사무총장
Mission 2020 의장
Global Optimism Ltd.의 공동설립자

변화: 바뀌어 달라지다.
새롭거나 긍정적이고 색다른 경험.

지구인으로서 더 좋은 삶 찾기
- 들어가는 글

이 책은 변화에 관한 이야기다. 이 책에는 미래에 대한 긍정과 낙관주의 그리고 인간에 대한 믿음과 혁신의 힘에 대한 기대감이 가득 차 있다. 이 책은 우리가 일상적으로 마주치는 물건들에 관련된 습관과 의례, 행동에 초점을 맞춘다. 환경에 미치는 영향을 줄이기 위해 무엇을 바꿀 수 있고 또 이런 변화가 우리의 건강과 삶의 향상에 어떤 도움이 될 수 있는지 살펴본다. 그리고 지구 자원을 사용하는 지금까지의 방식이 인류를 얼마나 심각한 위기에 몰아넣었는지 숨김없이 이야기한다. 위기나 비상사태가 발생하면 정부와 기업은 물론 국민도 의미 있는 행동에 나서야 한다. 이 책은 인류 공동의 집인 지구에 미치는 해악을 줄이기 위해 우리가 일상적으로 실천할 수 있는 다양한 방법을 알려준다.

지금 당장 모두가 행동하면

누군가는 국제적인 문제에 개인의 행동이 무슨 의미가 있겠냐고 말할지도 모른다. 기후변화와 플라스틱 오염, 생물 다양성 손실은 지구에 사는 77억 인류가 개인적으로 또 집단적으로 하는 행동 때문에 빚어진 일이다. 따라서 우리가 무엇을 하거나 사고, 무엇을 소중하게 여기고 어떻게 행동하느냐에 이 문제의 해법이 있다. 비닐 랩을 쓰지 않으면 지구를 살릴 수 있다고 이야기하려는 게 아니다. 정확한 지식으로 자기 생각을 이야기하고, 소비와 생활 방식을 바꾸는 것이 중요하다. 한편으로 국제적이면서 국가적인 정책과 법률의 수립이 필요한데, 이런 정책과 법률이 의회에서

찬성 결의를 얻고 필요한 예산이 마련되어 시행되려면 많은 사람의 지지가 필요하다. 지금은 하향식 해법과 상향식 해법 모두가 필요한 때다.

나는 20년 동안 국제기구에서 각 나라가 지속 가능한 발전으로 향하도록 각국 정부에 정책적·법률적 합의와 관련한 자문을 제공해왔다. 그사이, 2009년 코펜하겐 기후변화회의에서 중요한 합의가 결렬되었던 일 등 몇 차례 큰 좌절을 겪기도 했고, 2015년 파리기후협약이 체결되었을 때처럼 대단한 기쁨의 순간을 맞기도 했다. 더 공정하고 안전하며 건강한 세상을 위한 세계적 의제를 만드는 과정에서 다국가 간 의사 결정 과정의 저력을 확인하기도 했고, 이런 합의가 각 국가의 정책과 법률의 형성 과정에 미치는 영향력도 보았다. 또한 좋은 정책이 국가적 차원에서 수립되지 못한 사례도 목격했는데, 사람들의 지지가 충분하지 않았거나 인기 없는 정책으로 유권자들에게 외면당할지도 모른다는 정치인들의 불안감 때문에 일어난 결과였다. 그래서 몇 년 전부터 나는 대중에 관심을 쏟게 되었다. 개개인이 적극적으로 참여하지 않고서는 꼭 필요한 진취적인 정책 변화가 이루어지지 않는다는 생각 때문이다.

나는 요즘 가정과 일터에서 일상적인 활동을 통해 환경에 덜 해롭고 삶의 질도 높일 수 있게 사람들을 돕고 있다. 개개인의 삶에서 시작되는 작은 변화가 큰 동기 부여로 이어진다. 우리는 단순한 개인이 아니라 유권자, 소비자, 주주, 자원봉사자, 활동가, 이해관계자, 그리고 특정 지역의 주민이기 때문에 상당한 영향력을 발휘할 수 있다.

지구 생명체의 멸종을 막기 위한 체계적 변화를 위해 무엇이 필요한지에 대한 많은 논의가 필요하다. 이 책이 그런 물길을 바꾸는 데 작게나마 보탬이 되기를 바란다.

내가 제안하는 것들은 많은 시간이나 큰돈을 들이지 않고도 할 수 있는 일이다. 때로는 습관을 바꾸는 것만으로도 삶의 질이 향상된다. 가볍게 한두 가지 행동을 바꾸는 일부터 시작해서 차근차근 변화의 영역을 넓혀가길 바란다.

지구인으로서 더 나은 삶의 방식을 모색하는 일이 얼마나 가치 있는 일인가. 물론 휴가나 출장 시 항공편 이용 줄이기, 지붕에 태양광 패널 설치하기, 자동차 타지 않기 등 어려운 선택을 마주칠 수도 있다. 하지만 일회용 컵 사용하지 않기가 첫 번째 목표라면 거기서부터 시작해도 충분하다.

소비를 줄이는 게 해답

"이미 갖고 있는 물건이 지속 가능한 물건이다"라는 것이 내가 이 책에서 전하는 핵심 메시지다. 나는 여러 대안을 제안하는데, 이미 있는 것을 버리고 지속 가능한 물건으로 새로 사라는 의도로 해석하지 않기를 바란다. 우리는 이미 너무 많이 갖고 있다. 새로 사는 것을 줄이고 갖고 있는 것을 현명하게 사용하자는 것이다. 가끔 특정 브랜드나 제품을 소개할 때도 있는데, 이것은 홍보를 위해서가 아니라 어떤 변화가 일어날 수 있는지 알리기 위함이다.

또 다른 핵심 메시지는 습관이다. 수십 년 전부터 생긴 고치기 어려운 일부 습관들이 우리를 위협하고 있다. 우리 부모님이 청년이던 시절에는 일회용 컵에 든 테이크아웃 커피라는 건 아예 존재하지 않았고, 내가 어렸을 때는 물티슈를 지금처럼 많이 사용하지 않았다. 이런 습관들은 순식간에 우리 몸에 배었다.

잘 알고 있겠지만, 새로운 습관은 놀랄 만큼 빠르게 형성된다. 새로운 습관을 들일 분명한 이유가 있을 때, 재사용 장바구니 같은 대안이 있을 때, 그리고 새로운 사회규범이 이런 변화를 뒷받침할 때 우리는 낡은 습관에서 벗어나 새로운 습관에 정착한다. 자동차를 타면 안전띠를 착용하고 공공장소에서 흡연을 삼가는 습관에 우리가 얼마나 빨리 익숙해졌는지 돌아보라.

나는 기후 문제와 지속 가능한 발전에 관련된 국제정책 협상가로, 유럽과 개발도상국에서 활동하는 연구자로, 그리고 세계 지도자들에게 자문을 제공하는 조언자로 오랜 시간 활동했다. 나는 인류가 당면한 문제의 심각성에 대해 숨김없이 이야기한다. 이런 문제를 뒷받침하는 과학적 근거가 확실하기 때문이다. 하지만 그럼에도 불구하고 이 책을 읽은 독자들이 자신이 할 수 있는 일이 있음을, 그 일이 변화를 가져올 중요한 일임을 깨닫길 바란다. 그래서 일상을 바꿀 수 있는 아주 실용적인 행동들을 제안한다. 아이를 키우는 엄마이자 직장인, 자원봉사자 그리고 부모님의 딸인 나 역시 수많은 도전과 기회와 마주치는 삶이 어떤 것인지 잘 안다.

한 가지 짚어두자면, 과학과 혁신은 끊임없이 발전하고 진행된다. 이 책의 정보는 집필 당시 내가 이용할 수 있었던 최상의 정보를 기반으로 한 것이지만, 어느 시점이 되면 업그레이드가 필요할 수도 있다는 점을 밝힌다.

지속 가능성의 핵심

지속 가능성이란 지구에 거주하는 인류와 다양한 생명체의 상생을 존중하는 것이다. 미래 세대의 평온한 존속을 위해 지구 생명체를 보존하고 보호하는 방향으로 지구의 자원을 사용해 건강한 지구와 활기찬 경제, 그리고 행복한 사회를 달성하는 것을 뜻한다.

2015년 세계 각국 정상이 유엔에 모여 17개의 '지속 가능 발전목표'(SDGs)를 채택하고 2030년까지 더 나은 세상을 만드는 데 필요한 중요한 의제들을 설정했다. 건강과 교육은 물론이고 음식쓰레기, 기후변화 등 다양한 의제가 포함되었는데 세계 각국은 이 목표의 달성을 위해 노력하기로 약속했다.

같은 해인 2015년에 법적 구속력이 있는 '파리기후변화협약'이 체결되었다. 이 협약은 온실가스 배출을 줄이고 저탄소 미래에 대한 투자를 장려하며, 기후변화로 인한 불가피한 충격에 적응

할 수 있도록 국가 간에 돕는 것을 목표로 한다. 이 협약에서 기온에 대한 중요한 목표를 정했는데, 지구 온도가 산업화와 화석연료 사용 이전의 온도보다 2℃ 이상 높아지지 않도록, 가능한 한 1.5℃ 이내로 억제하자고 세계 각국이 약속했다. 각 나라는 이 협약을 이행하기 위해 어떤 노력을 할 것인지 세부적인 이행 계획을 제출하고, 그 계획을 5년마다 상향 조정해야 한다. 세계 모든 국가가 이 협약에 서명했으며 목표 달성을 위해 노력에 동참하고 있다(미국은 트럼프 대통령 취임 직후 탈퇴했다가 바이든 대통령 취임 직후 재가입했다).

올바른 해법 찾기

과학자들은 2030년까지는 세계 온실가스 배출량을 최소 45% 줄이고, 과거 산업혁명의 규모를 뛰어넘는 탄소 제로 혁명을 이뤄야 한다고 말한다. 그런데 이 혁명의 혜택은 모든 사람에게 공평하게 돌아가야 한다. 즉, 기후변화의 원인인 온실가스를 거의 배출하지 않는 개발도상국 사람들을 기후변화의 부정적인 영향으로부터 보호하고, 탄소 배출을 최대한 억제하는 지속 가능한 미래를 만들어가는 과정에서 이들에게 혜택이 돌아가도록 지원하는 것이다. 전환의 핵심은 우리가 사용하는 제품의 설계 단계에서 탄소 배출을 최소화시키는 것이다. 물론 모든 물건은 원료와 에너지를 소모하며 지구에 아무런 충격도 주지 않는 것은 불가능하다. 그러나 생산량을 줄이고, 재생 가능한 에너지를 사용하고, 물건을 오래 쓸 수 있도록 만들고, 원래의 용도로 쓸 수 없게 되었을 때 다른 용도로도 사용할 수 있도록 만든다면 지구가 받는 충격을 줄일 수 있다. 이러한 방식은 순환 경제의 개념에 녹아 있는데, 채취-사용-폐기 방식의 경제모델과 달리 모든 물건을 재사용하고 또 수리해서 다시 쓸 수 있게 하며, 수명이 다하면 지구로 되돌려주어 새로운 성장의 밑거름이 되도록 순환 과정을 구축하는 것이다. 순환 경제의 미래는 흥미진진하고 창의적이다. 한마디로, 지속 가능성이란 혁신을 통해 더 나은 행동과 삶의 방식을 찾아가는 것이다.

이 책이 어떤 도움이 될까

이 책을 처음부터 끝까지 정독해도 좋지만, 참신한 아이디어나 정보가 필요할 때는 중간에서 넘겨봐도 좋다. '이렇게 바꿔볼까?'라는 제목으로 쉬운 일부터 더 큰 노력을 필요로 하는 일까지 여러 대안이 소개되어 있다. 이 가운데 다섯 가지를 해낸다면 지구에 좋은 영향을 미칠 것이고, 오십 가지 일을 해낸다면 지구를 지키는 영웅이 될 것이다! 이미 갖고 있는 것을 사용하거나, 꼭 쓰지 않아도 되는 물건의 사용을 중단하는 것만으로도 지구에 도움이 된다.

그렇다고 완벽한 영웅이 될 필요는 없다. 시골에 살면서 식재료를 직접 길러 먹고 에너지를 직접 생산해 쓰고 옷을 직접 만들어 입는 삶이 지구를 지키는 완벽한 표본으로 제시된다면 얼마나 많은 사람이 지속 가능한 삶을 도저히 이룰 수 없다고 좌절하겠는가. 하지만 지속 가능한 삶은 누구나 실천할 수 있다. 도시의 아파트에 사는 사람도 할 수 있고, 시골의 단독주택에 사는 사람도 할 수 있으며, 집에 있을 때도, 밤 10시에 가게에서 쇼핑을 하면서도 할 수 있다. 물론 깨어 있는 시간의 절반을 출퇴근길에 써야 하는 사람도 할 수 있다.

일단 시작하면 그 과정에서 변화를 위해 한몫할 수 있는 힘을 얻을 것이다. 자, 이제 당신은 지속 가능한 미래를 위해서 무엇인가 바꿀 결심이 섰는가?

1.5℃가 목표인 이유

기후변화에 관한 정부 간 협의체(IPCC)가 2018년에 발표한 연구에 따르면, 지구 온도 2℃ 상승은 결코 안전하지 않은 수준이다. 전 세계는 반드시 1.5℃ 목표를 향해 노력을 기울여야 한다.

- 지구 온도가 1.5℃ 상승하면 곤충의 6%, 식물의 8%, 척추동물의 4%가 멸종하는데, 2℃까지 상승하면 곤충의 18%, 식물의 16%, 척추동물의 8%가 멸종한다. 생물 다양성 손실이 이 수준으로 진행되면 우리가 식량으로 쓸 작물과 질병 치료에 쓸 생물종도 사라진다.
- 지구 온도가 1.5℃ 상승하면 여름철에 북극해에서 얼음이 완전히 사라지는 일이 100년에 한 번 발생하지만, 2℃까지 상승하면 이런 일이 10년에 한 번 발생한다. 이런 변화는 북극에 거주하는 원주민의 생계에 영향을 미칠 뿐 아니라, 북극곰 같은 동물의 생존 확률에도 영향을 미치게 된다.

1.5℃ 목표를 달성하려면 늦어도 2050년까지는 온실가스 배출량을 0으로 줄여야 한다. 그러나 온실가스 배출량은 여전히 증가하는 추세다. 지구의 기후를 안정적으로 유지하려면 온실가스 배출량을 앞으로 10년 뒤에는 절반으로, 다시 10년 뒤에 또 절반으로 줄여야 한다. 이것은 모든 개인, 가정, 학교, 기업, 도시, 국가가 이뤄내야 하는 과제다. 이를 위해서 단열과 재생에너지 생산, 대중교통 수단을 늘리고, 나무를 더 많이 심고, 새로 사는 물건과 내버리는 물건의 양을 획기적으로 줄여야 한다.

주방

영국 가정의 97%가 전기 주전자를 갖고 있는데,
90% 이상이 매일 사용하며, 40%는 하루에 다섯 번 이상 사용한다.

주전자

많은 사람이 주전자에 물을 끓이며 하루를 시작한다. 그리고 중요한 순간을 앞두고 잠시 숨을 돌리며 물을 끓인다. 영국에서의 차 소비가 지구온난화에 미치는 영향을 다룬 2015년의 한 연구에 따르면, 차 1kg 소비에 따른 전주기 이산화탄소 배출량이 12kg을 넘는다. 놀랍게도 그중 85%가 전기로 물을 끓일 때 나온다고 한다.

옛날 사람들은 불 위에 냄비를 올려 물을 끓였다. 주전자는 주둥이를 제외하면 거의 닫힌 구조라 빠르고 효율적으로 물을 끓일 수 있다. 전기 주전자는 1890년대에 처음 등장했는데, 초창기에는 쉽게 과열된 주전자가 녹으면서 화재로 번지는 일이 잦았다. 물이 끓으면 자동으로 꺼지는 기능은 1955년에야 개발되었다.

유럽연합 내에서는 1년에 1억 1,700만~2억 개의 전기 주전자가 19~33TWh(테라와트시)의 전기를 사용한다. 아일랜드의 2017년 연간 전기 소비량 26TWh, 2018년 30TWh에 비견되는 수준이다. 주전자는 보통 스테인리스 스틸이나 플라스틱으로 만든다. 요즘 쓰는 전기 주전자는 대부분 1.5~2ℓ 용량의 중국제 무선 제품이다.

지구에 미치는 영향

대부분의 사람들이 차나 커피를 위한 물을 끓일 때 실제 필요한 양보다 더 많이 끓이는데, 이런 습관이 차의 탄소 발자국을 더 키운다. 주전자의 환경 발자국을 줄이려면 물을 필요한 양만 끓이고, 끓인 후에 바로 사용하지 않아서 식어버린 물을 두 번 세 번 다시 끓이는 일을 피해야 한다. 물을 많이 끓일수록 기후변화에 미치는 영향이 커지기 때문이다.

전기 주전자는 전원을 켤 때 전기를 가장 많이 소모한다. 십여 년 전에는 전기소비량 2.2kW 제품이 널리 사용되었지만, 요즘에는 물을 더 빨리 끓일 수 있는 3kW 제품이 일반적이다. 물을 더 빨리 끓인다는 건 그만큼 전기를 많이 쓴다는 뜻이다.

2016년 '에너지 세이빙 트러스트'(Energy Saving Trust)가 영국의 8만 6,000가정을 대상으로 실시한 조사에 따르면, 영국 가정의 75%가 주전자에 필요 이상의 물을 넣어 끓인다. 이러한 불필요한 전기 소비로 지출하는 연간 전기요금 총액이 6,800만 파운드라고 한다. 또 응답자의 86%가 주전자를 살 때 에너지 효율보다는 주방 디자인이나 다른 전기 제품과 잘 어울리는지를 더 많이 따진다고 답했다.

이렇게 바꿔볼까?

- 물은 필요한 양만큼 끓인다. 차 한 잔을 끓이려면 주전자에 물 한 잔만 넣으면 된다.
- 물을 끓일 때는 지키고 있다가 물이 끓으면 바로 사용한다. 찻물은 지켜보고 있으면 절대로 끓지 않는다는 말도 있지만, 지켜보지 않는 사이에 물이 끓었다가 식어버리면 차 한 잔을 위해 물을 여러 번 끓이는 일이 벌어질 수 있다.
- 새 주전자를 살 때는 물의 양을 한눈에 확인할 수 있는 제품을 선택한다. 여유가 있다면 에너지 효율이 가장 높은 1등급 주전자를 산다. 차나 커피의 탄소 발자국을 줄이면 전기요금 지출이 줄어 장기적으로 돈을 절약할 수 있다.
- 전자레인지나 가스레인지로 물을 끓일 때 냄비 대신 주전자를 사용하자. 전기 주전자가 소모하는 전기의 약 80%가 물의 온도를 높이는 에너지로 전환된다. 그런데 전자레인지를 쓰면 에너지의 55%만이, 가스레인지에 냄비를 올려 끓이면 40%만이 실제로 물을 끓이는 데 쓰이고 나머지는 낭비된다.
- 재생에너지 전력 사업자가 공급하는 전기로 바꾸어 차 소비에 따른 온실가스 배출량을 줄인다.

많은 사람의 이목이 쏠리는 스포츠 경기가 TV로 중계될 때, 하프타임이나 광고 시간이 되면 전기 사용량이 순식간에 폭증한다. 많은 사람이 동시에 전기 주전자의 전원을 켜기 때문이다. 영국에서는 이를 TV 픽업(pickup)이라고 한다. 관측사상 영국 최대 규모의 픽업이 발생한 때는 1990년 7월 4일 월드컵 준결승전에서 영국과 서독의 승부차기가 끝났을 때였다.
영국에서는 사람들이 집에 머무는 시간이 늘어나는 7월, 8월, 12월, 1월의 휴가 기간에 전기 주전자 사용이 급증한다.

순간온수기

순간온수기는 편리하지만 환경에 미치는 영향에 대해서는 평가가 엇갈린다. 차를 만들 때마다 전기 주전자에 필요 이상의 물을 채우고 여러 번 다시 끓이는 습관이 있는 사람이라면 순간온수기를 쓰는 편이 전기요금을 조금이나마 줄일 수 있다. 그러나 절약 효과가 그리 크지 않아서 순간온수기의 설치 비용을 회수하려면 여러 해가 걸린다.

2018년 1월 『가디언』 기사에 따르면, 영국 사람들이 한 해 동안 마시는
차의 티백을 만드는 데 쓰이는 폴리프로필렌의 양이
플라스틱 약 150t에 해당한다고 한다.
다량의 티백 쓰레기는 음식물 쓰레기 퇴비의 품질을 떨어뜨릴 뿐 아니라
매립지에 쌓이거나 환경으로 유입될 수 있다.

티백

향이 강한 차, 부드러운 우롱차, 얼그레이 등 차의 종류는 참으로 다양하다. 어느 조사에 따르면 영국인의 68%가 하루에 두 잔 이상 차를 마신다고 한다. 차는 긴장을 풀고 활기를 되찾고 싶을 때 빼놓을 수 없는 중요한 식품이다. 차는 기원전 2737년 중국에서 약으로 사용한 데서 유래했다고 하는데, 중국은 인도와 케냐에 이어 세계 3위의 차 생산국이다. 1인당 차 섭취량 1위는 아일랜드, 2위가 영국이다.

지구에 미치는 영향

티백은 보통 종이로 만들지만 폴리프로필렌(플라스틱의 한 종류) 코팅이 되어 있다. 사용한 티백이 퇴비로 분해되려면 아주 오랜 시간이 걸린다고 한다. 2010년 영국의 원예 잡지 『Which?』의 연구 결과, 유수의 차 제조업체가 만든 티백의 생분해 비율은 70~80%로 확인되었다. 일부 티백은 거름망에도, 티백을 밀봉하는 접착제에도 플라스틱이 들어 있다. 플라스틱 오염에 대한 대중적 인식이 높아지자 많은 차 회사가 플라스틱 프리 티백을 개발하기 위해 노력하고 있다.

티백의 환경 발자국은 플라스틱뿐 아니라 차의 재배·가공·운송 과정에서 자원이 소모될 때도 발생한다. 2012년 한 연구에 따르면 티백 25개 분량의 차를 재배하는 데 300ℓ가 넘는 물이 소비된다. 물이 부족한 지역에서는 차 재배 때문에 지하수가 고갈될 수 있다.

2017년 『옥스퍼드 학술 백과사전』에 발표된 연구에 따르면 차의 집약적인 단일 경작은 환경에 큰 영향을 미친다. 집약적인 단일 경작에는 일반적으로 살충제와 무기비료의 투입이 필수적인데, 이 물질은 환경에 나쁜 영향을 주며 수질을 오염시키고 생물 다양성을 위협한다. 비료와 제초제를 반복적으로 사용하면 토양이 황폐화되고, 차 재배지의 확장은 산림과 야생생물 서식지를 파괴한다. 차의 가공(건조 및 발효)과 운송은 기후변화의 주원인인 화석연료에 의존한

다. 환경 발자국을 남기지 않고 차를 마시는 건 실현 불가능한 꿈이지만, 자신과 환경에 더 유익한 길을 선택할 수는 있다.

최초의 티백

1908년 뉴욕의 차 제조업자 토머스 설리번이 최초의 티백을 발명했다. 그는 견본 차 제품을 작은 비단 주머니에 넣어 고객들에게 보냈는데, 그 봉지를 금속제 차 거름망처럼 뜨거운 물에 담가 차를 우려낼 때 쓰면 좋겠다는 이야기를 들었다. 설리번은 티백 재료를 비단 대신 면으로 바꾸어 1920년대에 상업 생산을 개시했지만, 전시물자 부족으로 상용화에 성공하지 못했다. 1950년대에 티백이 출시되자 차를 즐기는 사람들 사이에서 편리하다는 호평이 쏟아졌다. 1960년대 초 영국 차 시장에서 3% 미만이었던 티백의 점유율은 2018년에 96%를 달성했다.

이렇게 바꿔볼까?

- 차를 마실 때 티백보다는 찻주전자에 말린 찻잎을 넣어 차를 우린다. 잎 전체에 뜨거운 물이 스며들어 신선하고 향이 풍부한 최상의 차를 즐길 수 있다. 차를 한 잔 분량만 만들 때가 많다면 금속으로 만든 1인용 차 거름망을 구입해서 사용한다.
- 플라스틱 재료를 쓰지 않고 포장재도 최소한으로 사용하는 티백 제품을 구입한다. 생분해 인증 제품을 선택하고 사용한 뒤에는 산업형 퇴비화 수거함에 버리는 것이 가장 바람직한 방법이다. 티백을 음식물 쓰레기로 버리면 아주 느리게 분해된다.

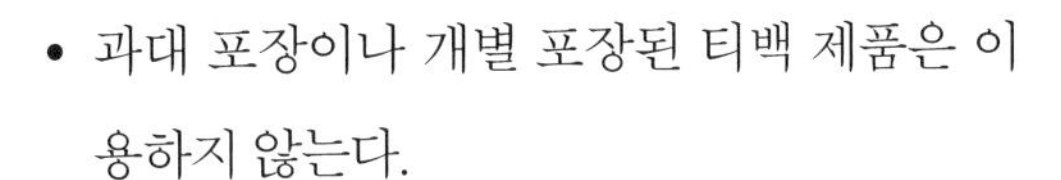

- 과대 포장이나 개별 포장된 티백 제품은 이용하지 않는다.
- '레인포레스트 얼라이언스'(Rainforest Alliance) 인증이나 공정무역 인증을 받은 차 제품을 이용한다. 높은 환경기준에 맞추어 생산된 것이어서 환경 발자국을 덜 남긴다.
- 공정무역이나 윤리적 생산 인증을 받은 제품은 차 재배 농민, 찻잎 수확 노동자, 차 제조 노동자 등 관련 종사자들에게 합리적인 노동조건과 급여를 제공한다.
- 유기농 인증을 받은 차 제품을 선택한다. 생물 다양성 보전, 차 재배 농민과 수확 노동자의 건강 보호를 위해서 재배와 생산 과정에서 화학비료, 살충제, 제초제를 전혀 사용하지 않은 제품에만 유기농 인증이 부여된다.

최초의 플라스틱 프리 티백

영국의 차 브랜드 '티피그'(Teapigs)는 윤리적으로 생산된 차 원료와 플라스틱 프리 티백을 사용한다. 공동 창업자 닉 킬비와 루이스 치들은 차 애호가들에게 다양한 홀리프(온전한 잎 모양을 유지하고 있는 찻잎) 차를 제공하려는 취지에서 티피그를 설립했다. 그들은 차의 향과 품질을 지키려고 노력하는 과정에서 제품의 환경 발자국과 차를 재배하는 농민의 생계, 그리고 복지 문제로 눈길을 돌리게 되었다.

티피그의 주력 상품인 홀리프 제품은 일반적인 형태의 티백 대신에 피라미드 모양의 '티 템플'로 제공된다. 티 템플과 끈은 생분해되는 옥수수 전분으로 만들고, 종이 라벨은 식물성 기름으로 인쇄하며, 티 템플을 밀봉할 때는 플라스틱 접착제 대신 열을 가하는 방식으로 제작한다.

티피그는 소비자에게 제품의 생분해성에 대해 정확히 알려주고, 티 템플을 느리게 분해되는 가정용 퇴비통 대신 산업형 퇴비화 수거함에 넣길 권한다.

차 제품을 포장하는 골판지 상자는 재활용이 가능한 FSC 인증(지속 가능한 산림 자원이 사용되었음을 소비자가 쉽게 확인하는 인증 제도) 용지로 만들고, 속지로 쓰는 투명 포장지는 네이처플렉스(Natureflex)라는 재료로 만든다. 네이처플렉스는 플라스틱과 비슷해 보이지만 셀룰로오스로 만든 것이라 퇴비로 생분해할 수 있다. 알루미늄 캔 포장을 사용하는 제품도 있는데, 이 알루미늄 용기는 재활용하거나 다른 용도로 쓸 수 있다.

티피그는 자신들의 회사가 환경에 어떤 영향을 미치는지, 차 재배 농민들과 어떻게 협력하고 있는지에 대해 고객에게 솔직하게 알린다.

차 브랜드로서는 최초로 런던의 비영리 단체 '플라스틱플래닛'(A Plastic Planet)으로부터 제품과 포장에 플라스틱을 쓰지 않았음을 확인하는 플라스틱 프리 인증 마크를 받았다.

커피의 실제 가격

나는 커피를 좋아해서 하루도 거르지 않고 마신다. 그러니까 나는 거래량이 너무 많아서 3분마다 가격이 요동치는 거대한 상품 시장의 일원이다. 그런데 커피콩 재배 농민의 약 61%가 커피콩을 밑지면서 팔고 있다.

'페어트레이드'(Fairtrade)에 따르면 현재 전 세계 커피 매출의 약 80%를 다국적 기업 세 곳이 장악하고 있다. 커피 포드와 커피 캡슐 등 혁신적인 제품이 인기를 모으면서 거대 커피 브랜드의 수익은 더 커졌지만, 커피콩 재배 농민들에게는 혜택이 거의 돌아가지 않고 있다.

공정무역의 필요성

페어트레이드는 세계 최대의 공정무역 운동 조직으로 기업·소비자·활동가와 협력해 커피콩 재배 농민과 노동자의 현실을 개선하고 지속 가능한 생계와 생산 시스템 확립을 위해 노력한다. 커피콩 수익이 너무 적어 경제적으로 쪼들리면 농민들은 다른 방법을 찾을 수밖에 없다. 어린이를 고용해 일을 시키고, 자신과 노동자 몫의 임금을 줄이며, 환경보호에 필요한 조치를 외면하는 것이다. 결국 가난은 점점 심해지고 토양은 더 황폐해지며 소비자에게 공급되는 커피의 품질은 더욱 낮아지는 악순환이 이어진다.

2017년 '트루 프라이스 앤 페어트레이드 인터내셔널'(True Price and Fairtrade International)이 실시한 연구에 따르면 케냐 농민의 100%, 인도 농민의 25%, 인도네시아와 베트남 농민의 약 35~50%가 커피콩 판매 수익으로 생계비조차 충당할 수 없는 처지라고 한다.

공정무역의 실현

전 세계적으로 약 1억 2,500만 명이 커피콩을 재배해 먹고산다. 적절한 가격을 받고 커피콩을 판다면 이들의 삶의 질은 백팔십도 달라질 것이다. 이를 실현하는 유일한 길은 공정한 가격을 지불하는 것이다.

우리가 공정무역 커피(그 외에도 차, 바나나, 설탕, 코코아)를 구입하면 많은 도움이 된다. 재배한 작물을 공정한 가격에 판 농민들에게 여유 자금이 생기면 농기구와 비품을 구입하고, 직무 훈련을 받고, 건강·교육·환경을 위해 투자할 수 있다.

레인포레스트 얼라이언스는 차, 커피, 코코아, 야자유, 절화(꺾어서 활용하는 생화) 등의 상품에 대해서 환경적·사회적·경제적으로 지속 가능한 제품 인증을 발행하는데, 쉽게 식별할 수 있도록 청개구리 그림을 인증마크로 사용한다. 이 조직은 현재 'UTZ'(차, 커피, 코코아에 대한 인증 프로그램)와의 합병을 통해 더 강력한 인증 프로그램을 시행하고 있으니, 커피를 구입할 때 포장지에 새로운 정보와 로고가 있는지 확인해 보면 어떨까.

아메리카노를 즐기는 사람도 있고 에스프레소를 즐기는 사람도 있다.
한국에서 하루에 소비되는 커피는 무려 5,500만 잔이다.

커피메이커

많은 사람이 향긋한 커피 한 잔으로 하루를 시작한다. 커피를 어떤 방법으로 끓이고 무슨 기계를 사용하는지가 커피 한 잔의 환경 영향을 바꾼다.

수백 년 전부터 사람들은 커피를 마셨고(서기 575년 튀르키에 사람들이 커피를 끓여 마셨다는 내용이 커피에 대한 최초의 기록이다), 옛날 방법 몇 가지는 아직도 이어지고 있다. 지금도 에티오피아에서는 전통 도기 주전자를 숯불에 올려 커피를 끓인다.

1865년 제임스 네이슨은 최초의 커피 퍼컬레이터(불 위에 올려 끓이는 금속 용기)를 개발해 미국에서 특허를 등록했고, 1908년 이탈리아 출신 멜리다 벤츠는 종이 필터를 사용하는 최초의 드립 커피머신을 발명했다. 프렌치 프레스라고도 불리는 침출식 커피 주전자는 1929년에 등장했다.

요즘에는 국제 커피 대회도 개최되고 바리스타를 양성하는 학교도 많아졌다. 커피 포드나 커피 캡슐 전용 커피머신 등 새로운 발명품까지 등장한 덕에 우리 앞에는 더 다양한 선택의 길이 펼쳐져 있다.

지구에 미치는 영향

모든 종류의 전기 커피메이커는 에너지를 소모한다. 인스턴트 커피를 타거나 프렌치 프레스에 채울 물을 끓일 때도 에너지가 소모된다. 커피를 끓이는 방식에 따라 환경 발자국은 얼마나 차이가 날까?

대기 모드가 있는 커피머신은 사용하지 않을 때도 에너지를 소모한다. 이런 '뱀파이어 에너지'가 전기 요금 부담을 늘린다(95쪽 참조). 에스프레소 머신은 드립 커피머신보다 약간 더 많은 에너지를 소모한다. 버튼만 누르면 1인분 커피를 만들어내는 커피머신은 대개 물을 보온 상태로 유지하기 때문에 계속 에너지를 소비한다.

전기 커피머신은 금속과 플라스틱으로 만들어졌다. 따라서 수명이 다하면 유럽에서는 전기전자폐기물처리지침(WEEE)에 따라 반드시 재활용해야 한다. 커피머신에는 값나가는 부품이 많아서 재활용 센터나 전기·전자 제품 매장의 전자 폐기물 수거 센터에 가져가면 필요한 부품을 분리해서 재사용하거나 재활용할 수 있다.

커피메이커와 커피머신을 사용할 때 나오는 폐기물의 종류와 양은 커피 추출 방식에 따라 다르다. 대부분의 드립 커피메이커에는 일회용 종이 필터가 사용되는데, 이 종이 필터는 커피 찌꺼기와 함께 퇴비화할 수 있다. 반면에 커피 포드와 커피 캡슐은 커피 1인분을 작은 플라스틱 또는 알루미늄 캡슐에 넣은 것이라서, 드립이나 에스프레소 방식의 기계를 쓸 때보다 폐기물이 더 많이 나온다. 그리고 커피 캡슐은 캡슐 용기를 제조하는 과정에서 천연자원과 에너지를 사용하기에 훨씬 큰 환경 발자국을 남긴다. 커피 포드는 커피 찌꺼기를 제거하기 어려울 뿐 아니라 대부분 플라스틱과 알루미늄이 혼합되어 있어 가정용 재활용 수거함에 넣어서는 안 된다. 네스프레소 등 일부 브랜드는 자사 제품 폐기물에 대한 전문적인 수거 및 재활용 서비스를 제공한다.

생분해되는 커피 포드 제품보다 퇴비화가 가능한 커피 포드를 쓰는 게 더 좋다. 포장에 퇴비화 가능 라벨이 붙어 있는지, 사용한 포드를 퇴비화할 수 있는지, 아니면 일반 쓰레기로 버려야 하는지 반드시 확인한다.

이렇게 바꿔볼까?

- 종이 필터와 커피 찌꺼기를 퇴비로 만든다. 커피 찌꺼기는 화분이나 정원 흙에 섞어 토양 개량제로 쓸 수 있다. 플라스틱 코팅이 되어 있거나 천으로 된 커피 필터는 일반 쓰레기로 버린다. 천연섬유로 만들어 재사용이 가능한 커피 필터를 사용하면 쓰레기를 줄일 수 있다.
- 사용 설명서나 온라인 동영상 서비스를 참고해 커피머신의 에코 모드 사용법을 익혀 에너지 낭비를 줄인다. 커피머신은 적정 온도를 설정하고 대기시간을 짧게 해 사용하며 쓰지 않을 때는 플러그를 뽑아둔다.
- 새 커피머신을 구입한다면 원두나 분쇄 커피를 이용하는 커피머신을 선택한다. 이미 포드 머신을 쓰고 있다면 재사용할 수 있는 커피 포드를 고른다. 한번 쓴 포드를 비운 뒤 내용물을 다시 채워서 사용하는 방법을 온라인에서 찾을 수 있다.
- 사용하는 커피메이커를 정기적으로 점검한다. 석회질을 제거하면 열효율이 높아져 에너지 낭비를 막을 수 있다.
- 커피를 집에서 손수 끓여 마신다. 자동차 연료를 쓰면서 카페에 가서 일회용 컵에 든 커피를 사는 것보다 훨씬 환경 친화적이다. 퇴비화할 수 있는 일회용 컵이라고 해도 환경 발자국이 크기 때문이다.

지속 가능한 식품

식료품을 사는 게 왜 이리 복잡한가 하는 생각이 들 때가 많다. 유기농 야채가 비닐에 싸여 있어 고민스러울 때도 있고, 스테이크와 아보카도 중 어느 것이 지구에 더 나쁜 영향을 미치는지 알쏭달쏭할 때도 있다. 설탕, 소금, GMO, 팜유가 든 것을 피하고, 로컬 푸드를 적절한 가격에 구입한다는 게 하늘의 별 따기처럼 느껴질 때도 있다. 그뿐인가! 동물 복지, 식품첨가물, 공정무역, 영양 성분, 탄소 발자국 문제까지 식료품을 사다 보면 마치 지뢰밭을 걷는 듯한 심정이 된다.

유엔에 따르면, 전 세계 8억 명 이상의 사람들이 식품 부족과 영양 결핍에 허덕인다. 그럼에도 생산된 식품의 1/3이 소비되지 못하고 해마다 무려 9,400억 달러어치만큼 버려진다고 한다. 2018년 OECD 30개국이 개발도상국에 제공한 공식 원조(보건, 교육, 식량 그리고 인도적 지원)의 규모는 겨우 1,530억 달러였다. 이렇게 막대한 비용을 들여 생산한 식품이 쓰레기로 버려지는 현실 앞에서 지구촌의 연대와 인간 개발을 이루겠다는 약속은 얼마나 초라한가.

세계가 필요로 하는 식량

전 세계 온실가스 배출량의 1/4이 농업과 식량 생산에서 나온다. 그런데 농업은 기후변화의 충격에 매우 취약한 부분이기도 하다. 연구자들은 2050년이면 세계 인구가 90억이 되고, 지구 온도가 더 상승해 심각한 기상 현상(가뭄, 홍수, 폭풍)이 일어나 식량 생산과 공급에 차질을 일으킬 거라고 예측한다. 식량을 필요로 하는 사람은 늘어나는데 계절적 특징이 변하고 토양 비옥도가 떨어지고 물 부족이 심해지면서 벼 · 옥수수 · 밀 등의 농작물 수확량은 줄어들 거라는 이야기다.

어느 곳에나 등장하는 원료, 팜유

팜유는 피자, 초콜릿, 도넛 등의 식품에서부터 비누, 샴푸, 립스틱까지 다양한 물건을 만드는 데 쓰인다. 팜유는 야자나무 열매나 씨앗에서 짜내는데, 야자나무는 아프리카가 원산지이지만 지금은 말레이시아와 인도네시아의 대규모 팜유 농장에서 대량으로 재배된다. 이 나라들은 거대한 팜유 농장의 조성을 위해 무성했던 열대우림을 밀어냈다. 대규모 삼림 파괴는 기후변화를 촉진시키고 오랑우탄, 수마트라 코뿔소 등이 살 곳을 빼앗아 생물 다양성의 손실을 낳는다. 곤충, 새, 긴팔원숭이 등 수많은 동물이 내는 소음이 우렁차게 울리는 열대우림과 달리, 팜유 농장에서는 쥐와 뱀을 빼고는 야생동물이 거의 살지 않아 그 주변이 고요하다.

팜유는 지속 가능한 방식으로도 생산할 수 있다. 열대우림이 훼손되지 않게 경관을 관리하면서 소규모로 야자나무를 길러 생계를 유지할 수 있게 농민들을 지원하면 팜유 생산은 좋은 일자리 창출로 이어질 수 있다. 팜유 산업의 개혁을 위해 만들어진 '지속 가능한 팜유 생산을 위한 협의체'(RSPO, Roundtable on Sustainable Palm Oil)는 2005년부터 몇 년간 소규모 야자나무 생산자들과의 시범 사업을 통해 RSPO 인증에 필요한 원칙과 기준을 마련했다(2018년에 개정). RSPO 인증이 있는 지속 가능한 팜유 제품을 사용하자.

지속 가능한 식생활

지속 가능한 식생활을 위해서는 국가와 국제적인 차원에서 탄소 배출을 줄이고 식품의 생산과 거래를 규제하는 정책적 변화가 필요하다. 물론 개개인이 할 수 있는 일도 많다. 나는 몇 가지 구입 원칙을 세웠다.

① 가공식품 구입을 줄이고 식품첨가물, 팜유, 지나친 설탕과 소금, 과도한 포장을 피한다. ② 로컬 푸드를 취급하는 가게에서 장을 보거나 배달을 시킨다. 주로 대형마트에서 장을 본다면 되도록 로컬 푸드를 구입하고, 품목을 늘려달라고 마트에 요청한다. ③ 동물성 식품을 매일 먹는 것은 좋지 않다. 산업형 대량 축산 시설에서 생산된 닭고기, 돼지고기, 쇠고기를 자주 먹는 것은 더더욱 좋지 않다. 가능하면 지역에서 방목이나 유기농 사육으로 생산된 동물성 식품을 구입하고, 이러한 식품의 섭취를 일주일에 한두 번으로 줄인다. ④ 제철 과일과 채소를 먹는다. 운송과 관련된 탄소 발자국을 줄일 수 있다. ⑤ 식품의 원산지와 이력 표시의 의무화 규정이 개선되고 있으니 원산지를 확인한다. ⑥ 직접 요리하면 건강을 챙기면서 식품비를 줄일 수 있다. 돈도 절약하고 지구도 보호하자. ⑦ 남은 음식을 버리지 말고 다음 날 식사 재료로 쓴다. 남은 주스와 과일을 냉동실에 얼려두면 1년 내내 스무디를 즐길 수 있다. ⑧ 구입할 식재료 목록을 만들고 그대로 따르면 쓰레기를 줄일 수 있다. 유통기한 안에 다 먹을 자신이 없으면 대량 포장 식품은 구입하지 않는다. 단, 요구르트 같은 식품은 대형 용기에 든 것을 산다. 재사용이 가능한 작은 용기에 나눠 담아서 학교나 직장에 가져가면 포장재 쓰레기를 줄일 수 있다.

식품의 탄소 발자국

식품의 탄소 발자국을 줄이는 핵심은 로컬 푸드를 이용하는 것이다. 고기는 채소보다 탄소 발자국이 크다. 대형마트에 진열된 여러 식품의 탄소 발자국(g CO_2e)을 비교해보자. 인근에서 생산된 사과는 10인데, 일반 사과의 평균값은 80이다. 제철 딸기 한 상자는 150인데, 따뜻한 곳에서 재배해 비행기로 실어온 딸기는 1,800이다. 제철 아스파라거스 한 묶음은 125인데, 멀리에서 비행기로 실어온 아스파라거스는 3,500이다. 인근에서 생산된 제철 유기농 토마토 1kg은 400인데, 제철이 아닌 때에 생산된 유기농 토마토 평균값은 50,000이다. 500ml 우유는 723, 빵 한 덩이는 800이다. 고등어 1kg은 500, 새우 1kg은 10,000이다. 채식 버거는 1,000이고, 일반 치즈버거는 2,500이다.

2018년 영국에서 판매된 알루미늄 포장재 가운데 10만t 이상이 재활용되었는데, 수거된 알루미늄 포장재의 95%가 유럽 내에서 재활용되었다.

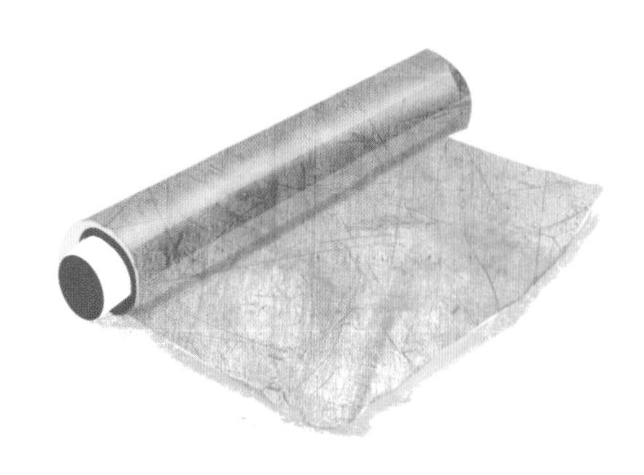

알루미늄 포일과 그릇

알루미늄 포일은 껌, 버터, 테이크아웃 음식까지 무엇이든 포장할 수 있다. 크리스마스에 칠면조를 구울 때나 생선을 구울 때도 요긴하게 쓰인다. 알루미늄은 100% 재활용할 수 있는데, 새로 생산하는 데 필요한 에너지 비용의 90% 이상이 절약된다.

알루미늄 포일 시장은 1950~60년대에 급속히 성장했다. TV 디너(알루미늄 그릇에 들어 있어 오븐에 데우면 바로 먹을 수 있는 인스턴트 냉동식품)가 날개 돋친 듯 팔리면서 식료품 시장의 판도가 바뀌었다. 요즘에는 알루미늄이 포일과 그릇뿐만 아니라 음료수 캔, 방향제 용기, 멸균 포장, 덮개, 포장지, 알약이나 캡슐을 담는 블리스터 포장, 작은 물체들을 포장재 사이에 넣고 구획이 생기도록 가열·압착하는 스트립 포장에도 쓰인다.

알루미늄은 가볍고 내구성이 좋다. 1910년 스위스 출신 로베르트 빅토어 네어가 처음으로 알루미늄 포일을 사용했다. 1911년 토블론(Toblerone) 초콜릿이, 1912년 식품 회사 마지(Maggi)의 큐브 형태로 만든 치킨스톡이 알루미늄 포일에 싸인 형태로 출시되었다.

지구 지각에서 세 번째로 풍부한 원소 알루미늄은 주로 보크사이트에서 추출된다. 알루미늄 최대 생산국은 중국(전 세계 생산량의 절반이 중국에서 생산된다)이고, 그다음이 러시아, 캐나다, 인도 순이다. 중국은 세계 알루미늄 판매량의 40%를 자국 내에서 소비하는 알루미늄 다소비국이기도 하다.

알루미늄 포장재는 식품 및 음료 포장(75%)에 가장 많이 사용되고, 의약품 포장에 7%, 화장품 포장에 8%가 사용된다. 알루미늄은 빛, 산소, 습기, 그리고 박테리아의 출입을 완전히 차단한다. 그래서 커피, 차, 향신료, 방향제 포장에 많이 쓰이며 식품을 위생적으로 보존하고 관리하기 좋다. 음식이나 빵을 만들 때 쓰고 버리는 일회용 그릇의 재료로도 흔히 쓰인다.

지구에 미치는 영향

알루미늄 포일과 그릇을 생산하기 위해 천연자원을 추출하면서 엄청난 양의 에너지(강철을 만드는 데 소모되는 에너지의 9배)가 소모될 뿐 아니라 슬러지라는 부산물도 나온다. 적니(red mud)라고 부르는 슬러지는 독성이 강해 별도의 저수지에 가둬 독성을 제거해야 한다. 2010년 헝가리에서 이 슬러지 저수지 댐이 무너져 1~2m 높이의 유독성 폐기물이 콜론타르 마을과 데베체르 마을을 덮치는 사고가 발생했다. 이로 인해 10명이 사망하고 120명이 부상을 입었다.

알루미늄이 알츠하이머의 원인일 수 있다는 이야기도 있지만, 관련 연구는 아직도 진행 중이다.

이렇게 바꿔볼까?

- 알루미늄 포일을 대체할 포장재를 찾는다. 밀랍 랩을 사용하거나(30-31쪽 참조) 접시를 덮어놓는다. 재사용 가능한 실리콘 덮개를 이용해도 좋다.
- 식품을 포장할 때는 알루미늄 포일 대신 도시락이나 퇴비화할 수 있는 기름종이(32-33쪽 참조), 재생지로 만든 키친타월을 사용한다. 포일을 사용해야 한다면 여러 번 재사용하고 더 이상 쓸 수 없게 되면 깨끗이 닦아 재활용한다.
- 요리할 때 금속 용기나 베이킹 시트를 사용해서 알루미늄 쓰레기를 줄인다. 크리스마스 칠면조 구이에 흔히 쓰이는 알루미늄 그릇은 사용한 뒤 이물질을 제거하고 재활용한다. 식품을 오븐에 넣을 때 덮을 것이 필요하면 베이킹 시트나 오븐용 뚜껑을 사용한다.
- 깨끗한 포일만 재활용할 수 있다(버터를 쌌던 포일이나 고기를 구울 때 사용한 포일은 이물질을 깨끗이 제거할 수 없으니 반드시 쓰레기통에 넣는다). 깨끗이 닦아낸 포일을 둥글게 뭉쳐 알루미늄 캔과 함께 분리배출한다. 종이나 플라스틱이 혼합된 포일은 재활용이 안 된다.
- 과자 진공포장에 흔히 쓰이는 포장지는 포일에 플라스틱이나 종이가 접합되어 있어 재활용이 안 된다. 튜브형 알루미늄 포장 용기 역시 재료가 섞여 있으니 재활용 수거함에 넣으면 안 된다. 대신 알루미늄 포장을 수거하는 '테라사이클'(TerraCycle)의 전문적인 재활용 서비스 이용이 가능한지 확인한다.

✎ 유럽 알루미늄 포일 협회(European Aluminium Foil Association)에 따르면 2018년 유럽에서는 알루미늄 포일 94만 2,500t이 생산되었다. 미국에서는 1분에 평균 11만 3,000개의 알루미늄 캔이 재활용된다. 알루미늄 캔은 재활용 업체 입장에서는 가장 값나가는 물건이다. 2018년 PET 플라스틱 1t의 가격은 188파운드, 재활용 알루미늄 캔 1t의 가격은 1,400파운드였다.

영국의 가정에서 1년에 사용되는 비닐 랩의 총 길이는
120만km가 넘는다. 지구 둘레를 30바퀴 돌고도 남는 길이다.

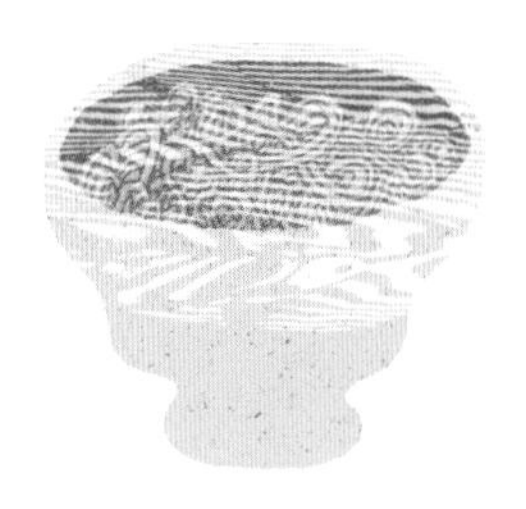

비닐 랩

비닐 랩의 발명은 획기적이었다. 어디에나 잘 붙고 저렴한 데다 편리하기까지 하다. 물론 롤에 감긴 비닐 랩의 시작 부분을 찾거나 제멋대로 달라붙은 랩을 떼어내다 짜증이 났던 적이 누구나 있을 것이다. 그만큼 성능이 좋다는 증거다. 편리하면서도 사람과 지구 모두에게 유익한 대안은 없을까?

비닐 랩은 전 세계의 가정과 호텔, 음식점에서 쓰인다. 산소의 접촉을 막아 식품의 부패를 방지하고 맛과 냄새가 가까이 있는 다른 식품에 스미는 것을 막아주는 등, 식품 위생과 보존에 중요한 역할을 한다. 또한 상처와 화상 부위를 감싸고, 운동 중 부상을 입은 부위에 냉찜질용 얼음주머니를 고정할 때도 쓰이며, 산업용 포장 랩은 항공편 수하물을 감쌀 때도 쓰인다.

지구에 미치는 영향

비닐 랩은 연성 플라스틱이라 재활용이 불가능해 매립이나 소각 처리를 해야 한다(50-53쪽 참조). 분해되는 데 수백 년이 걸릴 뿐 아니라, 환경에 버려지면 미세플라스틱이 되고 야생동물에게 섭취되어 생태계 먹이사슬에까지 들어갈 수 있다.

플라스틱을 말랑말랑하고 유연하게 가공하기 위해 비닐 랩에 프탈레이트라는 화학물질을 첨가한다. 일부 연구자들은 프탈레이트가 천식, 비만 등의 문제와 연관이 있다고 본다. 2012년 영국의 한 연구에 따르면 빵 제품의 75%에서 포장재를 통해 유입된 것으로 보이는 프탈레이트가 발견되었다. 그런데 그 함량이 그리 높지 않아서 유엔은 아직까지 프탈레이트 사용을 제한하지 않는다.

비닐 랩은 렌틸콩보다 작은 구슬 모양의 플라스틱 알갱이인 '너들'(nurdle)을 녹여 만든다. 그런데 너들의 크기가 워낙 작아 공장이나 해상 선박 컨테이너에서 대량으로 새어 나와 자연으로 흘러든다. 2017년 스코틀랜드 어느 해변에서 실시된 너들 수거 작업에서는 하루 동안에 약54만 개의 너들이 수거되었다.

전자레인지에 식품을 데울 때 화학물질이 식품으로 옮겨가는 걸 막으려면 비닐 랩이 식품에 직접 닿지 않도록 해야 한다.

이렇게 바꿔볼까?

- 남은 음식을 보관할 때 접시를 사용한다.
- 재사용 가능한 용기(플라스틱, 유리 또는 금속)에 남은 음식을 보관한다. 차곡차곡 쌓을 수 있어서 냉장고 수납에 효율적이다.
- 빈 유리병을 식품 보관용으로 사용한다. 유리는 음식의 맛에 영향을 미치지 않아 플라스틱의 훌륭한 대체제다. 빈 아이스크림 용기 같은 재사용 가능한 포장재는 식품을 저장하거나 얼릴 때 이용한다.
- 내유지를 이용해(32-33쪽 참조) 샌드위치와 케이크를 포장한다. 음식을 포장할 때는 코팅이 된 유산지보다 표백 처리를 하지 않고 퇴비화가 가능한 내유지를 쓰는 것이 좋다.
- 도시락을 쌀 때 샌드위치와 비스킷, 과일을 분리해서 담고 싶으면 칸막이가 있는 도시락을 사용한다.
- 밀랍 랩을 사용한다. 밀랍 랩은 헝겊에 밀랍을 씌워 만든 것으로 자체 접착력이 있어서 손의 온기만으로도 용기에 밀착시킬 수 있다. 사용 후 씻어서 말리면 여러 번 재사용할 수 있다.
- 헝겊(낡은 셔츠나 블라우스)과 녹인 밀랍을 이용해 밀랍 랩을 만든다. 다양한 크기로 만들어두면 좋다.
- 호텔, 음식점, 구내식당 등 상업 공간에서는 건강·안전상의 이유로 밀랍 랩 사용이 어렵다. 식물이나 목재로 만들어 퇴비화가 가능한 랩이 개발 중이지만 아직은 상용화되지 않고 있다.

비행기에서 접시로

초기의 비닐 랩은 폴리염화비닐리덴(PVDC)을 이용해 만들었다. PVDC는 1933년 '다우 케미칼'(Dow Chemical Company)이 우연히 발견했다. 처음에는 비행기 표면과 자동차 내장재의 보호용 도장 스프레이로 사용되다가 나중에는 정글 부츠의 안창을 만드는 데 사용되었다. 1949년 미국에서 '사란 랩'(Saran Wrap)이라는 잘 붙는 얇은 플라스틱 랩이 식품 포장재로 출시되었다. 요즘에는 폴리에틸렌을 이용해 만드는데, PVDC보다 값싸고 생산이 용이할 뿐 아니라 인체 안전성도 높다.

베이킹용 유산지는 일회용이지만,
깨끗이 닦으면 여러 번 사용할 수 있다.

베이킹 페이퍼

베이킹 페이퍼는 케이크와 쿠키를 구울때 베이킹 용기 안쪽에 대는 종이다. 유산지를 쓰든 내유지를 쓰든 아니면 논스틱 베이킹 페이퍼를 쓰든 모든 베이킹 페이퍼는 대개 한 번 사용하고 버린다. 식품을 냉동할 때 분리용으로 사용하는 프리저 페이퍼는 오븐에 넣으면 연기를 내며 타오르기 때문에 오븐 요리에 절대 사용해선 안 된다.

예전에는 내유지만 베이킹 페이퍼로 사용했다. 펄프를 오래 두들기면 섬유 조직이 단단해지고 치밀해져서 기름이 흡수되지 않는다. 버터나 기름기 많은 음식을 포장하거나 요리할 때 좋다. 굽는 요리에 내유지를 쓸 경우에는 버터나 기름을 내유지에 발라야 음식이 달라붙지 않는다.

논스틱 베이킹 페이퍼는 등장한 지 오래되지 않은 내유지의 사촌이다. 값은 더 비싸지만 달라붙지 않도록 코팅되어 있으며 고온에서도 타지 않고 재사용이 가능하다. 일반 베이킹 시트와 용기에 맞춘 크기로 재단된 제품도 있고 롤 단위 제품도 있어 사용하기 편리하다. 논스틱 코팅의 원료는 합성 고무의 일종인 실리콘(silicone)인데, 천연 광물 실리콘(silicon)과 혼동하지 말아야 한다.

지구에 미치는 영향

베이킹 페이퍼는 종이다. 전 세계적으로 소득이 증가함에 따라 베이킹 페이퍼에 대한 수요도 증가하고 있다. 늘어나는 수요를 감당하려면 나무를 더 많이 베어야 한다. 산업형 벌목으로 생산된 목재 중 절반 이상이 종이를 만드는 데 쓰인다. 지속 가능한 방식으로 산림을 관리하지 않는 상황에서 종이는 곧 숲을 파괴하는 요인이다. 게다가 종이는 1kg을 생산할 때 물을 가장 많이 쓰는 상품이고, 제지 산업은 제조업 중에서도 막대한 에너지를 소비하며 대량의 온실가스를 배출한다.

베이킹 페이퍼는 표백한 종이나 무표백 종이 모두로 만들 수 있는데(199-201쪽 참조), 요즘에는 화학물질이 포함된 제지업 배출 폐수로 인한 환경오염에 대응해 무표백 종이를 사용한 베이킹 페이퍼를 많이 생산한다.

종이를 물리적으로 두드려 만든 내유지는 사용하고 나면 퇴비화가 가능하다. 그러나 실리콘으로 코팅된 베이킹 페이퍼는 사용된 실리콘의 종류에 따라 퇴비화 여부가 갈린다.

일부 실리콘은 광물 실리콘과 산소화합물을 기반으로 만든 것이라 플라스틱이 아닌 유기물로 분류된다. 유기물 실리콘을 사용하는 베이킹 페이퍼는 퇴비화 표준 적합 테스트를 거쳤기 때문에 퇴비화 가능 라벨이 붙어 있다. 24주 이내에 산업적 퇴비화 가능 표준(EN 13432)을 충족할 만큼 작은 조각으로 분해된다는 의미다.

과불화합물(PFAS)은 내수성과 내유성이 있어서 전자레인지용 팝콘 포장지 등의 베이킹 페이퍼와 내유지에 사용된다. 그런데 일부 PFAS는 자연환경에 들어가면 오랫동안 분해되지 않고 인체에도 축적된다. 자발적으로 PFAS 사용을 중단한 기업도 있지만 여전히 생산되어 일부 제품에 사용된다. 대체 물질 역시 환경과 인체 건강에 위험할 수 있지만 아직까지 충분한 규제가 시행되지 않고 있다.

이렇게 바꿔볼까?

- 베이킹 용기에 기름을 꼼꼼히 바르는 전통 방식을 따른다.
- 무표백 내유지를 사용한다. 베이킹에 사용한다면 내유지에 기름이나 버터를 얇게 펴 바른다. 내유지는 퇴비화가 가능하다. 반면 일반 쓰레기로 버려져 매립지에 묻히면 서서히 분해되면서 메탄가스를 배출한다.
- FSC 인증을 받은 무표백 종이나 재생 종이로 만든 베이킹 페이퍼를 선택한다. 사용 후 깨끗이 닦으면 여러 번 재사용이 가능하다.
- 새 베이킹 페이퍼를 구입할 때는 내유지인지 코팅이 된 것인지 확인한다. 상품 포장 라벨에서 논스틱 코팅에 대한 정보도 확인한다.
- 수명이 다한 내유지는 불쏘시개로 쓴다.
- 실리콘 베이킹 트레이는 반죽이 달라붙지 않아서 편리하게 여러 번 사용할 수 있다.

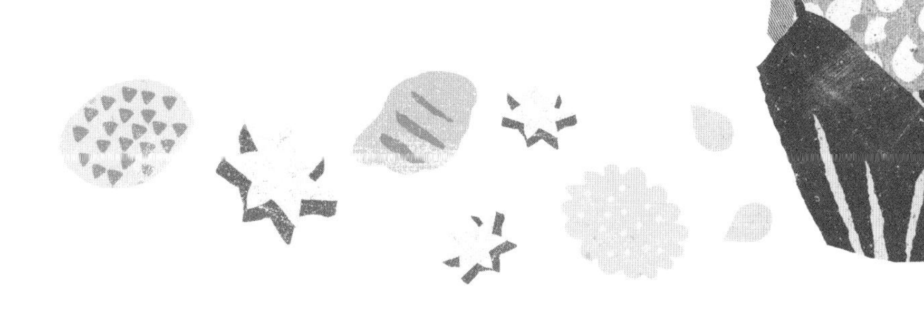

식품 보관용 지퍼백은 다양한 용도로 편리하게 쓸 수 있다.
미국에서는 이 지퍼백을 한 해 평균 한 가구당 500장씩 사용한다.

식품 보관용 비닐백

학교에 점심을 챙겨가는 아이들 중 절반이 일회용 지퍼백에 든 샌드위치를 1년에 200번 정도 가져간다고 가정하면, 이 용도로만 1년에 8억 개 이상 사용된다. 직장에서 쓰는 것까지 생각하면 훨씬 더 늘어난다.

예전에는 학교나 직장 또는 소풍에 가져갈 샌드위치를 준비할 때 도시락에 넣은 다음 종이로 싸거나 종이 봉지에 넣었다. 그러다 플라스틱의 시대가 열린 뒤로는 식품 보관용 지퍼백이 익숙한 생활용품이 되었다.

요즘엔 다양한 크기의 지퍼백이 생산된다. 잘게 썬 과일과 채소, 샌드위치, 남은 음식을 보관하거나 냉동할 때도 지퍼백을 쓴다. 쓰임새가 어찌나 다양한지 온갖 물건을 보관할 때도 사용한다. 여행 갈 때 필요한 화장품과 약품을 보관하는 데도, 가방 속 휴대품을 정리하는 데도, 아이들 공예 재료와 크레용을 보관하는 데도, 음식을 양념에 재워두는 데도 안성맞춤이다. 『보그』(Vogue) 잡지에 표현된 대로 "위대한 지퍼백의 용도를 열거하자면 한도 끝도 없다".

지구에 미치는 영향

식품 보관용 비닐백은 한 번 쓰고 나면 버리도록 만들어졌다(48-49쪽, 120-121쪽 참조). 플라스틱, 대개는 저밀도폴리에틸렌(LDPE)과 선형저밀도폴리에틸렌(LLDPE)을 이용해 만드는데, 내구성이 매우 좋아서 분해되는 데 수백 년이 걸린다.

이렇게 바꿔볼까?

- 점심거리나 샌드위치를 포장할 때 도시락을 이용한다. 칸막이가 있는 도시락은 롤빵과 과일이 섞이지 않게 보관할 수 있고, 여러 번 사용할 수 있다.
- 식품을 냉장고에 보관할 때는 스테인리스나 유리 용기를 선택한다.
- 여러 번 사용할 수 있고 세탁이 가능한 천으

로 된 샌드위치 보관 백을 사용한다.

- 한 번 쓰고 버릴 식품 보관 봉지가 꼭 필요하다면 종이 봉지를 쓴다. 상점이나 온라인에서 쉽게 구할 수 있다.
- 밀봉과 개봉을 반복할 수 있는 두꺼운 재질의 식품 보관용 지퍼백은 가능한 재사용한다. 밤새 큰 주방 도구 위에 걸쳐두면 잘 마른다.
- 가능하면 모든 제품의 포장 봉지를 재사용한다. 시리얼 봉지는 내구성이 좋고 밀봉과 개봉이 용이해서 깨끗이 씻으면 재사용이 가능하다. 빵과 베이글 봉지는 냉장고에 넣을 식품이나 외출할 때 들고 나갈 샌드위치를 포장하는 데 사용할 수 있다.

집락(Ziploc)의 기원

롤 형태로 감겨 있는 최초의 식품 보관용 비닐백은 1950년대 후반에 등장했다. 종이 봉지와는 다르게 음식이 샐 염려도 없고 한 번 쓰고 버리면 되니 편리하다고 호평을 받았고, 1960년대에 널리 보급되었다. 또한 끓는 물에 넣을 수도 있고 밀봉과 개봉을 여러 번 할 수 있는 집락(Ziploc) 지퍼백도 등장했다. 지퍼백에 채소를 넣고 끓는 물에 담그면 간단한 요리가 완성되니 그야말로 신세계였다. 1970년대에는 스티븐 오스닛이 식품 보관용 집락을 출시했다. 최초의 집락은 눌러서 밀봉하는 구조였고, 그다음에는 밀봉 효과를 개선하기 위해 이중 지퍼를 쓰는 집락이 나왔으며 그후 손끝으로 손잡이를 잡아 쭉 밀면 쉽게 밀봉과 개봉을 할 수 있는 집락이 개발되었다.

연구에 따르면 주방용 스펀지에는
변기보다 더 많은 세균이 서식할 수 있다.
그 밀도가 인간의 장에 서식하는
박테리아의 밀도와 비슷한 수준이라고 한다!

설거지용 솔과 스펀지

서바이벌 프로그램 참가자라면 모래와 물만으로도 냄비와 프라이팬을 씻을 수 있겠지만, 대다수는 설거지를 할 때 스펀지나 솔 또는 헝겊을 사용한다. 중세부터 유럽에서는 해양생물인 해면을 설거지에 사용했다. 요즘 우리가 쓰는 설거지용 스펀지는 해면과 전혀 다른 방식으로 바다와 연관되어 있다. 스펀지는 바닷속에서 해양생태계의 일원이 아닌 쓰레기일 뿐이다.

설거지용 스펀지는 폴리우레탄 폼으로 만든다. 제2차 세계대전 초에 발명된 이 원료는 초기에는 목재와 금속을 보호하고 완충하는 고무 대용재로 사용되었다. 1950년대 후반에는 탄성 폴리우레탄이 개발되어 가구와 자동차 단열재·완충재에서부터 설거지용 스펀지에 이르기까지 그 쓰임새가 점점 다양해지고 있다.

지구에 미치는 영향

한때 폴리우레탄 폼은 오존층 파괴와 관련이 있는 것으로 밝혀져 큰 주목을 끌었다. 과거에는 폴리우레탄 폼 제조를 위한 발포제로 염화플루오린화탄소(CFC, 프레온 가스)가 사용되었다. CFC가 오존층을 파괴한다는 사실이 밝혀지면서 1987년 CFC 제조와 사용을 제한하는 몬트리올 의정서가 채택되었다. 이 의정서는 국제 환경법 분야의 훌륭한 성과로 평가된다. 이후 CFC를 대체하는 물질로 하이드로플루오로카본(HFC)이 쓰이게 되었다. HFC는 염소를 포함하지 않아 오존층을 파괴하지 않는다. 그러나 CFC와 HFC 모두 온실가스이므로 HFC 역시 단계적으로 퇴출되고 있다. 하지만 2018년 미국 환경조사국의 연구에 따르면 2012년 이후에도 중국에서는 폴리우레탄 폼 단열재를 만들 때 CFC를 대량으로 불법 사용하고 있다.

플라스틱으로 만든 설거지용 솔과 스펀지 역시 플라스틱 쓰레기 문제가 있다. 재활용이 불가능하고 환경에 유입되면 분해되지 않고 오랫동안 지속되기 때문이다. 설거지용 스펀지의 플라스틱 폼은 유럽 해변에서 흔히 발견되는 쓰레기 상위 10위권에 든다.

왜 우리는 플라스틱 스펀지를 여전히 사용할까? 세척력이 뛰어나다고 생각하겠지만 천만의 말씀. 설거지용 스펀지에 서식하는 세균은 실로 충격적이다. 2017년 한 연구는 이미 사용한 주방용 스펀지에 362종의 박테리아가 서식하고, 1cm² 당 최대 450억 마리의 박테리아가 살고 있음을 확인했다. 이런 스펀지를 사용하면 박테리아가 손과 음식은 물론이고 주방 전체로 퍼져서 식품을 매개로 한 질병을 일으킬 수 있다.

이렇게 바꿔볼까?

- 식기세척기를 사용한다. 설거지용 스펀지를 쓰지 않으니 환경 발자국을 더 적게 남긴다. 2013년 손 설거지와 식기세척기 사용의 전주기 환경 영향을 비교 분석한 연구에 의하면 손 설거지가 물을 더 많이 소모한다. 가족 수에 따라 다르지만 손 설거지는 평균적으로 1회에 최대 물 50ℓ, 전력 2.60kWh, 60분의 시간을 소모한다. 반면에 식기세척기는 1회에 물 6.5ℓ, 전력 0.67kWh를 사용한다. 그릇을 세척기에 넣고 빼는 데 걸리는 시간은 15분 미만이다.
- 수세미나 면 행주 등 세탁해 오래 사용할 수 있는 지속 가능한 대체물을 선택한다. 폴리에스터 등 합성섬유는 세탁할 때 미세섬유가 발생하니 사용하지 말 것. 나는 수세미 말린 것을 설거지할 때 사용하는데, 박박 문질러 닦기에도 적합하다.
- 플라스틱 대신 나무로 된 설거지용 솔을 사용한다. 빗살모가 달린 머리 부분을 교체할 수 있는 것도 있다. 빗살모 부분을 제외한 나머지 목재는 퇴비화가 가능하다. 사용하지 않을 때 건조 상태를 유지하기 쉽고 촘촘한 망 구조가 아니라 박테리아가 서식하기 어렵다.
- 냄비나 프라이팬 등 힘주어 문질러 닦을 때는 재활용이 가능한 스테인리스나 구리 등 금속 빗살모가 달린 나무 솔을 쓰고, 가벼운 오염을 제거할 때는 수세미를 이용한다. 일본 사람들은 코코넛 섬유질로 만든 '카메노코 타와시'를 이용해서 과일과 채소뿐 아니라 냄비와 프라이팬도 닦는다.
- 재활용 플라스틱으로 만든 스펀지를 사용한다. 새 원료로 만든 플라스틱보다 환경 발자국이 작다. 그러나 재활용이 되지 않아 역시 쓰레기가 생긴다.
- 낡은 스펀지는 다른 오염을 제거할 때 사용한다. 쓰레기통이나 작업용 장화를 닦는 등 최대한 여러 번 사용한 후 버린다.

✎ 2001년 한 연구는 항균 세제를 사용해도 설거지용 스펀지에 서식하는 병원균의 개체수가 줄지 않는다는 걸 확인했다.

하수에 포함된 인의 25%가 세척용액 등의 세제에서 나온다.

주방세제

2014년에 유럽 사람들은 식기세척기를 일주일에 평균 4.3번 사용했다. 영국과 아일랜드에서는 전체 인구의 58%가 식기세척기를 갖고 있는데 일주일에 평균 5.2번 사용하고(매일 거의 한 번씩 사용한다), 식기세척기용 타블릿 세제를 일 년에 약 270개 사용한다.

주방세제는 비누와 밀접한 관련이 있지만 (130-131쪽 참조), 상품 범주로는 합성세제로 분류된다. 제1·2차 세계대전 때에는 동물성·식물성 지방이 부족해 비누의 제조와 공급이 어려웠다. 화학자들은 다른 원료를 이용해서 비누와 비슷한 특성의 화학물질을 '합성'해냈고, 이 물질은 합성세제라는 이름으로 알려졌다.

합성세제 분자는 석유에서 나온 탄화수소 사슬을 가지고 있는데, 한쪽 끝은 물과 친하고 다른 한쪽 끝은 기름과 친한 특징이 있다. 설거지를 할 때 이 세제를 쓰면 기름과 친한 부분이 접시에 남은 음식물에 붙고, 물과 친한 부분이 음식물을 둘러싸므로 분리된 입자가 쉽게 물에 씻겨 나간다.

지구에 미치는 영향

지표면 위로 흐르는 물에는 세제와 비료의 원료인 인과 질소 같은 영양소가 대량으로 들어있다. 이런 화학물질이 연못이나 호수, 강으로 흘러들면 물의 영양소가 풍부해지는 부영양화 현상이 일어나고, 녹조류가 급격하게 번식하면서 산소를 소비해 수생생물이 떼죽음당하기도 한다.

2015년 가정에서 쓰는 화학물질이 수질 오염에 미치는 영향을 조사한 연구는 주방세제 등에 포함된 인산염의 인이 가장 하수 부영양화의 원인이라는 걸 확인했다.

2017년 유럽연합은 세제 제조 시 인산염 사용을 금지했고, 몇 년 전부터 많은 세제 회사가 '에코버'(Ecover) 등 친환경 브랜드의 행보를 따라

인산염을 줄이거나 아예 사용하지 않는 세제를 출시하고 있다. '유니레버'(Unilever) 등 일부 글로벌 기업은 2018년 말까지 모든 주방세제를 무인산염 제품으로 전환했다고 밝혔다(전 세계적으로 식기세척기용 세제의 인산염 사용이 95% 이상 줄었다).

합성세제의 또 다른 환경 영향은 많은 액체 세제가 대부분 버진 플라스틱(재활용 플라스틱을 섞지 않고 만드는 플라스틱)으로 만든 일회용 용기에 포장된다는 사실이다. 플라스틱 용기는 나노플라스틱과 마이크로플라스틱으로 잘게 부서져 환경오염을 일으키고 먹이사슬에까지 들어올 수 있다(140-141쪽 참조). 플라스틱은 재활용이 가능하며 플라스틱 용기 자체를 여러 번 재사용하는 것도 가능하다. 한 번 쓰고 나면 반드시 버려야 하는 것이 아니라는 이야기다.

에코버 액체 세제는 100% 재활용 플라스틱 용기를 사용하는데, 현재(이 책의 집필 시점을 기준으로) 대형 브랜드로서는 유일하게 리필 서비스를 제공한다.

2017년 '페어리 리퀴드'(Fairy Liquid)는 세계적인 재활용 기업 테라사이클과 공동개발한 '페어리 오션스'(Fairy Oceans) 플라스틱 용기를 출시했다. 100% 재활용 플라스틱으로 만들었는데, 원료 중 10%가 바다에서 수거한 플라스틱 폐기물을 재활용한 해양 플라스틱이다. 그리고 재활용도 가능하다. 하지만 모든 종류의 액체 세제에 이 용기가 사용되는 건 아니다.

이렇게 바꿔볼까?

- 믿을 수 있는 친환경 브랜드에서 만든 친환경 세제를 구입한다. 석유가 아닌 식물 성분 계면활성제를 쓰는지, 수생생물에 대한 최소 독성 기준(OECD 테스트 201 및 202)을 충족하는지, 28일 이내에 완전히 생분해되는지(OECD 테스트 301F), 리필이나 재활용 방법에 대한 구체적인 정보가 있는지, 그리고 모든 원료 성분이 쉽게 이해할 수 있는 용어로 표시되어 있는지 확인한다.
- 다 쓴 용기에 내용물을 다시 채워서 사용한다. 리필 전문점이나 가까운 가게의 리필 코너 또는 친환경 리필 제품을 취급하는 택배 서비스를 알아놓으면 액체 세제 용기 하나를 몇 년이고 사용할 수 있다.
- 천연 성분으로 만든 주방용 고체 비누를 사용한다. 전문점이나 온라인 쇼핑몰에서 쉽게 구할 수 있다.
- 리필이 어렵다면 대용량 세제를 구매해 필요에 따라 적절한 양을 덜어 쓴다.
- 재사용하지 않는 빈 용기는 깨끗하게 씻어 말린 뒤 재활용 수거함에 분리배출한다.

전 세계의 가정에서 한 해에 소비되는 키친 롤은 650만t이다.
얼마나 많은 나무가 버려지는지!

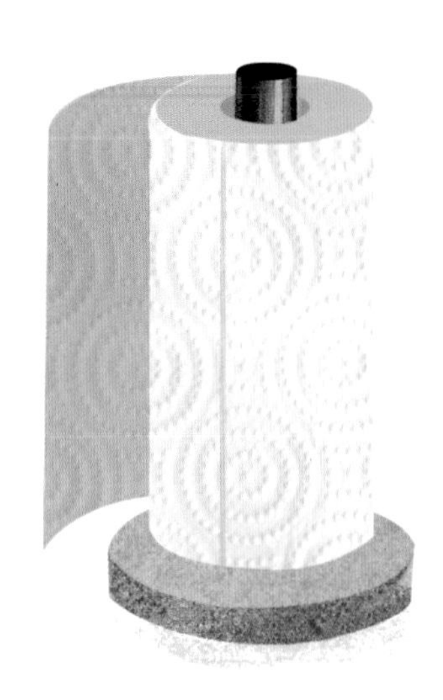

화장지와 키친타월

예전에는 무언가 쏟거나 흘리면 천으로 닦아내고 빨아서 다시 사용했다. 하지만 이제는 편리하고 위생적이라는 생각에 많은 가정과 음식점에서 한 번 쓰고 버리는 키친타월을 쓴다. 물론 편리하고 시간도 절약된다. 그런데 액체를 닦는 데는 천이 더 효과적이다.

티슈페이퍼는 화장지와 키친타월 등을 포괄하는 용어로, 1880년대 '스콧'(Scott)사가 처음 개발했다. 처음에는 의료용으로만 쓰였는데, 필라델피아의 한 학교가 감기 확산을 막기 위해 학생들에게 손을 씻은 뒤 말리는 용도로 쓰게 한 후로 티슈페이퍼의 새로운 용도가 널리 퍼졌다. 1931년 스콧은 주방용 키친타월을 미국 시장에 출시했고, 지금은 세계 키친타월 생산량의 절반가량이 미국에서 소비된다.

티슈페이퍼의 수요는 시간이 흐를수록 늘어나 이제는 수조 원 규모의 산업이 되었다. 2017년에는 티슈페이퍼 사용량 1위인 미국인이 2위인 노르웨이인이 지출한 비용의 평균 세 배를 티슈페이퍼 구입 비용으로 지출했다. 키친타월, 손을 닦는 핸드타월, 그리고 화장지는 흡수성, 내구성, 부드러움 등의 차이를 지닌 다양한 제품으로 제조되고 있고, 이런 다양성 덕분에 이 시장은 계속 성장하고 있다.

지구에 미치는 영향

키친타월과 화장지는 종이로 만든다. 따라서 종이 생산의 환경 발자국이 이 제품들에도 적용된다(199-201쪽 참조). 즉, 키친타월과 화장지는 삼림 파괴와 대량의 물 소비, 그리고 펄프화 및 표백에 쓰이는 화학물질을 통해 환경과 인간의 건강에 영향을 미친다.

키친타월과 화장지는 애초에 한 번 사용하고 버리도록 만들어진 것이라 폐기물 문제를 피해 갈 수 없다. 2015년 미국 환경보호청이 공개한 보고서에 따르면, 미국에서는 키친타월과 화장지 등 티슈페이퍼 성분의 폐기물이 한 해에 약 33만t이나 발생한다. 한편 영국에서는 키친타월 사용자의 34%가 이미 사용한 키친타월을 재활용할 수 있다고 오해해 재활용 쓰레기통에 넣는다. 하지만 오염된 키친타월이 섞이면 재활용할 수 있는 다른 재료가 오염되어 재활용이 불가능해진다.

이렇게 바꿔볼까?

- 면으로 된 천을 사용하고 사용 후에는 빨아서 다시 쓴다.
- 재사용이 가능한 도시락 용기를 사용한다. 샌드위치나 케이크를 키친타월에 포장하지 않고 용기에 바로 넣을 수 있다.
- 식사를 끝낸 아이들의 얼굴과 손을 닦을 때는 천에 물을 적셔 사용한다.
- 여러 번 사용할 수 있는 주방용 행주를 사거나 직접 만들어 쓴다. 행주를 살 때는 포장재를 쓰지 않는 가게를 이용한다. 품질이 좋은 주방용 행주는 여러 번 반복해서 사용할 수 있다. 면과 FSC 인증 셀룰로오스로 만든 스웨덴 행주도 좋은 선택이다. 스웨덴 행주는 제품 무게의 20배에 이르는 액체를 흡수하고, 행주 한 장이 9개월 동안 200회의 세탁을 견디면서 키친타월 롤 17개 몫을 대신할 수 있다.
- 낡은 수건이나 부드러운 시트 천을 이용해 재사용 가능한 주방용 행주를 직접 만든다.
- 화장지 대신 면 냅킨을 사용한다. 유기농 면 냅킨을 구입하거나 빈티지 샵에서 마음에 드는 것을 고른다. 화장지보다 품질이 좋고 지구도 보호할 수 있다.
- 키친타월을 구입할 때는 100% 재생지나 FSC 인증을 받은 재료를 쓴 것을 고른다. 판지로 된 속심은 반드시 재활용한다.
- 대나무 행주를 쓴다. 대나무 행주는 세탁하면서 최대 85번까지 사용할 수 있는데, 롤 하나에 20장이 들어 있으니까 한 롤만 써도 최소 1,700장의 키친타월이 쓰레기통에 버려지는 걸 막을 수 있다.
- 키친타월 한 장으로 충분하다면 굳이 여러 장을 헤프게 쓰지 않는다.

✎ 콜로라도대학 환경센터의 연구에 따르면, 일반 종이 대신 재생지를 사용하면 종이 1t당 물 9만 849ℓ가 절약된다. 재생지는 제조 과정에서 버진 펄프로 만든 종이보다 에너지 64%, 물 50%를 덜 쓰고 대기오염을 74% 줄이며, 나무 17그루를 살리고, 일자리를 5배 더 늘린다.

논 스틱 팬을 만드는 데 사용되는 과불화옥탄산(PFOA)은 2020년부터 소화기 등의 몇몇 안전장비 이외에는 전혀 사용할 수 없다.

냄비

인류 최초의 조리용 도기가 발명된 이후로 다양한 조리용기와 함께 끓이기, 볶기 등 새로운 조리법이 개발되고 있다.

고대 이집트와 그리스, 로마 사람들은 물을 끓이고 음식을 조리하기 위해 구리솥을 만들어 사용했다. 15세기에는 구리솥보다 저렴한 무쇠솥이 개발되었는데, 불 위에 세울 수 있도록 아랫부분에 발이 세 개 달린 형태였다. 나무 땔감을 쓰는 조리용 화로가 개발되고 다시 시간이 흘러 전기레인지와 가스레인지가 등장하면서, 다양한 디자인과 재료(스테인리스 스틸, 세라믹, 알루미늄, 유리, 논 스틱 재료 등)로 만든 냄비와 팬이 탄생했다.

지구에 미치는 영향

철, 구리, 알루미늄으로 냄비를 만들려면 먼저 금속을 채굴하고 제련해야 하는데, 이는 환경에 뚜렷한 영향을 남긴다. 특히 금속 제련은 많은 에너지를 소모한다. 철이나 구리보다 알루미늄 생산에 더 많은 에너지가 소모되고, 탄소 발자국도 크게 남는다. 게다가 알루미늄은 가벼워서 내구성도 좋지 않다.

알루미늄 냄비에 산성 음식을 조리하면 알루미늄이 음식에 스며들어 알츠하이머병의 원인이 된다는 우려의 목소리도 있는데 아직까지 그 연관성이 입증된 바는 없다.

스테인리스 스틸을 생산할 때는 강철보다 많은 에너지가 소모되므로 탄소 발자국도 더 크다. 대신 스테인리스 스틸은 내구성이 좋아 오래 쓸 수 있다. 열전도율이 낮은 스테인리스 스틸의 약점을 보완하기 위해서 냄비의 바닥은 대개 구리나 알루미늄으로 되어있다.

구리 냄비는 열전도율이 아주 높고 오래 쓸 수 있지만 상대적으로 비싸다. 모래와 점토로 만드는 세라믹이나 유리 등 비금속 재료로 만든 냄비와 팬도 있다. 그러나 세라믹 조리기구는 재활용이 거의 안 되고, 조리기구에 쓰이는 유리는 병 제조에 쓰이는 유리와 달라서 유리병 수거함이나 가정용 재활용품 수거함에 넣을 수 없다.

이렇게 바꿔볼까?

- 탄소 발자국이 작고 내구성이 좋은 주철이나 스테인리스 스틸 제품을 선택한다. 손잡이가 부실한 값싼 팬이나 코팅이 잘 벗겨지는 논 스틱 팬은 사지 않는다.
- 조리 용도가 한정된 팬 대신 다목적 팬을 구입한다. 손잡이가 플라스틱이 아니면 레인지에서 조리하다가 그대로 오븐으로 옮기거나 오븐에서 바로 레인지로 옮길 수 있어서 편리하다.
- 냄비를 불에 올릴 때는 뚜껑을 덮는다. 감자를 삶을 때 뚜껑을 덮지 않고 끓이면 뚜껑을 덮을 때보다 에너지를 약 60% 더 소모하고 조리 시간도 2배로 늘어난다.
- 논 스틱 테프론 팬은 구입하지 않는다. 이런 선택이 냄비 제조 과정에서 PFOA 등의 화학물질 사용을 줄이는 데 기여한다.
- 세라믹 논 스틱 코팅을 사용하는 친환경 논 스틱 팬을 쓴다.
- 벼룩시장 등 중고품 판매소를 방문해 조리용품을 구입한다.
- 쓰지 않는 조리용품은 필요한 사람에게 준다. 재활용 수거함에 넣기 보다는 고철상에게 팔거나 자선단체에 기증한다.
- 낡은 테프론 팬은 재료에 독성이 있을 수 있어 버리는 것도 신중해야 한다. 모래를 분사해서 테프론을 제거하는 제조사가 몇 군데 있지만 아직 널리 보급된 서비스는 아니다.

논 스틱 팬 제조 시 화학물질 사용 금지법

논 스틱 팬을 사용하면 팬케이크를 만들기 좋지만, 달라붙지 않도록 팬 표면에 코팅된 물질 때문에 환경에 큰 영향을 미친다. 논 스틱 코팅 기술은 1938년에 발명되었다. 논 스틱 코팅이 된 냄비는 용기에 음식이 달라붙지 않아 세척이 쉽다.
논 스틱 팬을 제조할 때 사용하는 폴리테트라플루오로에틸렌(PTFE)은 과불화화합물(PFAS)을 혼합해 만든다. 어떤 PFAS는 환경과 인체 그리고 물에 축적되는데, 건강에 문제를 일으킬 수 있다는 사실이 입증되었다. 이런 화학물질 중 하나인 PFOA 역시 환경에 유해할 뿐 아니라 건강에도 좋지 않다. 2019년 5월에 체결된 '잔류성 유기오염물질에 관한 유엔 스톡홀름 협약'에 따라 대부분의 국가는 2020년까지 PFOA 사용을 단계적으로 중단하기로 결정했다.

2016년에만 전 세계에서 플라스틱 용기에 든 음료수 약 4,800억 개 이상이 팔렸다.
2006년의 약 3,000억 개보다 크게 증가한 수치다.

플라스틱 병

플라스틱 병은 가장 널리 쓰이는 일회용 플라스틱 중 하나로 길거리, 난민 캠프, 해변가 가게, 학교 매점 등 도처에 널려 있다. 2018년 영국에서 사용된 플라스틱 병의 절반이 물병이었다.

병에 든 생수는 1700년대 유럽 시장에 처음 등장했고, 플라스틱 병에 담긴 생수가 코카콜라, 펩시 등 청량음료와 함께 상점 진열대에 오른 것은 1970년대 이후였다. 1980년대까지도 "수도꼭지만 틀면 물이 나오는데 돈을 내고 물을 사 마실 사람이 있겠느냐"는 반응이 우세했다. 병물에 대한 인식 개선이 마케팅의 첫 번째 관문이었다.

병물 소비의 핵심 요인은 편리성이다. 하지만 아직도 세계 곳곳에는 정수 처리 시설이 없거나 물이 오염된 곳이 많아 위생상의 필요로 병물을 마시는 경우가 많다.

그런데 2016년에 팔린 플라스틱 물병 중 재활용을 위해 수거된 비율은 50% 미만이었고, 수거된 물병 중 재활용을 거쳐 새 병 제작에 투입된 비율은 고작 7%였다.

플라스틱 물병은 폴리에스테르 계열 플라스틱인 폴리에틸렌 테레프탈레이트(PET)로 만든다. 병의 주원료는 석유와 천연가스고, 플라스틱을 유연하고 투명하게 만들기 위해 다양한 화학물질을 첨가한다. PET는 세척 후 재활용이 가능하고, 수거된 PET는 펠릿형으로 분쇄되어 플라스틱 제조 원료에 다시 투입된다. 재활용된 플라스틱 병은 티셔츠, 스웨터, 플리스 재킷(114-115쪽 참조)을 비롯한 외투, 침낭, 카펫 등의 단열재로 변신한다.

2017년 그린피스가 발표한 연구에 따르면, 전 세계에서 코카콜라를 제외한 세계적인 상위 6개 청량음료 회사가 재활용한 플라스틱의 비율은 평균 6.6%에 그쳤다. 이 연구는 음료 회사들이 플라스틱 병의 재활용이나 재사용보다는 생산과 운송 비용 절감을 위한 경량화에 큰 관심을 둔다고 평가했다. 경량화는 쓰레기와 오염 문제의 해법이 아니다.

재활용 PET만으로도 플라스틱 병을 만들 수 있지만, 병의 투명도에 영향을 미치는 탓에 일반화되어 있지 않고 대부분 일정 비율 이하로만 사용한다. 2018년과 2019년에 100% 재활용 플라스틱으로 만든 물병이 시장에 등장했다.

누가 병물을 마실까?

영국에서는 매일 3,850만 개의 플라스틱 병이 소비되는데, 재활용률은 절반을 약간 넘는다. 즉 날마다 1,600만 개 이상의 플라스틱 병이 매립지나 소각장으로 들어가거나 환경으로 유입된다. 2015년에 중국의 병물 소비량은 684억 병이었는데, 1년 만인 2016년에 54억 병이 늘었다.

세계적인 병물 소비

아래 그림은 여러 국가의 병물 소비량을 나타낸 것이다. 어느 나라 사람이 가장 많이 마셨을까? 각국 국민 한 사람이 한 해 동안 1ℓ짜리 병물을 몇 개 마셨는지 조사하니 놀라운 결과가 나왔다.

한 해 동안의 병물 소비량(국민 한 사람이 마신 1ℓ 병물의 갯수)

독일	184
미국	171
인도네시아	97
프랑스	77.7
뉴질랜드	60.9
아일랜드	57
영국	44.7
호주	29.2
캐나다	27.6
인도	17.2
스웨덴	9.3
남아프리카	1.4

지구에 미치는 영향

플라스틱 물병은 담배꽁초와 비닐봉지 다음으로 많이 발견되는 3대 해양 쓰레기 가운데 하나다. 2017년 9월 '오션 컨저번시'(Ocean Conservancy)가 주관한 '국제 연안 정화의 날' 하루 동안에 100개 나라에서 150만 병 이상의 플라스틱 병이 수거되었다.

쓰레기를 줄이고 자원을 재사용하기 위해 여러 나라에서 재활용을 장려하는 예치금 제도를 시행하고 있다. 소비자가 플라스틱 용기에 든 음료를 구입할 때 약간의 보증금을 지불하고, 빈 용기를 재활용품 수거소에 반환할 때 보증금을 돌려받는 구조다.

영국과 미국의 일부 마트에서 시험 시행 중이고 노르웨이, 독일, 리투아니아, 호주에서는 빈 병을 반납하면 곧바로 현금이 지급되는 공병 무인수거기가 곳곳에 설치되어 있다.

플라스틱 병의 생산과 운송에는 많은 에너지가 소모된다. 2009년에 발표된 연구에 따르면, 플라스틱 병의 장거리 운송에 소요되는 에너지가 플라스틱 병 제조에 소요되는 에너지와 비슷하거나 훨씬 더 많았다. 연구자들은 병물 생산이 수돗물 생산보다 2,000배나 많은 에너지를 소모하고, 화석연료를 태우기 때문에 큰 탄소 발자국을 남긴다고 평가했다.

2018년 세계보건기구가 생수용 플라스틱 포장재의 잠재적 위험을 검토한 보고서에 따르면, 90% 이상의 병물에서 미세플라스틱이 발견되었다. 9개국 19개 지역에서 11개 제조사가 생산한 물 259개를 수집해 조사한 이 연구는 물 1ℓ 당 평균 325개의 미세플라스틱을 확인했다. 미세플라스틱이 발견되지 않은 건 17개뿐이었다. 이전에 시행된 한 연구는 수돗물에 다량의 미세플라스틱이 들어있는 걸 확인했는데, 병물에는 수돗물의 두 배나 되는 미세플라스틱이 들어 있었다.

2019년 8월 세계보건기구는 또 다른 보고서를 통해서 식수의 미세플라스틱이 인체에 유해하다고 입증된 것은 아니지만 정보 부족으로 확실한 결론을 내릴 수 없을 뿐 앞으로 더 많은 연구가 필요하다고 경고했다.

건강과 관련한 플라스틱 병의 또 다른 우려는 비스페놀 A(BPA)다. BPA는 합성수지와 일부 유형의 플라스틱에 쓰이는 물질인데, 호르몬의 정상적인 기능을 방해해 내분비계를 교란하는 화합물로 알려져 있다. 연구에 따르면 BPA는 식품과 음료가 든 플라스틱 병과 식품 용기, 특히 열에 노출된 용기에서 녹아 나올 수 있다. 미국 질병통제예방센터가 실시한 2003~2004년 국민 건강영양 조사에 따르면, 조사 대상자 2,517명 중 93%의 소변에서 식별가능한 수준의 BPA

가 확인되었다. 요즘에는 이런 우려에 대응해 'BPA-free' 라벨이 부착된 용기 생산이 점점 더 늘고 있다.

이렇게 바꿔볼까?

- 깨끗한 수돗물을 이용할 수 있다면 식수로 마신다. 비용 절약은 덤이다.
- 여행을 가거나 운동할 때, 학교나 직장에 갈 때 재사용이 가능한 물병을 갖고 간다. 스테인리스 스틸 물병에 담은 물은 시원하고 신선하다. BPA와 유해물질을 사용하지 않은 재사용 가능한 플라스틱 물병도 좋다. 기왕이면 낡은 플라스틱 병을 수거하고 재활용 서비스를 제공하는 제조사의 물병을 쓴다.
- 외출 시에 물병을 휴대하고 다시 채울 수 있도록 직장, 시내, 공항, 기차역 등의 음수대와 급수대 위치를 알아둔다.
- 탄산수 제조기를 구입해 음료수를 직접 만들어 마신다.
- 유리 용기에 든 음료수를 산다. 유리가 재활용이 더 쉽다.
- 플라스틱 용기는 내구성이 좋으니 여러 번 사용 후 재활용 수거함에 넣는다.
- 외출 중에 플라스틱 공병이 생기면 재활용 수거함에 넣거나 집에 가져온다. 반드시 뚜껑을 닫은 채로 수거함에 넣는다.
- 빈 병은 화분, 새 모이통, 필통 등 다양한 용도로 사용한다.
- 대용량 물을 사서 작은 병에 나눠 마시면 플라스틱 쓰레기를 줄일 수 있다.
- 여행지 물의 안전성이 미심쩍다면 알약 타입의 식수정화제를 사용한다.

이런 물 낭비가!

병물 1ℓ를 생산하려면 약 3ℓ의 물이 필요하다. 대부분 포장 용기를 생산하는 데 들어가는 물이다. 연간 물 생산을 위해 소모되는 물의 양만 10억ℓ다.
세계 각지에는 심각한 식수 부족을 겪는 곳이 많다. 예를 들면 사하라 사막 남쪽의 아프리카에서 안전한 식수가 공급되는 지역은 전체의 24%에 불과하다. 기후변화 때문에 물 부족이 점점 심해지는 상황에서 대량의 물을 낭비해가며 물병을 생산하는 건 결코 지속 가능한 방법이 아니다.

✎ 2014년에 생산된 480g 용량의 플라스틱 PET 병은 2000년에 생산된 같은 용량의 병보다 무게가 48% 줄었다. 2000년 이후 PET 수지 사용량은 280만t이 줄었다. 노르웨이에서는 플라스틱 공병 보증금 제도 덕분에 공병 재활용률이 무려 95%에 이른다. 반면 영국의 재활용률은 57%에 불과하다.

전 세계 비닐봉지 소비량은 연간 약 5조 개다.
한 사람 당 한 해에 700개를 쓰는 꼴로
이 가운데 상당한 비율이 쓰레기봉투다.

쓰레기봉투

쓰레기통 안에 쓰레기봉투를 덧대면 용기가 더러워지거나 냄새가 배는 걸 방지할 수 있고, 쓰레기통을 비울 때 오물을 흘리지 않고 처리할 수 있어 편리하다. 쓰레기봉투는 일회용으로 만들어진 것이라서 쓰레기를 모으고 운반하는 용도로 한 시간, 하루 또는 일주일 동안 사용되고 나면 내용물과 함께 쓰레기로 버려진다.

비닐 쓰레기봉투는 1950년대부터 쓰이기 시작해서 요즘에는 다양한 용도의 쓰레기통 안에 덧대어 쓰인다. 사무실 휴지통용 작은 투명 봉투부터, 원예 폐기물을 넣는 검정색과 녹색의 두꺼운 비닐 쓰레기봉투까지 다양한 봉투가 생산된다.

2017년 세계 쓰레기봉투 시장 규모는 140만 달러로 추산되는데, 신흥 경제국 인도와 중국의 사용량이 급증해 2024년에는 230만 달러 규모가 될 것으로 예상된다.

전 세계적으로 쓰레기통 안에 비닐 속지를 넣어 사용한다. 쓰레기통을 비울 때 편리하다는 이유로 행해지는 이런 관행은 비닐 사용량을 늘려 환경에 큰 영향을 미친다. 특히 쓰레기를 담은 작은 쓰레기봉투를 다시 큰 쓰레기봉투에 넣어 버리면 환경에 미치는 영향은 더욱 커진다.

쓰레기봉투는 내용물이 새거나 흩어지지 않게 질기고 튼튼해야 하므로, 원료로서는 플라스틱이 제격이다. 그런데 여기에 비닐 쓰레기봉투의 역설이 있다. 내구성이 좋고 수명이 오래 가는 플라스틱이 단기간 사용되고 버려지는 쓰레기봉투의 재료로 쓰이다니, 완전히 잘못된 만남이다. 본질적으로 내용물인 쓰레기와 함께 폐기되도록 재활용을 고려하지 않고 만들어진 것이다. 쓰레기봉투 같은 연질 플라스틱을 재활용할 수 있는 시설이 아직은 거의 없다.

지구에 미치는 영향

비닐 쓰레기봉투는 여러 가지 측면에서 환경에 큰 영향을 미친다. 재료로 쓰이는 플라스틱은 대부분 부존량이 제한된 천연자원인 석유에서 뽑아낸다. 또한 분해되지 않아 수명이 길게는 1,000년에 이를 수 있다. 쓰레기 매립지는 대부분 공기가 없는 혐기성 조건인데, 쓰레기봉투가 매립지에 버려지면 유기물 쓰레기가 산소와 미생물이 없는 조건에서 서서히 분해되면서 메탄가스와 유독성 침출수를 방출한다(매립지와 관련한 자세한 내용은 50-51쪽 참조).

비닐 쓰레기봉투는 환경에 유입되면 야생동물에게 위협이 된다. 비닐봉지가 바다 속을 떠도는 모습이 해파리와 흡사해서 거북이, 고래, 새가 종종 먹잇감으로 착각해서 삼킨다. 2018년 인도네시아에서 발견된 향유고래의 사체에서는 음료수 컵 115개, 비닐봉지 25장, 플라스틱 병 4개, 슬리퍼 2짝, 1,000개가 넘는 자투리 끈이 발견되었다.

수생동물은 플라스틱을 삼키면 포만감을 느껴 더 이상 먹이를 먹지 않고, 플라스틱을 먹은 새는 위 속의 쓰레기 때문에 몸이 무거워서 날기 어려워진다. 환경에 유입된 플라스틱 비닐봉지는 잘게 쪼개져 미세플라스틱이 되어 물고기 등의 몸으로 들어갔다가 결국에는 우리가 먹을 음식에까지 들어온다.

이렇게 바꿔볼까?

- 쓰레기봉투를 일주일에 몇 개나 사용하는지 확인한다. 일주일치 사용량에 52주를 곱하면 연간 쓰레기봉투 사용량이 나온다. 쓰레기봉투 사용을 줄인다면 비용이 얼마나 절약되고 환경보호에도 도움이 될지 계산해본다.
- 쓰레기통에 비닐 속지를 사용하지 않는다. 주방에서 쓰레기 악취가 날 것을 걱정할 수 있다. 하지만 음식물은 음식물 쓰레기통에 넣고 유리, 플라스틱, 금속 캔은 재활용 수거함에 넣으면 주방 쓰레기통에는 식품 포장용 비닐 등 연질 플라스틱만 모인다. 쓰레기통을 비운 뒤에는 물로 씻어낸다. 일주일 동안 실천해 보고 결과를 확인해보자.
- 종이나 포장지 등 습기가 없는 깨끗한 쓰레기만 모이는 쓰레기통에는 비닐 속지를 넣지 않는다. 욕실 쓰레기통이나 기저귀 등 위생적인 처리가 필요한 쓰레기통 정도나 비닐 속지가 필요하다. 샴푸 용기나 화장지 속심처럼 재활용이 되는 것은 쓰레기통에 넣지 말고 재활용한다.
- 가정의 음식물 쓰레기통에는 음식물을 바로 넣는다. 냄새가 날 때는 물로 씻어내고 중탄산염 소다를 뿌려놓는다(74-75쪽 참조). 꼭 써야 한다면 분해되는 봉투를 선택한다.
- 새로 비닐 쓰레기봉투를 사지 말고 기존의 비닐이나 종이 쇼핑백을 쓰레기통 속지로 재사용한다.
- 재활용 플라스틱으로 만든 쓰레기봉투를 쓴다.

넘치는 쓰레기를 어떻게 할까

우리는 매일 나오는 쓰레기에 사실 관심이 없다. 그러다가 쓰레기 수거가 중단되고 1~2주쯤 지나면, 얼마나 많은 쓰레기를 만들어내면서 사는지 실감하게 된다. 2016년과 2017년, 영국에서 한 사람이 한 해 생산하는 쓰레기의 양이 412kg(성인 평균 체중의 약 5~6배)이었는데, 2015년의 406kg보다 늘어난 양이다. 재활용률이 계속 높아져도 해가 갈수록 더 많은 쓰레기를 만들어낸다. 점점 더 많은 물건을 사고 소비하며, 제조사와 가게들은 과도한 포장을 유지하기 때문이다.

2016, 2017년 영국 가정의 쓰레기 재활용률은 45%였다. 유럽연합이 정한 2020년 재활용률 50% 목표에 가까운 수치다. 높은 재활용률은 매립지와 소각장에 투입되는 유리, 플라스틱, 종이, 알루미늄의 양이 줄어들고, 원료 재사용으로 낭비되는 에너지와 천연자원이 줄어든다는 긍정적인 신호다. 그러나 나머지 쓰레기는 그대로 소각되거나 매립되고 있으니 심각한 문제다.

매립지란?

쓰레기를 버리기 위해 조성한 움푹 파인 땅으로, 지질, 지하수, 접근성, 지역사회의 수용성을 신중하게 고려해 매립지 부지를 선정한다. 침출수가 새어 나갈 수 없도록 점토와 불투과성 막을 깔고 배수관을 설치한다. 배출된 침출수는 인근의 침출수 처리 시설로 운반되고 처리된 뒤 인근 수로로 방류된다. 또 침출수 누출을 감시하는 지하수 모니터링 시스템을 운영하여 잠재적인 유해물질에 의한 환경오염을 예방한다.

매립지에서는 버려진 쓰레기를 평평하게 고르고 악취와 먼지 발생을 막기 위해 표면에 진흙을 도포하는 작업이 일상적으로 진행된다. 쓰레기에서 나온 메탄가스는 포집해 불태우거나 열, 연료 또는 전기를 얻기 위한 바이오가스로 사용한다(179쪽 참조).

매립지가 가득 차면 매립물 상단에 불투과성 막을 덮은 다음 다시 흙을 덮는다. 사용이 완료된 매립지는 조경 작업을 거쳐서 공원 등 새로운 생활 편의 시설로 전환하기도 한다. 매립지 사용이 끝난 후에도 지하수 모니터링을 계속 실시하고 생분해와 가스 생성이 멈출 때까지 메탄가스를 포집한다.

현대적인 환경오염 방지 법규가 만들어지기 전에 건설된 매립지에는 침출수 방지막이 설치되어 있지 않아 지하수 오염이 발생할 수 있으며, 메탄가스 방출이 오랫동안 계속될 것이다.

매립지에서는 어떤 일이 벌어지나?

매립지는 켜켜이 쌓인 쓰레기 더미가 밀착되어 있어서 공기가 드나들 틈이 없다. 산소가 없으면 폐기물 분해를 돕는 미생물이 서식할 수 없어서 아주 느리게 분해가 진행된다. 물론 금속, 유리, 플라스틱 등의 물질은 분해되지 않은 채 남는다(140-141쪽 참조). 음식물 쓰레기와 종이 그리고 정원 쓰레기는 퇴비통에 넣거나 야외에 두면 생분해되지만, 매립지에 버려지면 아주 느리게 분해되고 그 과정에서 메탄가스를 방출한다.

메탄은 강력한 온실가스다. 대기에 머무는 시간이 비교적 짧지만(메탄의 대기 중 체류 시간은 12년, 이산화탄소는 100~300년이다), 온난화에 미치는 힘은 이산화탄소보다 무려 28배나 높다. 현대적인 설비를 갖춘 매립지에서는 메탄가스를 포집하는데, 대부분 불태워질 뿐이고 전기와 열을 생산하는 데 이용되는 비율은 아주 낮다.

재활용의 실상

과거에는 재활용 쓰레기를 중국으로 보내 처리한 후 소각하거나 매립하는 경우가 많았다. 그런데 2018년 중국이 다른 나라의 쓰레기 반입을 금지한다고 해 전 세계 재활용 시스템에 큰 파장이 일었다.

현재 영국의 플라스틱 쓰레기는 재활용을 위해 말레이시아, 터키, 폴란드, 인도네시아, 네덜란드로 옮겨진다. 말레이시아는 영국산 플라스틱 쓰레기 반입을 크게 늘리고 있는데 반입된 플라스틱 쓰레기 전량을 재활용할 수 있는지, 불법 투기가 이루어지는 건 아닌지 우려된다.

유리, 종이, 알루미늄, 기타 금속의 재활용은 영국에서도 이루어지고 있지만, 폐기물 양이 많으면 유럽연합의 다른 나라로 반출되기도 한다. 결국 자국의 폐기물은 스스로 책임진다는 원칙을 세워야 한다.

음식물 쓰레기와 기후변화

세계 온실가스 배출량의 8~11%가 음식물 쓰레기에서 나온다. 음식물 쓰레기를 한 국가로 본다면, 중국과 미국에 이어 세계 3위의 온실가스 대량 배출원이다(26-27쪽 참조).

음식물을 매립지에 버리는 것은 최악의 음식물 쓰레기 처리 방법이다. 100대 기후변화 해법을 분석하는 '프로젝트 드로다운'(Project Drawdown) 연구진은 음식물 쓰레기 발생 억제를 100대 기후변화 해법 중 3위로 꼽았다. 많은 지자체가 음식물 쓰레기를 수거해 유기물 쓰레기가 매립되어 메탄을 내뿜지 않도록 하고 음식물 쓰레기를 가치 있는 퇴비로 전환하고 있다. 동애등에라는 유해성 없는 곤충을 사육해 음식물 쓰레기를 더 빨리 분해하고 그 부산물로 비료와 물고기 사료를 생산하는 기술을 사용하는 곳도 있다.

일부 지역은 매립지 부지를 찾지 못해 곤경을 겪고 있다. 쓰레기를 소각하는 방식이 점점 일반화되고 있는데, 폐기물을 태워 얻는 에너지를 이용해 지역에 열과 전력을 공급할 수 있다.

쓰레기는 소각 처리가 정답일까?

소각은 대형 소각로에서 고온으로 폐기물을 태워 고형물의 부피를 최대 95%까지 줄이고 그 과정에서 만들어진 재를 수거하는 과정이다. 소각할 때 생성된 가스는 여과 필터와 정화기를 통해 유해 물질을 제거한 뒤 공기 중으로 방출한다. 특히 플라스틱을 태울 때 생성되는 유독성 물질은 인체에 유해한 영향을 미치므로, 재와 여과 필터는 전문적인 폐기 절차에 따라 처리해야 한다. 쓰레기 소각에 따른 오염을 줄이기 위해 많은 노력을 하고 있지만, 다이옥신 등의 독성 물질과 오염 물질 배출에 대한 걱정은 여전히 잦아들지 않고 있다. 환경뿐 아니라 인간의 건강에도 위협이기 때문이다.
가장 효율적인 소각로는 소각할 때 발생하는 열을 이용해 지역에 난방을 공급하거나 발전용 터빈을 돌려 전기를 생산하는 폐기물 자원화 시설이다. 에티오피아 아디스아바바의 신형 폐기물 자원화 시설은 소각 후 만들어진 재에서 독성 물질을 제거한 뒤 벽돌로 만드는 공장을 운영한다. 이 공장 덕분에 쓰레기 줍는 일을 하던 노동자들에게 일자리가 생겼다. 폐기물 자원화 시설은 예측 가능한 양의 전기를 지속적으로 생산할 수 있다는 점에서 재생 가능한 에너지원의 간헐성 문제를 보완한다.

쓰레기 줄이기, 재사용, 재활용

매립과 소각 중 덜 나쁜 방법 하나를 선택하는 것은 정답이 될 수 없다. 쓰레기 발생량을 줄이고, 가능한 모든 물건을 재사용하거나 수리해 쓰고, 플라스틱, 유리, 종이, 금속 등 재사용할 수 없거나 다른 용도로 쓸 수 없는 물건을 재활용하고, 모든 음식물 쓰레기를 퇴비로 만들어 쓰는 것이 폐기물 문제의 해법이다. 그러고도 남은 것만 소각이나 매립으로 처리해야 한다. 소각도 매립도 환경에 나쁜 영향을 미치므로 이상적인 대안이 아니다.

가장 이상적인 것은 애초에 모든 물건을 다른 용도로 전환해 쓰거나 재활용하거나 퇴비화할 수 있게 만들어 제로 웨이스트를 달성하는 것이다.

식품, 청소용품, 화장품을 포장 없이 파는 제로 웨이스트 매장이 점점 늘어나면서 쓰레기를 크게 줄일 수 있게 되었다. 모든 영국인이 음식을 포장해 갈 때 집에 있는 용기를 이용한다면 영국에서만 연간 약 110억 개의 포장 폐기물이 사라질 것이다.

퇴비화가 미래의 해법일까?

오물이 묻은 종이 접시와 일회용 커피 컵 등 재활용이 불가능한 품목은 너무나 많다. 이런 쓰레기를 줄이기 위해서 퇴비화가 가능한 재료로 만든 일회용품이 속속 출현하고 있다.

- 산업형 퇴비화: 산업형 퇴비화 설비의 내부 온도는 최대 50~60℃, 가정용 퇴비통의 내부 온도는 보통 20~40℃다. 일종의 음식물 쓰레기 대형 저장고로 통기성을 위해 엄청난 양의 퇴비 더미를 정기

적으로 뒤집어주는 장치가 있다. 퇴비 더미 아래쪽에서 공기를 공급하는 방식을 사용하기도 한다. 미생물이 최적의 조건에서 분해할 수 있도록 온도, 산소 농도, 습도를 조절하는 장치가 갖춰져 있어서, 풍부한 영양 성분이 함유된 퇴비가 생산되어 정원 및 조경용 퇴비로 판매된다. 가정에서 발생한 음식물 쓰레기나 유기물 쓰레기는 공공 수거 서비스를 거쳐 산업형 퇴비화 설비에 투입된다.

- 가정용 퇴비통: 이 통을 이용하면 채소와 과일 껍질을 퇴비로 만들 수는 있지만, 퇴비화 가능 표시가 있더라도 컵이나 포장재, 접시까지 퇴비로 만들기는 어렵다. 음식물 쓰레기가 분해되면 이산화탄소와 물이 방출되고 정원에서 쓸 수 있는 바이오매스 또는 퇴비가 만들어진다.

요즘에는 많은 품목이 '생분해성'으로 분류되는데, 시간이 지나면 언젠가는 분해된다는 뜻이다. 분해가 완료되는 데 몇 개월이 걸릴 수도 있고 1,000년이 걸릴 수도 있다. 따라서 생분해성 표시가 있는 모든 품목을 퇴비화가 가능한 것으로 보아서는 안 된다. 퇴비화가 가능한 품목은 그 정보를 분명히 명시해 빠짐없이 퇴비화가 될 수 있도록 해야 한다. 그렇지 않으면 퇴비화 가능한 용기의 생산에 들어간 추가 비용과 노력이 말짱 헛수고가 된다.

헷갈리는 라벨 표시

소비자에게 포장 및 폐기물 처리 방법을 알려줄 목적으로 다양한 상품 정보를 표기한 라벨과 기호가 사용되고 있다. 그런데 이 자체가 혼동을 일으킬 수 있다. 예를 들어, 소비자들은 하나의 원 안에 두 개 화살표가 얽혀 있는 모양의 '그린 닷'(Green Dot) 기호를 자주 혼동한다. 유럽에서 그린 닷 기호는 제조사가 포장 재활용 산업 자금 지원에 참여했음을 알리는 표시다. 그런데 2018년에 실시한 어느 설문 조사 응답자 중 절반이 이 화살표 기호를 포장재를 재활용할 수 있다는 의미로 해석했다.

- 음식물 쓰레기는 반드시 음식물 쓰레기통이나 퇴비통에 넣어야 한다.
- 젖지 않은 깨끗한 종이와 판지, 통조림과 음료수 캔, 유리는 재활용품 수거함에 넣어야 한다.
- 과일, 채소, 고기 등의 포장에 쓰이는 단단한 플라스틱 용기는 재활용품 수거함에 넣어야 한다.
- 빵, 파스타, 쌀 등의 포장에 쓰인 부드러운 재질의 플라스틱, 오물이 묻은 물건(기저귀, 기름이 밴 피자 상자), 그리고 재활용이 가능한지 알쏭달쏭한 것은 반드시 쓰레기통에 버린다.

다용도실

전 세계에서 8억 4,000만 대 이상의 세탁기가 사용되고 있다. 한 대의 세탁기가 40℃의 온도로 세탁할 때 배출되는 온실가스는 평균 0.7kgCO_2e다. 휘발유 자동차로 2.7km를 주행할 때 배출되는 이산화탄소의 양과 맞먹는다. 일주일에 네 번 세탁기를 사용한다면 휘발유 자동차로 11km를 달리는 것과 같다.

세탁기

불과 몇 세대 전만 해도 옷을 전부 손으로 빨았다. 할머니 집에서 손빨래할 때 쓰던 나무 빨래판을 보았거나 집에 세탁기가 처음 들어오던 순간을 기억하는 사람이 있을지도 모르겠다(세탁기 오작동 때문에 물난리를 겪는 집도 있었다). 세탁기는 비교적 최근에 출현한 발명품으로 특히 여성의 삶에 혁신적인 변화를 선사했다.

옛날 사람들은 집 밖에서 빨래를 했다. 고대 로마에는 양모와 리넨으로 만든 흰색 토가를 세탁하는 세탁업자(풀로네라고 불렸다)가 있었다. 세제도 비누도 없었던 때라 이들은 동물이나 사람의 오줌을 섞은 물에 옷을 빨았다. 오줌의 알칼리 성분이 옷에 붙은 오물을 떼어내는 효과를 냈기 때문이다. 남자들이 거대한 세탁통에 들어가 발로 치대어 옷을 빨았고, 말린 다음에는 고슴도치 가죽으로 만든 솔로 솔질을 했다. 또 유황을 태울 때 나는 연기를 이용해 천을 표백하기도 했다.

비누는 중세 시대에 등장했지만 부자들만 쓸 수 있었다. 18세기에는 비누가 좀더 흔해졌지만 여전히 자주 쓰이진 않았다. 모든 옷을 세탁할 때 쓰이는 게 아니라, 얼룩을 제거하는 용도나 고급 옷 세탁용으로만 쓰였다.

최초의 세탁기는 1782년 영국의 헨리 시지어가 통 안에 나무로 된 살을 설치하고 그 살을 회전시키는 손잡이를 달아 만든 것이었다. 1851년에는 이 기본 디자인을 토대로 회전식 원통형 세탁기가 발명되었다. 1900년대 초 미국 시장에 전기세탁기가 처음 등장했다. 1970년대에는 영국 가정의 65%가 세탁기를 사용했고, 세탁기 보유 비율은 1990년대에는 90%, 2016년에는 97%로 성장했다.

그러나 세탁기는 여전히 아무나 쓸 수 없는 사치품이다. 전 세계 인구 77억 중 20억 명만이 세탁기를 살 만한 경제력이 있다. 나머지 50억 명이 넘는 사람들은 시냇가나 강가, 우물가에서 손으로 옷을 빤 다음 집으로 가져간다. 이 무급 노동은 대개 여성이 감당하고, 이 때문에 자녀와 함께 충분한 시간을 보내지 못할 뿐 아니라, 보수가 있는 일자리를 얻거나 새로운 기술을 익힐 기회도 잡기 어렵다. 3만 명이 거주하는 페루의 한 빈민가 주민을 대상으로 실시된 연구에 따르면, 이곳에서 빨래는 일주일에 세 번 이상 하루 6시간을 들여서 해야 하는 일이라고 한다. 반면에 영국에서는 평균적으로 한 사람이 옷을 세탁하고 널어서 말리는 데 쓰는 시간이 일주일에 평균 102분이다(2017년 기준).

지구에 미치는 영향

의류 세탁의 탄소 발자국에서 가장 큰 몫을 차지하는 것은 세탁기 가동에 소모되는 에너지이며, 합성세제 역시 영향을 준다(60-61쪽 참조). 세탁기 보유 및 사용에 드는 총 비용을 산정한 연구에 따르면, 총 비용의 60% 이상이 세탁기를 사용할 때 소모되는 에너지와 세제 등과 관련된 것이고, 23%가 세탁기 구매와 관련한 비용이다. 『Which?』가 시행한 조사에 따르면, 세탁기 가동에 따른 에너지 비용은 평균 세탁 횟수를 기준으로 연간 23만 원에서 43만 원 사이다. 에너지 효율 최하위 등급의 세탁기를 사용하면 에너지 비용이 연간 14만 원 추가될 수 있다. 따라서 비용이 약간 더 들어가더라도 에너지 효율 등급이 높은 세탁기를 구입하면 장기적으로 비용이 절약된다. 미국인은 세계 어느 나라 사람보다 세탁기를 자주 사용한다. 한 가구가 한 해에 289번이나 세탁기를 돌린다. 그런데 세탁 횟수 당 에너지 소비량은 미국과 호주보다 유럽이 더 높게 나온다. 세탁기 세탁 온도가 더 높게 설정되어 있는 탓 같다. 그런데 의류 세탁과 관련한 물 소비량은 일본과 미국이 가장 높고 유럽이 가장 낮은데, 이는 세탁기 디자인과 관련있다. 유럽인이 흔히 쓰는 전면부 개폐형 세탁기는 미국인이 선호하는 상부 개폐형 세탁기보다 세탁 시 물 소모량이 적다. 대신 상부 개폐형 세탁기는 냉수 전용으로도 자주 사용되므로 전기 요금이 상대적으로 적게 든다.

최근 들어 미세플라스틱이 전 세계 바다에 미치는 영향이 대중적 관심사가 되고 있다. 2016년 가정용 세탁기의 합성섬유 미세플라스틱 배출과 관련하여 플리머스대학이 시행한 연구에 따르면, 의류 6kg을 세탁할 때 폴리에스터-면 혼방 의류는 13만 7,951개의 섬유 조각을 수로로 배출하고, 아크릴 의류는 72만 8,789개를 배출한다. 이 섬유 조각은 너무 미세해서 하수 처리장의 처리용 필터에도 걸러지지 않은 채 수중 환경으로 유입되어 해양 퇴적층에 쌓이거나 해양생물의 소화기로 들어간다. 베를린 크기의 도시라면 플라스틱 쇼핑백 54만 개에 들어갈 분량의 미세플라스틱을 날마다 바다로 방출한다는 이야기다.

요즘 생산되는 세탁기는 1년에 250회씩 10년을 쓸 수 있게 설계되어 있다. 그런데 세탁기를 더 오래 쓸 수 있게 만들면 탄소 발자국을 줄일 수 있다. 예를 들어 2,000회 사용이 가능한 세탁기를 다섯 대 생산하는 것보다 1만 회 사용이 가능한 세탁기 한 대를 생산하는 편이 강철 약 180kg을 절약하고 온실가스 배출을 2.5t CO_2e 넘게 줄일 수 있다.

미래에는 수명이 더 길고 내구성도 좋은 세탁기를 임대 방식으로 쓰게 될 것이다. 부품을 교체하고 수리하여 사용하면 세탁기 수명이 늘어나 의류 세탁의 탄소 발자국과 소비자 비용(세탁기를 임대하는 편이 26~38% 저렴하다)을 줄일 수 있다.

이렇게 바꿔볼까?

- 옷을 자주 세탁하지 않는다. 정말 더러운지 확인한 다음 세탁 바구니에 넣는다. 얼룩이 생긴 옷은 부분 세탁을 한다. 바람이 잘 통하는 곳에 두면 옷에 밴 냄새를 없앨 수 있다. 옷 세탁 횟수를 줄이면 의류 수명이 더 오래가고 탄소 발자국도 줄어든다(114-115쪽 참조).
- 세탁기를 돌릴 때는 최대 용량을 채우되 초과하지 않게 하여 에너지 비용을 최대한 절감한다. 용량을 초과하면 일부 옷은 다시 세탁해야 할 수도 있다.
- 세탁기를 사용할 때 찬물이나 30℃ 물을 사용한다. 요즘 액체 세제는 낮은 온도에서도 효과를 낼 수 있고, 세탁수 온도를 낮추면 에너지 비용을 줄일 수 있다. 세탁수 온도를 60℃에서 40℃로 낮추면 세탁 비용이 1/3로 줄어든다.
- 가장 효과적인 세탁기 사용법을 익힌다. 최신형 세탁기는 세탁물의 양을 토대로 세제와 물의 효율적인 사용량을 계산해 자동으로 공급하는 기능도 있다.
- 가능하면 에너지와 물 사용 효율이 가장 높은 세탁기를 구입한다. 유지비가 덜 들어 장기적으로 비용이 절약된다. 에너지소비효율 1등급 세탁기를 선택한다.
- 낡은 세탁기는 반드시 재활용한다. 세탁기에는 값비싼 강철 30~40kg과 매립지로 반입되면 안 되는 전자 부품과 플라스틱이 들어 있다. 재활용 센터의 전자 폐기물 전용 수거 코너에 가져가거나, 신제품을 구입하면 폐가전 수거 서비스를 제공하는 소매점을 이용한다.
- 사용하는 전기를 100% 재생에너지 전력 사업자가 생산하는 전기로 바꾸어 에너지의 탄소 발자국을 줄인다.
- 요금이 할인되는 심야 전력을 이용하고 있다면 심야 전력을 이용해 세탁기를 돌린다.

미래의 세탁기

놀랍도록 성능이 개선된 미래의 세탁기가 이미 호텔 등의 상업 시설에서 사용되고 있다.

'제로스'(Xeros) 세탁기는 조브스(XOrbs)라는 구슬을 사용해 세탁 1회당 물 사용량을 80%까지 줄인다. 일반 세탁기는 물의 회전력을 이용해서 오물과 얼룩을 제거하는데, 제로스 세탁기는 구슬의 회전력을 이용하기 때문에 물을 덜 사용하고 세탁물에 미치는 충격을 크게 줄여 옷의 색상과 질감이 더 오래 유지된다.

영국의 한 호텔과 스파는 일반 세탁기 두 대를 신형 제로스 세탁기로 교체한 후로 매년 250만ℓ의 세탁 용수를 절약하고 있다. 올림픽 규격의 수영장을 채우고도 남는 양이다.

제로스 세탁기는 전기 소비량도 일반 세탁기의 절반 수준이므로 유지비가 적게 들고 온실가스도 적게 배출한다. 미국의 한 호텔은 수도와 전기 요금 등의 절감 덕분에 1년이 채 되기 전에 제로스 세탁기 구입비를 회수했다.

최신형 가정용 세탁기에는 합성섬유 의류에서 떨어져 나오는 미세섬유(미세플라스틱)를 걸러내는 필터가 장착되어 있다. 미세섬유가 강과 바다로 흘러드는 걸 막아주는 이 필터는 몇 달에 한 번씩 청소해주면 된다.

앞으로 몇 개월 혹은 몇 년 안에 이런 미래형 세탁기나 비슷한 성능을 가진 세탁기가 출시될 테니 눈여겨보기를.

농도 2ppm의 세제에 노출된 어류는
화학물질 흡수에 영향을 받아 살충제의 독성에 훨씬 취약해진다.
세제 농도가 15ppm에 이르면 대부분의 어류가 죽는데
어류의 알은 5ppm의 낮은 농도에서도 죽는다.

세탁세제

세탁세제가 없었던 옛날에는 물과 오줌을 이용해 세탁했다. 초창기 비누는 재를 섞어 끓인 동물성 지방으로 만들었다(56쪽, 130쪽 참조).

세제는 합성 성분의 수용성 세정제다. 비누는 경수에 함유된 염분과 결합하여 찌꺼기를 형성하지만 세제는 이런 결합을 하지 않는다. 세제에는 물의 표면 장력을 낮추어 수분 침투, 거품 형성, 분산, 그리고 유화 효과를 향상시키는 계면 활성제, 경수를 연화하고 오물이 세탁물에 붙지 않게 하는 인산염, 세탁물이 빛을 반사하게 만드는 형광증백제, 그리고 좋은 향을 내기 위해 첨가된 향수가 들어 있다. 생물 원료 세제에는 음식물 등의 얼룩을 분해하고 제거하는 데 도움을 주는 효소가 들어 있다.

지구에 미치는 영향

생분해성 세제라도 일정한 농도를 넘으면 환경에 영향을 미친다. 세제는 세탁기 속 물과 자연 환경 속 물을 구분하지 않고 똑같이 작용한다. 세제의 여러 가지 성분이 물고기 점막의 천연 지방을 공격해 아가미의 정상적인 기능을 방해하고 박테리아, 기생충, 농약에 노출될 위험을 높인다. 세제의 계면활성제 성분은 내분비 교란물질을 생성하는데, 동물의 호르몬 균형을 깨뜨리고 생식 능력을 감소시킬 수 있다. 다른 성분 역시 환경에 유입되어 독성을 내뿜거나 오래도록 지속될 수 있다.

1960~1970년대에 과학자들 사이에서 화학물질이 섞인 물이 자연환경의 물로 흘러들면 인산염이 수질에 영향을 미쳐 부영양화 현상을 일으킬 수 있다는 인식이 싹트기 시작했다. 수중 인산염 농도가 높아지면 조류가 번성하여 독소를 방출하고 산소를 고갈시켜 수생생물이 떼죽음을 당한다. 1980년대에 에코버는 이 문제를 해결하기 위해 인산염 대신 제올라이트라는 미

세 다공성 광물을 사용하는 무인산염 세탁세제를 생산하기 시작했다. 다른 제조사들도 동참하면서 미국에서는 1990년대에 인산염 사용이 단계적으로 중단되었고, 2013년에 도입된 규제에 따라 유럽에서도 사용이 중단되었다. 최근에는 세계 전역의 제조사들이 인산염 원료를 퇴출하려는 노력을 하고 있다.

지구의 한계

스톡홀름 리질리언스 센터(Stockholm Resilience Center)는 '바이오스피어'의 지속 가능성을 연구한다. 바이오스피어는 지구상에 있는 모든 생태계의 총합을 말하며 '생물권'이라고도 부른다. 인과 질소의 순환은 지구 생물권을 지속시키는 아홉 가지 중요한 순환 중 하나다. 그런데 인간의 활동이 이런 화학물질의 작용을 왜곡시켜 다양한 측면에서 자연에 영향을 미치고 있다. 세제 생산에서 인산염 사용을 줄이면 미래의 지구에서 살아갈 모든 생명체의 생존에 작게나마 기여할 수 있다.

이렇게 바꿔볼까?

- 식물성 계면활성제는 수생생태계에 유해한 영향을 미치지 않고 단기간에 생분해된다. 식물성 계면활성제를 원료로 쓰고 인산염을 사용하지 않는 세제를 사용한다(라벨 표시에 대한 설명은 39쪽 참조).
- 세제를 넣을 때는 정량을 사용한다.
- 액체 세제는 분말 세제보다 찬물 세탁 시 효과가 좋으나 수분이 많이 들어 있어서 운반할 때 더 무겁다. 플라스틱 용기에 담겨 있는 농축 액체 세제를 선택하고 다 쓰면 다시 채워서 사용한다. 더 이상 쓰지 않는 빈 용기는 재활용품 수거함에 넣는다. 가능하면 재활용 플라스틱 용기에 든 제품을 선택한다.
- 분말 세제의 판지 포장재는 플라스틱 손잡이를 제거하고 내용물을 완전히 비운 후에 재활용품 수거함에 넣는다. 분말 세제는 액체 세제보다 안정적인 성분으로 되어 있어 유통기한이 더 길고 안정제가 덜 들어간다.
- 태블릿이나 캡슐 세제는 물에 녹는 포장재를 쓰는데, 불필요한 염료와 기타 성분이 들어 있으니 사용하지 않는다.
- 빈 용기에 리필을 해서 사용하면 용기 하나로 몇 년을 쓸 수 있다.
- 친환경 세탁볼 에코 에그(eco egg)를 사용하면 세제를 쓰지 않아도 된다. 달걀형 용기 안에 들어 있는 두 종류의 광물 펠렛이 서로 작용하여 의류의 오물을 제거한다. 최대 720회까지 재사용이 가능하다.
- 섬유 유연제 사용을 삼간다. 불필요한 화학물질이 세탁물은 물론 인체의 피부와 수생환경에도 유입되니 안 쓰는 게 상책이다.
- 베이킹 소다와 식초를 이용해 세탁기를 깨끗하게 관리하면 세척 효과를 높일 수 있다.(74-75쪽, 252쪽 참조).

2018년 영국에서 회전식 세탁물 건조기를 소유한 가구의 비율은 58%로 영국에만 이런 건조기가 1,570만 대 있다.

세탁물 건조기

습한 지역에 사는 사람, 빨랫줄이나 건조대를 놓을 실외 공간이 마땅치 않은 사람에게는 회전식 건조기가 필수품일 수 있다. 그런데 이 편리한 기계는 에너지를 먹는 하마다.

회전식 건조기는 비교적 현대에 발명된 것으로 그 기원은 약 200년 전으로 거슬러 올라간다. 최초의 건조기는 구멍이 촘촘히 뚫린 금속제 드럼을 불 위에서 회전시키는 구조였다. 1799년 프랑스의 무슈 포숑이 발명했는데 이 건조기로 옷을 말리면 연기 냄새가 났다. 여러 가지 단점이 있기는 했지만, 이 장치는 현대적인 회전식 건조기의 원형이 되었다.

가정용 건조기는 1900년대 초반 처음 등장했는데 엄청나게 비쌌다. 1930년대 후반에 가스와 전기를 이용하는 건조기가 개발되자 가격이 약간 낮아졌다.

선진국의 주거용 에너지 사용량의 최대 10%가 건조기에 쓰인다. 요즘 유럽에서는 에너지 효율을 고려해 건조기를 만드는 추세가 강해지고 있다. 예를 들어, 히트 펌프 회전식 건조기는 내부에서 뜨거운 열을 회수해 회전 용기 안에서 순환하는 공기를 재가열하는 방식으로 기존 건조기보다 에너지 소모를 최대 60%까지 줄인다.

지구에 미치는 영향

화석연료를 태워 얻은 에너지로 건조기를 가동하면 온실가스가 방출된다. 이를테면, 에너지 효율 1등급의 건조기를 주 3회 사용하면 이산화탄소 160kg이 발생하는데, 대형 LCD TV를 40일 동안 밤낮으로 켜놓을 때 발생하는 양과 같다. 건조기는 본질적으로 비효율적인데, 발생하는 열 가운데 최대 60%가 낭비된다. 또 합성섬유 의류가 미세섬유를 배출하도록 촉진한다. 보푸라기를 모으는 건조기 내부 필터에는 미세플라스틱 섬유도 모이는데, 이 섬유가 환경에 유입되면 오염을 일으키고 생태계 먹이사슬에까지 들어올 수 있다.

이렇게 바꿔볼까?

- 빨랫줄이나 건조대를 이용해 실외에서 세탁물을 말린다. 영국에서 건조기를 소유한 모든 가정이 매주 1회 분량의 세탁물을 실외에서 말리면 이산화탄소 배출을 1년에 100만t 이상 줄일 수 있다. 한 해 세탁물의 절반 또는 전부를 실외 건조하면 이산화탄소 배출을 훨씬 많이 줄일 수 있다.
- 건조기를 최대한 적게 사용하고 실외에서 건조한 옷은 통풍이 잘 되는 수납장에 보관한다. 이런 수납장이 없다면 실내에 건조대를 설치한다.
- 옷을 너무 자주 빨지 않는다. 통풍이 잘 되는 곳에 두어 옷에 밴 냄새를 날리거나 오염되고 얼룩진 곳만 부분 세탁해 세탁물의 양을 줄인다.
- 건조기를 꼭 사용해야 한다면 세탁기의 탈수 모드를 고속으로 설정해 세탁물의 수분을 최대한 제거한 다음 건조기에 넣는다.
- 낡은 건조기는 전기·전자 폐기물 수거소로 가져가고(재사용이 가능한 값비싼 금속이 들어 있다), 새 건조기를 살 때는 에너지 효율이 높은 히트 펌프 건조기를 고른다. 더 비싸지만 유지비가 덜 들어서 장기간 사용하면 투자한 비용을 충분히 회수할 수 있다.
- 건조기 필터에 모인 보푸라기 속 미세섬유가 강과 바다로 유입되지 않도록 반드시 쓰레기통에 버린다.
- 정전기 방지 시트는 플라스틱으로 만든 일회용품이라 쓰레기가 될 뿐이다. 펠트로 만든 건조기 볼을 사용하면 옷의 정전기가 줄고 양털에 포함된 라놀린 성분 때문에 옷이 부드러워진다.

빨래집게 이야기

실외의 빨랫줄에 옷을 널어 말리려면 빨래집게가 필요하다. 플라스틱 집게는 실외에 놓아두면 햇빛과 비바람 때문에 외관이 변하고 삭아서 잘게 부서진다. 이 조각들이 풀 사이에 파묻히거나 흙에 섞여 생태계 먹이사슬로 들어갈 수 있다. 실내에서 보관해야 수명이 오래간다. 빨래집게는 플라스틱과 금속이 혼합되어 있어서 완전히 분리하지 않으면 재활용이 불가능하다. 지속 가능한 목재 집게나, 오래 사용할 수 있는 스테인리스 스틸 집게를 쓴다.

탄소 발자국과 라벨 해독하기

지구를 지키는 게 바로 우리 스스로를 지키는 길이다. '호모 사피엔스'가 없어도 지구는 멀쩡하게 존속한다. 그러나 만일 우리 탓에 지구 환경이 인류에게 적대적인 방향으로 바뀐다면 우리는 멸종하게 될 것이다. 내가 이 말을 하는 의도는 오직 하나, 우리의 미래를 펼쳐갈 안전한 지구를 지키는 것이 최대 관심사여야 한다는 걸 강조하고 싶어서다.

인간이 번성하려면 몇 가지 필수적인 요건이 충족되어야 한다. 너무 덥지도 춥지도 않고 온도 변화폭이 비교적 크지 않은 안정적인 기후 시스템과 호흡에 필요한 산소, 영양분이 충분한 음식물, 그리고 신선한 마실 물이 보장되어야 한다. 지구에게는 '골디락스 행성'이라는 별칭이 있다. 이 별칭은 지구가 호모 사피엔스를 비롯한 다양한 생물종이 번성하기에 '딱 알맞은' 행성이라는 걸 상징한다.

우리는 인간의 활동이 지구에 충격을 안긴다는 걸 이미 알고 있다. 우리가 하는 활동과 사는 상품과 서비스가 지구에게 미치는 충격의 강도를 평가할 때 탄소 발자국 또는 환경 발자국이라는 표현을 사용한다. 이건 무슨 뜻이고, 왜 이런 표현을 쓰는 걸까?

탄소 발자국이란?

탄소 발자국은 어떤 물건 또는 행동이 기후변화에 미치는 영향력을 숫자로 표현한 것인데, 이용할 수 있는 모든 정보를 기반으로 추측해 이산화탄소뿐 아니라 모든 온실가스 배출량을 통합해 표시한다. 탄소 발자국을 표기할 때는 온실가스를 이산화탄소 기준으로 환산한 CO_2 환산량(약자로는 CO_{2e}) 단위를 쓴다.

예를 들어, 단거리 항공 운항의 탄소 발자국이란 비행기가 그 여정을 운항할 때 발생하는 모든 온실가스의 배출량을 말한다. 어떤 탄소 발자국 계산기를 쓰느냐에 따라 탄소 발자국 값이 다르게 나올 수 있다. 즉, 탄소 발자국 수치는 참고 자료 또는 상대적인 값으로 이해하고 이용하면 된다.

환경 발자국이란?

환경 발자국 또는 생태 발자국이란 표현도 흔히 쓰이는데, 이는 탄소 배출량뿐만 아니라 물 소비량, 인간 활동과 관련된 토지와 자원 이용량, 쓰레기 발생량 등 인간의 생활 방식이 환경에 미치는 영향을 모두 통합해 계산한 값이다. 환경 발자국을 표시할 때는 종종 어떤 사람의 생활 방식을 뒷받침하려면 지구가 몇 개 필요하다는 식의 표현을 쓴다. 예를 들어, 당신이 '지구 두 개'라는 환경 발자국 성적표를 받았다면 당신의 환경 발자국을 절반으로 줄여야 한다는 뜻이다. 이를 위해서는 주택, 교통수단, 소비하는 물건 등 생활 방식을 바꾸어야 할 수도 있다. 그러나 환경 발자국과 관련된 보편적인 계산 공식은 없으며 다양한 계산 방식을 쓴다. 때로는 특정 국가가 환경에 미치는 영향을 평가해 환경 발자국으로 나타내기도 한다. 예를 들어, 영국인 1인당 생태 발자국은 4만 4,000m^2로 추정된다. 이것은 인간의 자원과 에너지 소비가 자연 생태계에 미치는 영향을 토지 면적으로 환산한 방식이다. 세계 인구를 고려할 때, 지구가 한 사람에게 제공할 수 있는 땅의 넓이는 1만 6,300m^2다. 만일 지구상의 모든 사람이 영국인처럼 산다면, 지구가 2.7개 있어야 모든 세계 인구를 부양할 수 있다. 반면에 인도인 1인당 생태발자국은 1만 2,000m^2인데, 모든 사람이 인도인처럼 산다면 지구 하나만으로도 전혀 모자라지 않는다는 이야기다.

각국의 탄소 발자국 비교(단위 CO_2e)

영국인 1인의 평균 탄소 발자국은 5.56t, 미국인의 탄소 발자국은 14.95t이다. 이는 미국인이 상대적으로 물건을 더 많이 소비하고, 더 큰 집에 살고, 더 큰 차를 운전하면서, 더 많은 온실가스를 배출한다는 걸 반영한다. 인도인의 탄소 발자국은 1.57t, 말라위인은 0.1t으로 개발도상국 국민의 1인당 탄소 발자국이 훨씬 작다. 1인당 탄소 발자국 1위는 사우디아라비아, 2위는 호주, 3위는 미국이다. 개인의 탄소 발자국은 탄소 발자국 계산기를 이용해서 계산할 수 있다(256쪽 참조).

전주기 분석

환경 영향을 평가할 때 흔히 쓰이는 또 다른 평가 도구는 전주기 분석이다. 어떤 물건이 환경에 미치는 영향을 전체 생애 주기(만들어질 때부터 폐기될 때까지), 즉 원료의 추출부터 제품의 제조, 사용, 재활용을 거쳐 폐기에 이르는 전 과정의 환경 영향을 평가하는 방법이다. 제조사가 자사가 생산한 제품의 환경 영향을 평가할 때 주로 쓰인다. 전주기 분석은 탄소 발자국과 마찬가지로 상대적인 측정값이다. 따라서 이를 이용하면 제품의 생애 주기 중 어느 단계의 환경 영향이 가장 큰지 확인하고, 어느 단계에서 생태 발자국을 가장 많이 줄일 수 있는지 분석할 수 있다. 전주기 분석과 관련한 정확한 과학적인 근거는 아직까지 정립되지 않았지만 다양한 방법론이 개발되고 있다. 이 책에서는 전주기 분석 정보를 이용할 수 있는 제품에 대해서만 전주기 분석을 소개하고, 생태 발자국보다 정보를 구하기가 더 쉬운 탄소 발자국을 주로 사용한다.

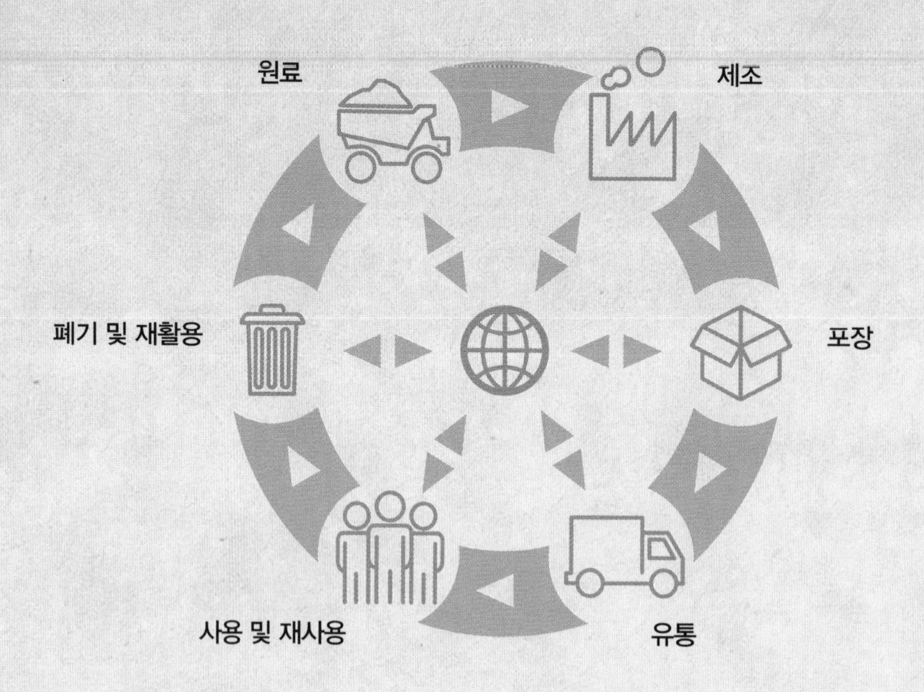

라벨 속 암호 해독법

친환경 라벨은 소비자에게 해당 제품이 특정 기준을 충족해 일반 제품보다 환경친화적이라는 믿음을 주기 위해 제조사가 사용하는 도구다. 그렇다고 이 제품이 특정 기준을 충족한다고 보증하지는 않는다. 제조사들이 종종 근거 없이 이런 주장을 내놓는다. 친환경 제품을 찾을 때는 라벨에 아래의 표준과 마크가 있는지 확인하자.

비콥 인증(B corps) 직원과 고객, 지역사회, 환경에 미치는 영향을 평가하는 절차에서 검증 점수를 충족한 회사에게 주어진다. 이 인증을 받은 회사는 검증 보고서를 온라인에 공개해 소비자의 알 권리를 보장해야 한다. 2023년 기준으로 전 세계 7,400여개 기업이 비콥 인증을 받았다.

BCI 인증(Better Cotton Initiative) 면화 재배 농민들이 효율적으로 물을 이용하고 화학물질을 덜 사용하며 토양과 생물 다양성 보호를 위해 힘쓰면서도 적절한 보수를 받을 수 있도록 하는 제품에 부여된다. 면직물 제조사는 원료의 5% 이상을 이러한 농민들이 재배한 면화로 충당해야 하며, 5년 후에는 이 비율을 50%까지 늘려야 한다. 침구와 수건, 티셔츠, 청바지를 살 때는 BCI 마크가 있는 것을 고르자.

탄소 중립 인증(Certified Carbon Neutral) 자사의 탄소 배출량을 계산하고 사업의 효율성 개선 활동과 온실가스 감축 프로젝트를 지원하는 탄소 상쇄 사업을 동시에 추진해 탄소 발자국을 제로까지 줄인 회사에게 부여된다.

윤리적 차 파트너십(Ethical Tea Partnership) 차 생산과 생산자의 생계, 그리고 환경의 지속 가능성을 개선하기 위해 노력하는 기업에게 주는 인증 마크다(20~21쪽 참조).

유럽연합 에코 라벨(EU ECO-LABEL) 전주기에 걸쳐서 온실가스 배출과 폐기물을 줄이고 재사용과 수리 그리고 재활용이 가능한 디자인을 적용하는 등 환경 기준을 충족한 제품과 서비스에 부여된다.

유럽연합 에너지 라벨(EU ENERGY LABEL) 전자 제품의 에너지 효율성 인증 마크. 최고등급인 A등급부터 최저등급인 G등급까지 7개 등급으로 분류된다. 유럽연합 내에서 판매되는 모든 전자 제품에는 에너지 라벨을 부착해야 한다. 에너지 효율이 가장 높은 제품에 A++++ 라벨이 붙는다.

페어트레이드 인증(Fairtrade) 식품과 패션 산업에서 사용하는 인증으로, 적절한 급여와 근무 조건을 보장하고 환경을 보호하는 회사에 부여된다. 커피, 초콜릿, 바나나, 차, 면 의류를 살 때 이 라벨이 있는지 확인하자(23쪽 참조).

FSC 인증(Forest Stewardship Council) 지속 가능한 방식으로 관리되고 지역사회에 혜택을 제공하는 산림에서 나온 목재를 사용하는 제품에 주어진다. 컴퓨터 출력 용지, 연하장, 포장지, 책, 화장지, 판지를 살 때 FSC 마크를 확인하자.

GOTS 인증(Global Organic Textile Standard) 원료의 70% 이상을 유기농 섬유로 충당하는 의류에 부여되는 인증 마크다. 재사용 가능한 기저귀, 침구, 냅킨, 식탁보, 의류를 살 때 이 라벨을 확인하자.

리핑 버니 인증(Leaping Bunny) 동물 실험과 동물성 원료 사용을 하지 않는 화장품을 인증하는 프로그램이다. 동물에 대한 인도적인 대우를 지지하는 화장품을 찾는다면 이 마크를 확인하자.

PETA 인증(People for the Ethical Treatment of Animals) 동물 실험과 동물성 원료를 사용하지 않는 기업의 목록을 공개하는 동물권 옹호 단체다. 이들이 공개한 목록에는 PETA 인증서나 동물 실험을 하지 않는다는 성명서를 공개적으로 게시한 회사들이 올라 있다.

열대우림동맹 인증(Rainforest Alliance) 엄격한 환경적·사회적 표준을 충족하는 농장과 산림, 기업에게 부여된다. 커피, 차, 바나나를 구입할 때는 청개구리 기호가 있는지 확인하자(23쪽 참조).

토양 협회 인증(Soil Association Organic) 세계 최초의 유기농 인증으로 유기농 기준과 동물 복지·인간의 건강·환경보호 관련 기준을 충족하는 식품, 미용 제품, 의류용 면화, 산림 원료 제품과 목재에 적용된다.

카본트러스트 인증(Carbon Trust Standard) 지속적인 환경 영향 저감과 효율성 개선을 약속하고 이를 위해 환경 영향의 측정 및 관리에 최선을 다하는 조직에 부여된다. 은행, 슈퍼마켓, 식품 회사에게도 주어지는데, 스코틀랜드 정부 역시 이 인증을 받았다.

굿 쇼핑 가이드 윤리적 기업상(Good Shopping Guide's Ethical Company Award) 동물 복지·인권·환경 관련 자체 기준을 충족하는 영국 기업에게 수여되는 상이다.

RWS 인증(Responsible Wool Standard) 동물 복지와 방목지 토양 보호를 위해 관련 사업자들이 자발적으로 마련한 세계적 표준이다. RWS 인증 시스템은 양모 생산 농장의 모든 생산 단계에서 이 표준을 충족하는지 추적한다. 울 의류나 침구를 살 때 RWS 마크를 확인하라.

SFA 인증(Sustainable fibre Alliance) 캐시미어 생산과 관련한 세계적인 지속 가능성 표준으로, 초지의 보존과 복원, 동물 복지 및 생산자 복지 보장을 지향한다. 지속 가능한 캐시미어는 대부분 몽골에서 생산되는데, SFA는 몽골의 캐시미어 생산자들이 초지를 지속 가능한 방식으로 이용하고 관리할 수 있도록 지원한다.

유럽에서는 매년 약 4,500만 대의 진공청소기가 판매된다.
진공청소기(평균 수명 8년)의 전주기 환경 영향평가에 따르면,
주로 사용 중에 소모되는 에너지와 관련해
환경 영향이 발생한다.

진공청소기

옛날에는 집을 청소할 때 방바닥의 깔개를 걷어 실외에서 힘껏 두들겨 먼지와 흙을 털어내고 소박한 빗자루로 방바닥을 쓸어냈다. 요즘 쓰는 진공청소기는 함께 제공되는 다양한 부착물을 사용해서 모든 종류의 바닥을 청소할 수 있게 설계되어 있다.

1860년대에는 기계식 카펫 청소기가 쓰였고, 1901년 허버트 세실 부스가 최초의 진공청소기 '퍼핑 빌리'(Puffing Billy)를 개발하여 영국에서 특허를 냈다. 그런데 이 청소기는 마차만큼 커서 사용이 불편했다. 그로부터 10년 뒤에 청소부 겸 발명가 제임스 스팽글러가 전기 재봉틀에서 떼어낸 전기 모터를 이용해 흡입형 진공청소기를 발명했다. 그의 사촌 수전 후버가 그 발명품을 보고 남편 윌리엄 후버에게 아이디어를 전한 것이 진공청소기 대량생산의 계기가 되었다.

시간이 흐르면서 진공청소기의 흡입력은 점점 강해졌다. 1960년대에는 소비 전력 500W짜리 모터가 사용되었는데, 모터가 강할수록 청소 효율이 높다는 인식이 형성되면서 2010년대에는 소비 전력 2500W 이상의 모터를 사용하는 청소기가 보급되었다. 그러다 모터의 소비 전력이 높으면 오히려 에너지 효율이 낮아진다는 사실이 연구에 의해 밝혀졌다. 유럽연합은 '에코디자인 지침'을 제정했고 이에 따라 2017년 기준으로 유럽연합 내 모든 진공청소기는 소비 전력 900W 이하로 생산되어야 한다. 단, 무선청소기에는 이 지침이 적용되지 않는다.

지구에 미치는 영향

유럽연합에서는 2억 개가 넘는 가정용 진공청소기가 사용 중이며, 이로 인한 연간 전력소비량은 18.5TWh에 달한다. 이는 유럽연합 내 천연가스 발전소 다섯 개가 한 해 동안 생산하는 전력량과 같다. 진공청소기의 에너지 효율 향상이 시급한 과제다. 에코 디자인 지침으로 2020년에

는 2013년보다 진공청소기의 전반적인 환경 영향이 20~57% 줄어들고, 탄소 발자국 역시 2013년보다 44% 감소하여 연간 온실가스 배출량이 480만t CO_2e(2012년 바하마의 연간 온실가스 배출량과 맞먹는 양) 줄어들 것으로 기대된다. 청소기의 에너지 효율이 높아지고 전력망에 투입되는 재생 에너지의 양이 늘어날수록 진공청소기의 탄소 발자국은 줄어들 것이다.

진공청소기는 다양한 원자재를 사용해 만들기 때문에 재활용이 까다롭고 환경에 큰 영향을 미친다. 알루미늄, 스테인리스 스틸, 황동, 구리, 여러 종류의 플라스틱을 원료로 사용하므로 수거 및 재활용 시에는 전기·전자 폐기물에 대한 WEEE 지침이 적용된다.

먼지 봉투를 쓰는 진공청소기는 폐기물을 더 많이 만들어내는데, 먼지 봉투는 재활용이 되지 않아 결국 매립지로 투입된다. 판지 상자 한 개, 판지 트레이 두 개, 판지로 만든 내부 충전재 한 개, 여러 개의 부속품 보호 비닐백(현재로선 재활용이 불가능한 폴리에틸렌)으로 구성되어 있는 새 제품의 포장재도 문제다.

진공청소기를 사용할때 실내 공기 오염이 발생하는데, 가장 성능이 나쁜 진공청소기는 가장 성능이 좋은 청소기보다 두 배나 많은 먼지를 남긴다고 한다. 2012년에 실시된 한 연구는 진공청소기를 사용할 때 나오는 배출물이 실내 먼지와 박테리아 노출의 원인이 되며, 제조사와 모델에 따라 노출 정도가 크게 다르다는 것을 확인했다.

이렇게 바꿔볼까?

- 청소기 사용 중 잠시 멈춰야 한다면 반드시 전원을 끈다.
- 카펫이 아닌 곳을 청소할 때는 빗자루를 사용하여 진기 소모를 최대한 줄인다.
- 새 진공청소기를 구입할 때는 소비 전력보다 에너지 효율을 따져 고른다. 먼지 봉투를 쓰지 않는 진공청소기가 쓰레기를 덜 배출하고 먼지 봉투를 구입하는 데 드는 비용과 수고도 아낄 수 있다. 필터의 성능도 확인한다.
- 먼지가 가득 찬 진공청소기용 먼지 봉투는 쓰레기통에 버린다.
- 먼지와 머리카락, 음식물 조각만을 빨아들였다면 청소기 먼지통의 쓰레기는 퇴비통에 넣는다. 하지만 합성섬유 카펫을 청소했다면 반드시 쓰레기통에 먼지를 버려야 한다.
- 재생에너지 전력 사업자가 공급하는 전기를 사용하면 온실가스 배출 없이 진공청소기를 사용할 수 있다.
- 낡은 진공청소기는 재활용할 수 있도록 WEEE 수거 장소로 가져간다.

하버드대학과 프랑스 국립보건원, 메디컬리서치가
간호사들을 대상으로 30년간 실시한 연구에 따르면,
멸균 세정 제품을 일주일에 한 번씩 사용하면
폐기종, 만성 기관지염 등 만성폐쇄성폐질환 발병률이
최대 32% 증가할 수 있다고 한다.

청소용품

수십 년 전에는 청소용품의 종류가 지금보다 훨씬 적었다. 표백제가 제일 널리 사용되었고, 요즘 흔히 볼 수 있는 전문 청소용품은 아예 없었다. 편리한 도구를 이용해 노동에 따르는 수고를 덜려는 소비자의 욕구를 충족하기 위해, 바닥 청소용 물티슈, 물에 닿으면 거품이 나는 일회용 변기솔 헤드 등 다양한 일회용 청소용품이 탄생했다.

요즘은 청소용품이 환경과 건강에 영향을 준다는 사실이 조금씩 알려지고 있다. 하지만 베이킹 소다와 식초만으로도 거의 모든 것을 청소할 수 있다는 사실은 왜 널리 알려지지 않았을까?(74-75쪽 참조).

지구에 미치는 영향

싱크대 아래칸의 청소용품 대부분에 경고 라벨이 붙어 있다. 독성이 있어 피부에 심한 자극을 주거나, 섭취하는 경우 혹은 냄새를 흡입하는 경우 인체에 해를 끼치고 물체를 부식시키기도 하며 환경에 유해한 영향을 미칠 수 있다. '환경에 유해한 물질'이 들어 있다는 경고 표시로 누구나 알아볼 수 있는 죽은 나무와 죽은 물고기 표시가 자주 쓰인다.

몇 가지 청소용품의 유해성에 대해 자세히 살펴보자.

표백제

표백제는 차아염소산나트륨 원액을 희석한 것으로 박테리아, 바이러스, 곰팡이를 없애는 데 아주 효과적이다. 그러나 피부나 눈에 닿으면 따끔따끔한 자극을 일으킬 수 있고, 폐 질환을 일으킬 수 있기 때문에 환기가 잘 되지 않는 장소에서는 사용하지 않는다. 천식이 있는 사람은 특히 조심해야 한다.

암모니아가 든 화장실 세제나 식초 등의 산성 세척제와 표백제를 혼합하면 유독성 염소가스가 방출된다. 제1차 세계대전 때 화학무기로 사용되었던 게 바로 이런 염소가스다.

높은 농도의 표백제는 수생생물에게 유독하다. 하지만 물에 섞어 하수구로 흘려보내면 희석되어 분해되기 때문에 강과 호수에 도달할 때쯤이면 독성이 거의 사라진다.

다목적 크림 세정제

다양한 작업에 사용할 수 있는 이 제품은 암석 성분 중 하나인 탄산칼슘 등의 연마제와 탄산나트륨(일명 세척용 소다), 소듐도데실벤젠술폰산나트륨 등의 세정제를 혼합하여 만든다. 피부와 폐에 심한 자극을 일으킬 수 있으며, 환경에 유입되면 분해되는 데 최소 2주의 시간이 걸린다.

배수관 세척제

배수관 세척제에는 부식성·가연성·유해성 물질이라는 경고문이 붙어 있다. 가성소다(수산화칼륨이라고도 한다) 등의 알칼리 성분이 들어 있어 피부에 닿으면 따끔거리고 피부가 벗겨진다. 싱크대 배수구에 이 세척제를 부으면 각종 화학 물질이 배수관 안에 들어찬 기름 찌꺼기를 녹여 비누와 비슷한 수용성 물질로 변화시킨다.

일부 배수관 세척제는 표백제와 과산화물, 질산염을 원료로 쓰는데, 유독한 영향을 끼칠 수 있기 때문에 배수관 세척제를 삼키거나 냄새를 들이마시지 않아야 하며 피부에 닿지 않도록 철저히 관리해야 한다. 또한 부식성이 매우 강해 배수관을 부식시키기도 한다. 가정용 정화조를 사용하는 가정에서는 배수관 세척제를 사용하지 말아야 한다. 오수를 분해하는 유익한 박테리아를 완전히 죽여 정화조의 효율적인 작동을 방해하기 때문이다. 이렇게 독성이 강한 물질이 강과 호수, 바다로 들어가면 수생생물에 얼마나 치명적인 영향을 미칠지 상상해보라.

오븐 세척제

오븐 세척제에는 수산화나트륨(세척제)과 이소부탄(에어로졸 분사제로 발암 추정 물질이다), 그리고 아크릴 코폴리머(세척제 농도를 높여 점성을 높이는 플라스틱)가 들어 있다. 정말 무시무시하다!

수산화나트륨은 일부 배수구 세척제 성분과 유사한 부식성 성분을 함유하고 있어 아주 위험한 물질이다. 또 오븐 세척제에는 발암물질로 추정되는 염화메틸렌 용제가 들어 있을 수 있다. 따라서 인체 건강과 지구 환경에 좋지 않다는 경고문이 붙어 있다. 그런데도 사람들은 쉽게 청소할 수 있다는 유혹에 넘어간다.

가구 광택제

간혹 가구 광택제 냄새를 좋아하는 사람이 있는데, 그 냄새 뒤에는 잠재적 위험 물질 혼합물이 숨어 있다. 가구 광택제에는 메틸클로로이소치아졸리논, 메틸이소치아졸리논(둘 다 수생생물에게 유해한 영향을 끼친다), 디메티콘(분해가 어려워 환경에 유출되면 오래도록 남아 있다), 등유(삼키면 인체에 유해하다)가 들어 있다.

유리 세정제

분사형 유리 세정제에는 피부를 자극하는 수

산화암모늄이 들어 있어 눈에 닿으면 따끔거리고 실명을 유발할 수도 있다. 또한 목이 따끔거리고 재채기가 나올 수 있으니 이 물질이 뿜어내는 기체를 흡입하지 않도록 조심한다.

변기 세정제

변기 세정제에는 아주 많은 부식성 원료가 들어 있다. 배수관 세척제에도 쓰이는 수산화칼륨(가성 칼륨이라고도 한다)이 들어 있어 인체와 환경 모두에 좋지 않다. 변기 테두리에 걸치는 고리형을 쓰든 변기와 변기 테두리에 뿌리는 액체형을 쓰든 오물을 녹이는 강력한 화학물질이 물에 섞여 주변 환경으로 유입된다.

이렇게 바꿔볼까?

- 세정용품을 구입하거나 사용하기 전에 반드시 라벨을 먼저 읽는다. 유독성·유해성 경고 문구가 있는 세정용품은 사지도 쓰지도 말자.
- 여러 종류의 전문 세정제품을 사고 싶다는 유혹을 이겨내자. 한두 가지 세정용품만으로도 거의 모든 청소가 가능하다.
- 친환경 세제를 쓴다. 가격이 조금 더 비싸긴 하지만 다목적으로 사용이 가능하다. 예를 들어 분사형 세정제 하나로 주방, 욕실, 유리나 가구 닦을 때, 그리고 자동차 실내 청소에까지 쓸 수 있다.
- 리필 서비스를 이용하면 친환경 세정제를 저렴한 가격에 이용할 수 있을 뿐 아니라, 같은 용기를 반복해서 재사용할 수 있다.
- 화학물질 세정제 대신 물리적인 해법, 근육과 관절의 힘을 이용해보자. 예를 들어 배수관이 막혔을 때는 압축식 뚫어뻥이나 철제 옷걸이, 뱀 모양의 오물 제거기를 사용한다. 뱀 모양 제거기는 값도 싸고 여러 번 사용할 수 있으며, 배수관 속으로 빙글빙글 돌면서 들어가 오물을 샅샅이 훑는다. 이걸 사용해서 세면대나 욕조 배수구 구멍에서 머리카락과 끈적이는 오물 덩어리를 쏙 뽑아낼 때면 마음이 어찌나 뿌듯한지!
- 다 쓴 플라스틱 용기는 물로 깨끗이 헹궈낸 뒤 재활용 수거함에 넣는다. 분사식 세정제 용기도 재활용이 가능하다. 한때는 이 분사식 용기에 금속 스프링이 들어 있어서 분리해서 배출해야 했지만, 이제는 내용물이 들어 있지 않은 깨끗한 분사식 용기는 재활용 수거함에 넣어도 된다.
- 간단한 DIY 청소 방법을 시도해보라. 주전자에 낀 석회질은 레몬을 이용해서 제거하고, 오븐은 증기를 사용해서 청소하며, 유리창은 물과 식초를 반반씩 섞은 액체로 닦아낸다. 한두 번 해보면 여러 종류의 세정제가 필요 없다는 걸 깨닫게 된다.

청소계의 영웅, 식초와 베이킹 소다

식초와 베이킹 소다는 주방에서 여러 용도로 사용할 수 있는 중요한 물품으로, 최고급 전문 세정제도 해낼 수 없는 별의별 일을 다 한다.
내가 이 책을 쓰는 중에 누군가가 내가 아끼는 트위드 쿠션 커버에 끈적이는 무언가를 덕지덕지 묻혀놓았다. 쿠션 커버를 망치지 않고 끈적거리는 오물을 제거하기 위해서 내가 한 일은 식초를 묻힌 뒤 살살 문지르는 것뿐이었다.
특이한 식초도 아닌 기본적인 무색투명의 증류 백식초 말이다. 마법의 힘은 식초의 아세트산에서 나온다.
베이킹 소다는 슈퍼마켓 베이킹 코너에서 구할 수 있는데, 탄산나트륨(트로나 광석에서 뽑아낸다)으로 만들거나 소금 농축액과 이산화탄소와 암모니아를 반응시키는 화학적 방법으로 만든다.
식초와 베이킹 소다를 섞으면 혼합액에서 거품이 일면서 이산화탄소가 발생하는데, 이 혼합액이 강력한 세척력을 발휘한다. 책 곳곳에 이 혼합액의 다양한 용도를 소개했으니 찾아보길 권한다.

용도	식초	베이킹 소다
응급처치	칼에 베였을 때 깨끗한 천에 식초를 조금 묻혀 상처를 닦아내면 소독과 감염 예방 효과가 있다. 귀의 염증 예방에도 좋으며, 입가의 궤양에 식초를 바르면 부기가 가라 앉고 통증이 줄어든다.	1/4 작은술을 물에 섞어서 마시면 속 쓰림과 소화 불량이 완화된다. 차가운 물이 담긴 욕조에 2~4큰술을 풀어 몸을 담그면 수두와 화상으로 인한 가려움이 가라앉는다.
미용	손톱을 식초에 담갔다가 매니큐어를 칠하면 매니큐어가 깔끔하게 오래 유지된다. 여드름이 난 곳에 식초를 바르면 여드름 제거 효과가 있다.	칫솔에 묻혀 사용하면 치아 미백 효과가 있다. 2큰술을 물에 섞어 세안 스크럽용으로 쓴다. 1작은술을 물에 녹여 입안을 헹구면 구취가 사라진다.
청소	벽난로와 난로를 청소할 때 식초와 물을 1:1로 섞어 분무기에 넣어 사용한다. 가죽으로 된 가구를 청소하고 관리할 때 식초와 아마씨유를 1:2로 혼합해 분무기에 넣어 사용한다. 식초와 물을 1:1로 섞은 용액으로 크롬과 스테인리스 스틸을 닦으면 광택이 난다.	베이킹 소다를 컵에 담아 냉장고에 놓아두면 음식 냄새를 흡수한다. 도마에 베이킹 소다를 뿌려두었다가 문질러 닦으면 도마에 밴 냄새가 사라진다. 베이킹 소다로 컵을 문지르거나 베이킹 소다와 물을 섞은 용액에 하룻밤 담가두면 컵의 얼룩이 사라진다.
반려동물	반려동물이 사용하는 쿠션을 청소할 때 식초와 물을 1:1로 섞은 용액을 사용한다. 식초와 물을 1:1로 섞어 반려동물의 털에 뿌리면 벼룩과 진드기를 죽일 수 있다. 반려동물의 귀가 더러울 때는 식초를 묻힌 천이나 티슈로 닦아준다.	반려동물이 말벌이나 벌에게 쏘이면 상처 부위에 베이킹 소다 1큰술을 물에 걸쭉하게 개어 붙여 둔다. 반려동물을 목욕시킬 수 없을 때 베이킹 소다 용액을 뿌린 뒤 빗질을 해주면 악취가 덜 난다. 반려동물의 장난감을 씻을 때 물 1ℓ에 베이킹 소다 1큰술을 풀어 만든 용액을 사용한다.
정원	뜨거운 물에 식초 2컵과 올리브유 2큰술을 섞어서 목재 패널, 실외 가구, 울타리를 청소할 때 쓴다. 잡초가 난 곳에 뿌리면 잡초가 시든다.	재배 중인 토마토나 실내에서 키우는 식물에 곰팡이나 진딧물이 생겼을 때는 물 1ℓ에 베이킹 소다 1작은술, 식물성 오일(오일을 넣어야 혼합액이 식물에 잘 달라붙는다)을 섞어 분무기로 뿌려준다.

20

거실

2016년 전 세계적으로 TV를 포함한 전자 폐기물 4,900만t이 버려졌다. 2021년에는 연간 6,000만t까지 늘어날 거라고 예측한다.

텔레비전

지금은 우리에게 너무나 친숙한 텔레비전은 100년 전에는 발명조차 되지 않았다. 2018년 기준으로 콘텐츠 서비스와 연결된 TV가 전 세계에 76억 대나 있고, 약 84%의 가구가 TV를 소유하고 있다.

19세기에 발명된 기계식 텔레비전은 이미지를 한 장씩 스캔하여 화면으로 보내는 방식을 썼는데, 1927년에 등장한 전자식 텔레비전은 그야말로 혁명적인 변화였다.

텔레비전이 어느 나라에서 발명되었는가에 대해선 많은 이견이 있다. 영국에서는 스코틀랜드 출신의 과학자 겸 엔지니어, 그리고 발명가로 활약했던 존 로지 베어드가 세계 최초로 텔레비전을 발명하고 컬러 텔레비전 시스템을 처음 대중 앞에 선보였던 것으로 알려져 있다.

누가 언제 발명했건 간에, 텔레비전은 많은 사람의 여가 시간과 뉴스 및 엔터테인먼트 이용 방식에 변화를 몰고 왔다. 앞으로 10년 안에 모든 텔레비전이 전기 및 인터넷 연결이 가능한 스마트 텔레비전으로 바뀔 것이고, 누구나 스마트 텔레비전용 안경을 착용하면 원하는 시간에 원하는 것을 가상현실을 통해 볼 수 있을지도 모르겠다.

텔레비전을 보유하는 데 드는 상대 비용은 점점 빠른 속도로 낮아져서, 지금은 70년 전 비용의 4% 수준이다. 선진국의 거의 모든 가구에는 텔레비전이 있지만, 아프리카 등 개발도상국에서는 경제적 능력과 전기 이용 가능성 문제 때문에 전체 가구 중 1/3 미만이 텔레비전을 보유하고 있다.

최신형 텔레비전에는 플라즈마 또는 LCD 화면이 사용된다. 둘 다 형광체 가스로 채워진 셀을 사용하는데, 플라즈마 화면에서는 전극이 장착된 두 장의 유리기판 사이에 플라즈마 형태의 가스가 들어 있다. LCD 화면도 두 장의 유리기판을 사용하는데 이중 하나가 액정으로 코팅되어 있다. 플라즈마 화면과 LCD 화면의 주요 구성 요소는 유리인데, 소형 텔레비전은 유리 대신 플라스틱을 사용하기도 한다. 텔레비전의 전자 부품과 케이스는 플라스틱, 구리, 주석, 아연, 실리콘, 금, 크롬 등 다양한 원료로 만든다.

텔레비전의 미래

미래의 TV는 곡선형 또는 가구 일체형으로 나올 것이다. 어쩌면 사용자와 대화하면서 무엇을 시청할지 결정해주는 기능도 있을지 모른다. 아니, 아예 TV 없이 지내게 될지도 모른다. 독립형 스크린을 쓸 필요 없이 벽과 천장에 이미지를 쏘아주는 전자기기를 이용하게 될 수도 있다.

'지금 TV에서 뭐 하지?' 이제 이런 질문은 엉뚱한 소리로 들린다. 많은 사람이 원하는 시간에 원하는 프로그램을 골라서 본다. 2019년 넷플릭스 구독자 수는 1억 3,900만을 돌파했다. 엄청나게 많은 컨텐츠를 저장하는 세계 곳곳의 데이터 센터의 전력 소비는 갈수록 늘어나고 있다(94–95쪽, 104–105쪽 참조).

지구에 미치는 영향

LCD 평면 스크린 텔레비전은 제조 과정에서 강력한 온실가스인 삼불화질소(NF3)를 사용한다. 이산화탄소보다 온난화 잠재력이 1만 7,000배 더 강력하고 대기 중에 최대 740년까지 머무른다. 1990년 이후로 NF3 생산량과 산업적 사용량이 급증했다. 미국 환경보호청에 따르면, 미국에서는 연간 NF3 배출량이 1990년부터 2015년 사이에 1,057% 증가했는데 이는 텔레비전 제조와 관련 있다고 한다.

최근에는 대기 중으로 배출되는 NF3 가스의 양이 과거 예상했던 양을 넘어섰다는 우려도 나오고 있다.

텔레비전은 금속, 중금속(수은, 납, 카드뮴), 유리, 플라스틱, 실리콘, 형광 코팅용 화학물질 등의 원료를 사용하는 제조 과정뿐 아니라 포장, 운송, 전기를 소모하는 사용 과정 등 제품의 전 주기에 걸쳐서 환경 발자국을 남긴다. 수명이 다한 텔레비전 같은 전기·전자 폐기물은 환경에 유해한 영향을 미치므로 반드시 재활용해야 한다.

2018년까지는 전 세계 전기·전자 폐기물의 70%가 중국을 향했으나, 이후에는 베트남과 태국이 중요 목적지가 되었다. 항구가 마비될 정도로 전기·전자 폐기물이 밀려들자, 이 나라들은 중국의 선례를 따라 반입 제한 조치를 택했다. 각국은 전기·전자 폐기물의 부품을 재활용이 가능하도록 분리하는 시스템을 마련해야만 한다. 게다가 천연자원을 새로 캐내는 것보다 텔레비전에 든 금속을 회수하는 편이 비용이 훨씬 덜 든다. 중국의 연구자들은 원광석을 제련해 구리, 금, 알루미늄을 생산하면 전기·전자 폐기물의 '도시 광산'에서 이 금속을 회수할 때보다 13배 더 많은 비용이 든다는 것을 확인했다.

2018년까지 전 세계에서 무려 56만 9,000t의 LCD 텔레비전 폐기물이 발생했는데, 이중 대부분이 매립, 불법 폐기되거나 소각되었다(소각은 불법 폐기된 전자제품의 플라스틱을 녹여 그 사이에 들어 있는 값나가는 구리선을 얻기 위해 사용되는 방법이다). 이 과정에서 오염물질이 지하수와 토양, 공기로 방출되어 사람과 야생생물의 건강에 연쇄적으로 영향을 미치게 된다.

텔레비전은 켜져 있을 때는 물론이고 대기 모드(95쪽 참조)에서도 에너지를 소모하므로 개인의 에너지 비용 상승과 온실가스 증가를 낳는다(재생에너지를 쓰는 경우는 예외다).

이렇게 바꿔볼까?

- 크기가 작은 텔레비전을 산다. 적은 원료를 사용할 뿐 아니라 유지비도 적게 든다. 플라즈마 텔레비전은 일반 텔레비전보다 에너지를 더 많이 사용한다. LCD TV가 에너지 효율이 더 좋다. 예를 들어, 에너지 효율이 높은 32인치 LCD TV는 42인치 플라즈마 TV 소모 전력의 절반만 소모한다.
- 에너지소비효율 라벨을 확인하여 에너지 효율을 비교한다. 가장 낮은 게 5등급, 가장 높은 게 1등급이다.
- 고장난 텔레비전은 수리해서 쓴다.
- 일부 국가에는 제조사가 운영하는 전기·전자 폐기물 수거서비스나 유럽의 WEEE(103쪽 참조) 등 낡은 텔레비전을 재활용하는 프로그램이 있다.
- TV를 시청하지 않을 때는 전원을 끈다(95쪽 참조). TV, DVD 플레이어, 네트워크 연결 장치를 멀티탭 하나에 연결해두면 편리하다.
- TV를 구입할 때 함께 온 스티로폼과 판지는 재활용 수거함에 넣는다.

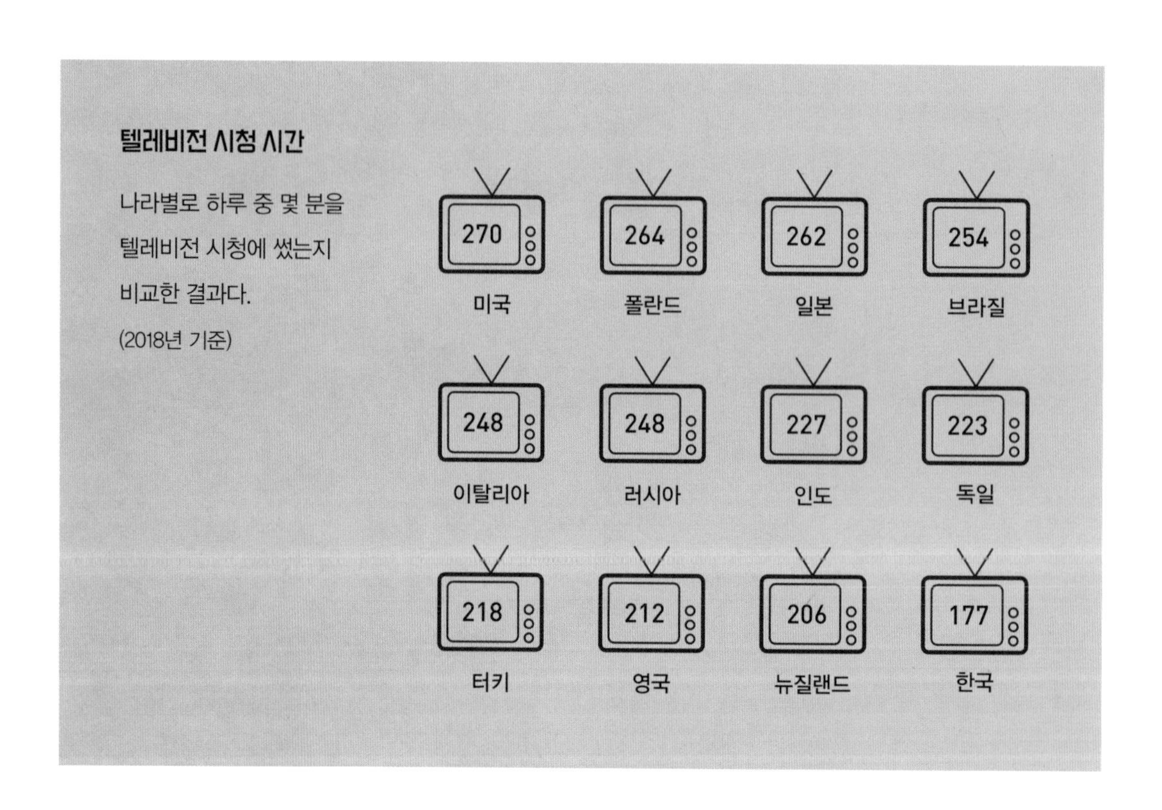

작은 섬에서는 전자 폐기물을 어떻게 관리할까

앤티가섬과 바부다섬은 크기가 아주 작아서 쓰레기를 매립할 공간이 부족했고, 점점 늘어나는 전기·전자 폐기물 문제로 골치를 앓고 있었다. 2013년 여러 조직이 문제의 해법을 찾기 위해 모였다.

이들은 평소 전기·전자 폐기물이 섬의 환경에 유해한 영향을 미칠 수 있다고 걱정하여 문제 해결 방법을 찾던 끝에, 컴퓨터를 포함한 전자 제품을 재사용하고 재조립하여 판매하는 프로젝트를 구상하고 탄생시켰다. 바로 앤티가바부다 전자 폐기물 관리센터다.

이 센터는 '컴퓨터 리셋'(컴퓨터 교육을 제공하고 신형 및 중고 컴퓨터를 판매하는 소규모 사업체), '보이스 소년원' 그리고 '그레이스 팜 침례교회'가 협력하여 이뤄낸 결실이었다.

이 전자 폐기물 센터는 개인과 기업이 사용하던 통신 장비, 배터리, 휴대전화, 컴퓨터, 변압기, 컴퓨터 케이블, 복사기, 잉크젯 카트리지, 소형 가전제품을 수거하여 품목별로 분류하고 수리·재조립하여 소년원에서 사용할 수 있는 제품으로 재탄생시켰다. 센터는 학생들에게 컴퓨터와 활용법을 가르쳐 새로운 기술과 취업 기회를 얻을 수 있도록 도왔다. 재조립된 컴퓨터 중 일부는 '컴퓨터 리셋' 매장에서 팔았고 그 수익금 중 일부를 센터 운영비로 돌렸다.

이곳에서는 수리 또는 재사용이 불가능한 품목을 재활용에 쓰일 수 있도록 부품별로 또는 원료별로 분류한다. 섬 내에는 전문적인 재활용 시설이 없어 대부분의 원료를 캐나다의 재활용 시설에 판매한다.

이 전자 폐기물 센터는 봉사활동과 대중 교육을 통해 전기·전자 폐기물 문제에 대한 대중적 인식 개선에 힘쓰고 있고, 섬의 주민들과 기업들은 낡은 장비를 쓰레기로 버리지 않고 재활용할 수 있도록 센터에 기증하고 있다.

이렇게 재활용은 다방면에 혜택을 제공한다. 환경에도, 청년들에게도, 이 재활용 서비스를 이용하는 기업과 개인에게도 유익하다.

아일랜드 사람들은 하루에 약 7.3시간을 앉아서 지낸다. 이 가운데 절반은 직장이나 학교에서 보내고 나머지는 집에서 보내는데, 집에서는 대개 소파에 앉아 지낸다. 2012년 잉글랜드에서 실시한 설문조사에 따르면, 평일 하루에 6시간 이상 앉아서 지내는 성인의 비율이 30%인데 주말에는 이 비율이 늘어 37%에 달했다.

소파

소파가 없는 거실은 상상하기 어렵다. 쉬거나 텔레비전을 볼 때, 그리고 신문을 읽을 때 소파에 앉는다. 거의 모든 집에 소파와 안락의자, 빈 백, 식탁의자, 스툴이 있다. 예전에는 가구 재료로 금속과 나무를 주로 썼는데, 요즘에는 가구 몸체와 폼 충전재로 플라스틱을 많이 쓴다.

기원전 2000년경부터 이집트에서는 부자들이 쓰는 소파가 있었다. '소파'라는 단어는 높이가 낮은 의자를 뜻하는 아랍어 '수파'에서 유래했다고 한다. 수천 년의 세월이 흐르면서 소파는 대중적인 가구가 되었다.

1690년대 유럽 가구 제조업자들이 만든 소파는 대형 안락의자 모습이었는데, 당시에는 엘리트만의 소유물이었다. 소파가 대중적으로 사용되기 시작한 것은 1900년대 초부터였다. 초기에는 단단한 나무 몸체에 말의 털과 짚, 이끼를 채워 만든 것이라 상당히 불편했다. 요즘에 흔히 사용하는 소파는 값싼 합성섬유와 폼의 출현 덕분에 탄생했다. 그런데 지구에는 어떤 영향을 미칠까?

지구에 미치는 영향

소파는 대부분의 가정에 필수품이라 소파 없이 지내야 한다고는 말할 수 없다. 하지만 소파를 만드는 재료와 사용 방식에 대해서는 자세히 살펴볼 필요가 있다. 주거 및 사무용 건물과 관련한 탄소 배출량의 상당 부분이 주택과 사무실의 가구에서 나온다. 2017년에 실시된 한 연구에 따르면, 탄소 배출 제로를 목표로 하는 건물에서 배출되는 온실가스의 약 10%가 가구 생산에서 나온다. 예를 들면, 가구용 목재를 만들기 위해 나무를 베어낼 때, 금속 재료를 만들기 위해 에너지를 소모할 때, 그리고 플라스틱 폼과 합성섬유로 된 커버를 만들기 위해 석유와 에너지를 사용할 때 온실가스가 배출된다.

버려지는 소파 대부분은 조금만 세척을 한 뒤

새 커버를 씌우거나 수리를 하면 충분히 사용할 수 있다. 그러나 영국에서는 버려진 소파 가운데 어떤 방식으로든 재사용되는 비율이 17%에 불과하다. 나머지는 소각되거나 매립되고, 부품 재활용을 위해 해체된다.

특히 문제가 되는 것은 소파와 의자를 만들 때 사용되는 플라스틱 폼과 빈백 충전에 쓰이는 폴리스티렌 구슬이다. 스티로폼 또는 발포 폴리프로필렌으로 만드는 이 구슬은 생분해되지 않는 플라스틱의 일종이다. 재활용이 가능하지만 이를 수거하는 시설이 거의 없어서 대부분 매립되거나 소각된다.

예전에는 합성 폼을 제조할 때 오존층을 파괴하는 물질이 쓰였지만, 요즘에는 이를 개선하기 위해 다양한 화학물질을 이용해서 폼에 공기를 주입한다. 폴리스티렌과 폼을 태우면 다이옥신이 방출되므로 폐가구의 불법 소각은 인체 건강에 심각한 위해 요인이 된다.

소파에 쓰이는 폼과 직물은 대부분 가연성이 높아서 일정 수준의 내화 처리를 하도록 의무화되어 있다. 그런데 내화 처리에 사용되는 화학물질은 불에 타면 유독 가스를 방출한다. 사실 지속 가능한 소파를 구입하는 일은 대단히 어려운 일이다.

이렇게 바꿔볼까?

- 소파나 안락의자를 스팀 청소기를 이용해 깔끔하게 청소하여 쓴다. 스팀 청소기는 하루 혹은 주말에만 대여 방식으로 빌릴 수 있다. 스팀 청소기를 갖고 있는 이웃에게 빌리는 것도 방법이다.
- 소파에 새 덮개를 씌워 변신시킨다. 리페어 카페(193쪽 참조)에서 업사이클링 방법을 배우거나 전문가에게 도움을 받는다. 새 덮개는 울, 트위드, 면, 린넨 등의 천연 방수 직물을 선택한다.
- 쓰던 소파를 처분하려 한다면 온라인을 이용해 팔거나 인근의 자선단체 또는 가구 재사용 네트워크에 기부한다.
- 쓰던 소파를 바꾸고 싶다면 중고 소파를 산다. 온라인 중고 거래 사이트를 잘 살피면 상태가 좋은 소파를 만날 수 있다.
- 새 제품을 살 때는 지속 가능한 재료로 만든 소파를 선택한다. FSC 인증 목재와 재활용 재료, 양모, 린넨 등 천연섬유를 쓰는 소파를 취급하는 업체를 찾아라. 가능한 가까운 곳에서 구입하여 소파 운송과 관련된 탄소 발자국도 줄인다.
- 빈백을 살때는 메밀 껍질이나 기타 천연 재료로 만든 것을 고른다. 폴리스티렌 충전재를 버려야 할 때는 지역 생활 정보 사이트에 문의하여 폴리스티렌 전문 재활용 센터를 알아본다.
- 낡은 가구의 소각은 금물이다. 인체와 환경 모두에 나쁜 배기가스가 방출된다.

✎ 쓰던 소파를 온라인으로 판매하거나 자선 단체에 기부하면 소파 하나당 약 55kgCO_2e의 온실가스 배출을 줄일 수 있다. 일반 휘발유 자동차로 216km를 주행할 때 발생하는 양과 같다.

플라스틱 폐기물로 만든 가구

탄자니아 아루샤에 위치한 '두니아 디자인'(Dunia Designs)은 업사이클 또는 재활용한 플라스틱 원료를 90% 이상 사용하여 소파 등 각종 가구를 만든다.

이 회사는 현지인을 고용하여 탄자니아 쓰레기 문제의 주범인 플라스틱 병과 비닐봉지를 수거한다. 비닐봉지는 파쇄하여 소파, 쿠션, 빈백 등의 충전재로 사용하고, 플라스틱 병은 파쇄 후 가공하여 재활용 플라스틱 합성 목재로 만든 다음 이를 사용해 소파와 의자, 테이블의 몸체를 만든다.

이 사업을 통해 정규직 직원 10명에게 일자리를 제공하는데, 직원들은 재활용 플라스틱을 이용해 벌 사육통과 공립학교에서 사용하는 책상, 지속 가능한 농업에 쓰일 화분을 만든다.

두니아 디자인은 목재 대신 재활용 플라스틱을 사용한 합성 목재 가구 제작으로 목재 560t을 절약하여 산림 보호에 기여했다. 이로 인한 온실가스 배출 감축량은 무려 연간 13만t $CO_{2}e$이다. 또 이 회사는 '월드 랜드 트러스트'(World Land Trust)와 협업하여 수익금의 일부를 6만m^2의 탄자니아 원시림 보호 사업에 투자하고 있다.

이 회사는 창업 후 4년 만에 플라스틱 폐기물 560t을 수집했고, 이를 이용해 가구를 만들고 수익성 있는 사업의 기반을 다졌다.

2015~2019년까지 40만 유로의 가구 판매 매출을 거두어 순환 경제 사업 모델의 유효성을 입증했고, 2019년 유엔환경총회에 책임성 있고 윤리적인 사업의 모범 사례로 소개되었다.

일반적으로 가정에서 사용하는 카펫의 92~94%가 양모가 아닌 플라스틱으로 만든 것이다. 상업 공간에서 사용되는 카펫은 거의 다가 플라스틱이다.

카펫과 기타 바닥재

우리는 하루 중 85~90%를 다양한 종류의 바닥재가 깔려 있는 실내에서 보낸다. 바닥재 종류에 따라 편안함을 느낄 뿐 아니라 발밑이 따뜻하거나 시원하게 느껴진다. 카펫은 따뜻하고 편하지만 집먼지진드기를 키우기도 한다.

처음에는 양모로 카펫을 만들었지만 요즘에는 값싸고 내구성 강한 합성 카펫이 일반적이다. 목재, 천연석, 세라믹 타일, 플라스틱 래미네이트, 비닐, 리놀륨도 바닥재로 사용된다. 각각의 재료는 기능과 환경 면에서 장단점이 있다.

지구에 미치는 영향

양모 카펫은 나일론 카펫보다 환경 발자국을 적게 남긴다. 양모에서 플라스틱 재료로의 전환은 1950년대부터 점진적으로 진행되었다. 양모 카펫은 합성 카펫보다 플라스틱을 덜 쓰긴 하지만 폴리염화비닐(PVC) 같은 다른 재료도 많이 혼합한다.

2018년에 실시한 나일론 카펫과 양모 카펫의 전주기 환경영향평가에 따르면, 나일론 카펫은 제조 과정에서 양모 카펫보다 80배 더 많은 에너지를 사용하고 49배 더 많은 온실가스를 배출한다. 게다가 재생 불가능한 석유 자원을 사용한다. 삼베, 면 등의 천연섬유는 수확 후 다시 재배할 수 있는 자원이다. 하지만 재배 과정에서 토양, 비료, 물을 사용하고 염색·제조·운송 과정에서 오염을 일으켜 역시 환경 발자국을 남긴다.

바닥재로는 천연 목재가 좋은데, 재활용 목재 또는 지속 가능한 방식으로 생산된 목재, FSC 인증을 받은 목재를 사용한 것인지 확인하는 것이 중요하다. 목재는 가공과 운송 과정에서 탄소를 배출하므로 재사용하거나 개조하는 편이 환경에 덜 해롭다. 요즘에는 재생 가능한 방식으로 생산된 대나무 바닥재도 있다. 그런데 대나무 수요가 늘어나면 식량 작물 재배에 쓰이던 농지가 대나무 재배 농지로 전용되어 식량 부족을 낳을 수 있으니 신중하게 선택한다.

리놀륨은 비교적 지속 가능한 재료로 마모륨이라고도 하는데, 아마씨유, 코르크 가루, 나뭇진, 톱밥, 안료, 석회를 원료로 쓰며 내구성이 좋아 25~40년까지도 쓸 수 있다. 그런데 플라스틱 비닐 바닥재에도 리노(lino)라는 이름이 사용되고 있으니 주의한다. 코르크 역시 내구성이 좋으며 보온 효과를 내는 천연 바닥재다. 코르크 바닥재는 나무껍질이나 재활용 코르크로도 만들 수 있다. 세라믹 타일은 제조 과정에서 배출되는 온실가스와 유약에 쓰이는 중금속 때문에 천연 대리석 타일보다 두 배나 큰 환경 발자국을 남긴다. 대리석이나 석재 타일은 채석 과정 자체가 환경에 부정적인 영향을 미칠 수 있으므로 어떻게 얻어진 재료인지 살펴본다.

천연석은 지속 가능한 원료로 원산지가 소비지에서 멀지 않아서 장거리 운송이 필요 없는 경우라면 더 좋은 선택이다. 천연석은 세라믹 타일, 쪽매붙임 마루, PVC, 리노, 카펫보다 탄소 발자국을 적게 남긴다.

2019년에 실시된 바닥재의 환경 영향과 관련한 연구에서 바닥재의 친환경 순위를 발표했다. 1위는 나무, 코르크, 리놀륨 등 식물 기반의 재생 가능한 재료로 만든 바닥재였다. 식물은 성장하면서 탄소를 저장하고 바닥재로 만들 때 여러 가공 처리가 필요하지 않기 때문이다. 2위는 재활용 플라스틱으로 만든 비닐 바닥재와 재활용 유리로 만든 타일이었다. 3위는 합성섬유와 양모 카펫인데, 특히 양모 카펫은 양 사육과 양모 생산 과정에서 온실가스인 메탄가스를 배출하는 탓에 탄소 발자국이 상당히 크다.

낡은 카펫과 기타 바닥재를 환경에 해롭지 않게 처리하는 것 역시 중요한 과제다. 유럽에서는 해마다 160만t의 카펫이 매립되거나 소각된다. 영국에서는 해마다 약 60만t의 바닥재(대부분 카펫)가 폐기되는데 그중 2%만이 재활용된다. 폐기물과 지속 가능성 문제를 위해 노력하는 영국의 환경단체 '랩'(WRAP UK)에 따르면, 버려지는 바닥재 중 소량만 소각되고 90% 이상은 매립된다. 매립지에 버려진 카펫은 공간을 많이 차지할 뿐 아니라 온실가스를 배출한다. 또 카펫이 분해되는 과정에서 배출된 독성 물질이 매립지 침출수에 섞여드는데, 철저히 관리하지 않으면 심각한 환경오염이 발생할 수 있다.

또한 카펫은 실내 공기 오염의 원인이다. 새 카펫에서 나는 냄새는 화학 물질 4-페닐사이클로헥산 원료에서 나오는데, 워낙 소량이라 독성은 없지만 제조 직후 몇 주 동안이나 방출된다. 집먼지진드기와 곰팡이 등 알레르기 유발 물질의 진원지가 카펫이라는 걸 확인한 연구도 있다.

이렇게 바꿔볼까?

- 천연 바닥재를 선택한다. 양모보다 목재나 코르크, 석재가 낫다. 양모 카펫의 대안으로 지속 가능한 방식으로 수확된 사이잘삼과 잘피로 만든 카펫을 고른다. 최대 3,000개의

플라스틱 병을 재활용하여 만든 혁신적인 대안 카펫도 있다.

- 새 바닥재를 고를 때 플라스틱 래미네이트 대신 재생 목재나 재활용 목재로, 비닐 대신 마모륨 또는 코르크로 만든 바닥재를 선택한다.
- 목재 바닥재를 쓰고 있다면 잘 관리해서 사용한다. 사포질만 해도 최상의 상태로 되돌릴 수 있다.
- 세라믹 타일 대신 천연석 타일을 선택한다.
- 헝겊 러그가 필요하면 못 쓰는 천을 이용해 만든 공정무역 인증 제품을 산다.
- 낡은 카펫은 가능한 다른 용도로 사용하거나, 가까운 동물 보호소 등 필요한 곳에 가져다준다. 낡은 카펫이 다른 용도로 필요한 이웃이 있는지 확인한다.

영국의 바닥재 산업은 연간 $290km^2$의 원료를 생산한다. 하루에 축구 경기장 85개를 덮을 만큼의 바닥재 원료가 생산된다는 이야기다.
2017년 프랑스의 한 연구에 따르면, 카펫 $100m^2$를 재활용하면 445kg의 이산화탄소 배출(자동차로 1,593km를 주행할 때의 이산화탄소 배출량과 같다)이 줄고, 카펫의 매립지 반입과 새 원료 생산 수요도 줄어들 뿐 아니라, 녹색 일자리가 창출된다. 영국과 아일랜드에는 카펫 재활용 시설이 거의 없지만 캐나다, 일본, 미국 등 일부 국가에서는 낡은 합성 카펫에서 나일론을 회수하는 작업이 이루어지고 있다. 양모 카펫은 아직까지 재활용되지 않는다.

지속 가능한 러그

버려지는 천과 자투리 천으로 아름다운 러그를 만들 수 있을까? 스웨덴 출신의 디자이너 카타리나 브라이디티스와 카타리나 에반스가 '리 래그 러그'(Re Rag Rug)라는 이름으로 이 프로젝트를 시작했다. 이들은 한 해 동안 12가지 기법을 사용해 12장의 러그를 만들었다. 우선 버려진 직물을 모으고, 직물 쓰레기 문제로 골치를 앓는 나라들에서 폐기된 직물 재료를 들여왔다. 그리고 이를 이용해 폐기된 직물의 원산지 나라들의 소규모 사업자들이 복잡한 기계 없이도 쉽게 따라 할 수 있는 다양한 기법을 시험해보며 실험적인 러그 제작에 착수했다. 이렇게 해서 사회적, 환경적으로 지속 가능한 디자인의 12장의 러그가 탄생했다. 이 러그는 바닥에 깔거나 보온용으로 어깨에 덮을 수 있고 벽에 걸면 외풍을 줄이며 소음을 흡수한다. 요즘 이들은 인근의 러그 공예가들과 협력하여 생산량을 늘리고 공예품 가게와 제휴를 맺어 러그를 출시하기 위해 새로운 도전을 시작했다.

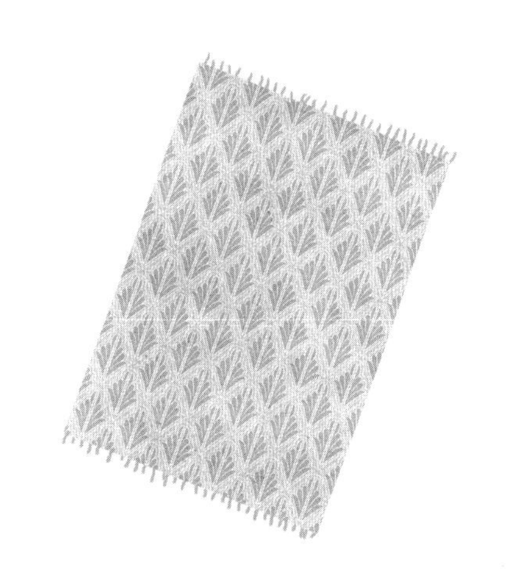

벽난로는 효율이 좋은 장작 난로보다 8배 많은 이산화탄소를 배출하며
대부분의 열이 굴뚝으로 빠져나간다. 영국에는
장작 난로가 150만 개 넘게 있는데, 장작 난로 한 개가
경유 승용차 18대보다 더 많은 미세먼지를 내뿜는다.

난로

모닥불이나 장작 난로는 쌀쌀한 밤에 포근한 온기를 준다. 불이 우리에게 주는 효과는 따뜻함만이 아니다. 특유의 냄새와 타닥타닥, 지글지글 소리를 내며 감흥을 준다. 또 불을 바라보고 있으면 나른하게 몸이 풀리면서 아련한 추억과 불에 이끌리는 듯한 기분에 젖는다.

인류가 불을 발견한 석기시대 이후로 우리는 불을 이용해 안전을 지키고 몸을 따뜻하게 하며 요리를 했다. 화로가 실내로 들어오면서 연기를 실외로 배출하기 위해 굴뚝과 벽난로가 개발되었다.

요즘 짓는 에너지 절약형 주택이나 1등급 친환경 주택은 벽난로가 없고 온실가스를 배출하지 않는 열원을 사용한다. 하지만 기온이 쌀쌀한 지역의 오래된 주택에는 아직도 개방형 벽난로나 장작 난로가 있다. 영국 도시의 가정들 대부분이 장식 효과를 낼 목적으로 주말에 벽난로와 난로에 불을 피운다.

지구에 미치는 영향

벽난로와 장작 난로는 기후변화와 대기오염의 원인 물질을 내뿜는다. 난로에서 석탄과 토탄을 태우면 더 많은 온실가스가 배출된다(94-95쪽 참조). 기후변화와 관련해서는 베어낸 만큼 조림을 하면서 나무를 태우는 편이 더 나은 선택이지만 대기오염 문제는 여전히 남는다.

어떤 연료를 태워도 '블랙 카본'과 미세먼지가 대기 중으로 배출되는데, 둘 다 미세한 입자로 지구온난화와 대기오염의 원인이 된다. 대기 중의 블랙 카본 입자가 에너지를 흡수할 뿐만 아니라, 눈을 검게 물들여 햇빛을 흡수하게 만들어 온난화를 더욱 촉진한다.

연료를 태울 때 발생하는 초미세먼지가 폐로 들어가면 천식 등의 건강 문제를 일으킬 수 있다. 경유 자동차, 화력발전소, 산불 역시 초미세먼지의 배출원이다.

대기오염은 건강에 큰 영향을 미친다. 영국 건강보험공단에 따르면, 영국에서 예방 가능한 사망의 약 30%가 대기오염으로 인해 발생하며, 매년 오염된 공기 때문에 조기 사망하는 사람이 무려 2만 8,000~3만 6,000명이다. 아일랜드에서는 매년 대기오염으로 인한 조기 사망자가 1,180명이나 발생한다.

벽난로와 장작 난로는 여러 면에서 건강에 나쁜 영향을 줄 수 있다. 난로에서 나오는 연기와 가스에 포름알데히드와 벤젠, 블랙 카본 입자가 들어 있는데, 이 물질들이 폐에 들어가면 오래 머무른다. 구형 장작 난로는 효율이 좋은 신형 난로(연료에 따라 다르긴 하지만)보다 유독성 연기는 15배, 이산화탄소는 4배 더 많이 내뿜는다. 환기가 잘되지 않는 환경에서 난로를 피우면 일산화탄소 중독 같은 심각한 문제를 일으킬 수 있다. 일산화탄소의 위험성은 이미 입증되었으니 난로가 있는 가정은 반드시 일산화탄소 경보 장치를 설치해야 한다.

이렇게 바꿔볼까?

- 모닥불을 피우거나 난로에 불을 지필 때 석탄이나 이탄은 절대 태우지 않는다. 환경은 물론 건강에도 아주 해롭다. 좋은 품질의 장작을 태우는 것이 석탄이나 나무, 이탄을 태우는 것보다 기후변화와 열효율 측면에서 더 나은 선택이다. 하지만 대기오염 물질이 발생한다는 점에서는 별 차이가 없다.
- 반드시 마른 장작을 사용한다. 젖은 장작보다 대기오염 물질을 덜 내뿜기 때문이다.
- 가까운 곳에서 생산된 장작을 구해 운송에 따른 탄소 발자국을 줄인다. 또 지속 가능한 방식으로 관리되는 산림에서 생산한 목재로 만든 장작인지 확인한다.
- 장작 난로가 효율적으로 작동할 수 있도록 굴뚝을 정기적으로 청소한다.
- 딱히 난방이 필요하지 않지만 아늑한 분위기를 원한다면 불을 조금만 피운다.
- 지자체 보조금 제도를 활용해서 주택 단열을 개선하고 히트 펌프를 설치하면 주택 난방의 온실가스 배출을 제로로 줄일 수 있다.
- 사용하지 않는 벽난로는 막아서 실내의 열이 굴뚝으로 빠져나가지 않게 한다.

✎ 2017년 한 연구에 따르면 런던과 버밍엄 광역 도시권에서 발생하는 초미세먼지 23~31%가 장작 연소에서 나왔다. WHO에 따르면 전 세계적으로 연료 연소, 교통, 산업이 배출하는 배기가스에 포함된 미세먼지에 노출되어 사망하는 사람이 매년 700만 명에 이른다. 런던에서는 허용치를 넘는 수준의 오염된 공기 속에서 살고 있는 시민이 200만 명에 이르는데, 주원인은 자동차 배기가스와 가정용 난로의 연료 연소다.

2016년 미국의 한 조사에 의하면 응답자의 20.4%가 방향제와 탈취제로 인한 건강 문제를 겪고 있으며, 소비자에게 공개된 방향제 성분은 고작 10%도 되지 않는다.

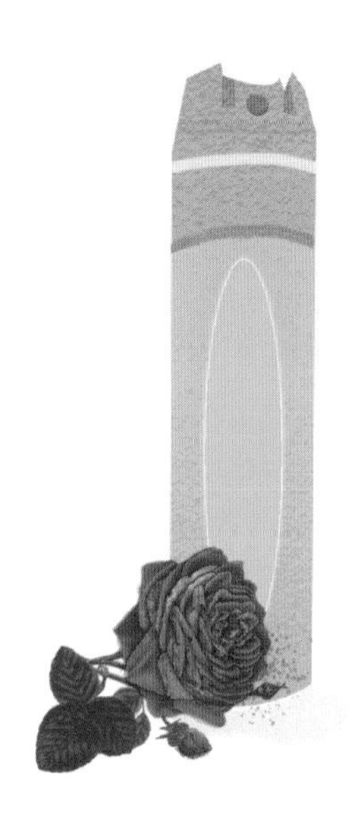

방향제

요즘에는 다양한 종류의 방향제가 쓰인다. 공기 정화 효과를 내세우는 플러그인 방향제도 있고, 자동차 안에서 소나무 숲 내음을 즐길 수 있는 차량용 종이형 방향제도 있으며, 집 안 곳곳의 나쁜 냄새를 중화시키는 탈취 스프레이도 있다.

나쁜 냄새를 없애 공기를 맑게 하자는 생각이 새로운 아이디어는 아니다. 이집트와 중국 등 많은 고대 문명이 향초, 꽃, 향을 내는 나무, 향신료, 허브, 오렌지나 레몬 같은 감귤류 과일 등을 사용해 악취를 없애고 질병까지 치료하려고 했다.

최초의 가정용 방향제 '에어 위크'(Air Wick)는 1943년 미국에서 출시된 이후 유럽, 캐나다, 호주로 빠르게 퍼져나갔다. 1956년에는 최초의 에어로졸 캔 방향제 '글레이드'(Glade)가 출시되어 지금까지 꾸준히 판매되고 있다.

유럽 사람들 중 일주일에 한 번 이상 집에서 에어로졸 방향제를 사용하는 비율이 39%, 플러그인 방향제를 사용하는 비율이 40%, 액체 등의 수동 발향형 방향제를 사용하는 비율이 30%다. 89~94%의 유럽 사람들이 한 달에 한 번 이상 가정에서 방향제를 사용한다. 평균적으로 하루 24시간 중 90%를 실내에서 보내는데, 그만큼 오랜 시간을 방향제가 섞인 공기를 마시며 보낸다는 이야기다.

지구에 미치는 영향

방향제를 생산하고 포장하는 데 많은 원료와 에너지가 소모된다. 스프레이 에어로졸은 알루미늄과 분사제 가스를 사용하고, 플러그인이나 액체형 방향제 용기에 쓰이는 플라스틱은 생분해되지 않는 석유 원료로 만든다. 다 쓴 에어로졸 용기는 금속으로 재활용할 수 있지만, 대부분의 플라스틱 방향제 용기는 다양한 플라스틱이 혼합된 재료고 방향제 용액이 남아 있어 재활용이 불가능하다. 플러그인 방향제는 내장된 플

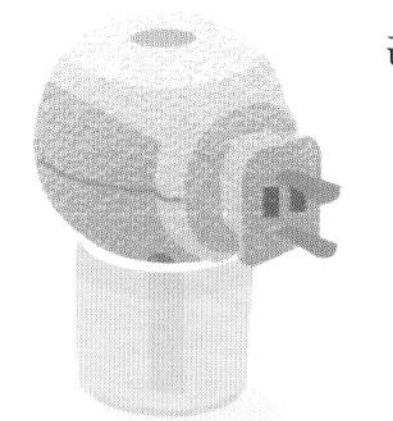

러그 때문에 전기·전자 폐기물 재활용 설비를 통해서만 재활용이 가능하다. 향초를 담는 유리나 금속 용기는 재활용이 가능하지만, 용기 내부에 향초가 조금이라도 남아 있으면 재활용이 안 된다.

방향제 성분을 파악하기도 쉽지않다. 방향제 성분을 포장재에 의무적으로 표기하는 법규가 현재로선 없기 때문이다. 일부 방향제는 휘발성 유기화합물(176쪽 참조)과 프탈레이트 등 건강 문제를 야기할 수 있는 100종이 넘는 화학물질을 방출한다(30쪽 참조). 심지어 인체 발암물질이자 대기오염을 일으키는 아세트알데히드 등의 화학물질을 사용하는 방향제도 있다. 이 물질이 공기 중에 축적되면 실내는 물론 실외 공기도 오염된다. WHO에 따르면 대기오염으로 인해 매년 700만 명이 조기 사망한다.

플러그인 방향제는 1년 동안 약 18.4kWh의 전기를 소비하는데, 강력한 주방 환풍기를 하루에 40분씩 1년 동안 사용할 때보다 많은 전기를 소모한다.

천연 유기농 원료를 쓰는 방향제라고 문제가 없는 것은 아니다. 파촐리 오일, 갈대 디퓨저, 향과 향초에도 휘발성 유기화합물이 들어 있다. 실내 공기 오염의 위험을 줄이는 제일 좋은 사용법은 실내 환기를 철저히 하는 것이다.

이렇게 바꿔볼까?

- 창문을 열어 신선한 공기가 들어오게 한다 (외부 공기가 나쁠 때는 할 수 없다).
- 식초와 베이킹 소다를 써서 악취를 중화한다. 식초를 묻힌 천을 방 안 곳곳에서 흔들면 악취가 사라진다. 냉장고 안에 베이킹 소다를 담은 컵을 넣어두거나 쓰레기통에 베이킹 소다 한 컵 분량을 뿌려두면 악취가 사라진다. 빵을 굽거나 요리를 하거나 커피 원두를 갈아서 향긋한 향을 내는 것도 방법이다.
- 수제 방향제를 만든다. 빈 바닐라콩 꼬투리를 보드카에 넣었다가 그 용액을 섬유에 흡수시키면 향기로운 방향제가 된다. 말린 감귤류 껍질을 놓아두어도 향긋한 냄새가 난다. 서랍장 안 냄새도 없앨 수 있다.
- 과대 포장되어 재활용이 어려운 방향제나 성분 표시가 없는 제품은 사용하지 않는다.

2016년 호주에서 실시된 한 설문조사에 따르면, 응답자의 73.7%가 모든 방향제('그린'과 '유기농' 라벨이 붙은 방향제도 예외가 아니다)가 위험한 대기오염 물질을 배출할 수 있다는 사실을 알지 못했다. 또한 응답자의 절반 이상이 유해성이 있다는 정보를 알게 되면 그 제품은 더 이상 사용하지 않을 거라고 대답했다.

온도조절기를 쓰는 사람들 가운데 40%는 올바른 사용법을
알지 못한다. 그저 켜고 끌 수만 있는 수동식 온도조절기처럼 사용한다.
사용법을 제대로 익히면 난방이 자동으로 켜지고 꺼지는 편리함과
효율적인 냉난방으로 비용 절감 혜택까지 누릴 수 있다.

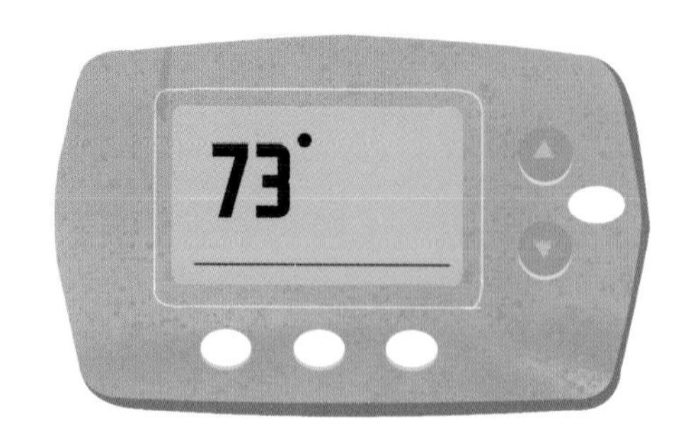

온도조절기

많은 부부와 가족, 룸메이트가 온도조절기 때문에 언쟁을 벌인다. 집이 너무 덥거나 춥다는 불평에 반드시 따라나오는 이야기가 난방비 문제다. 온도조절기를 제대로 사용하면 편리하고 돈도 절약되며 탄소 배출까지 줄어든다.

냉난방비는 가계 지출에서 상당한 비중을 차지한다. 2016년 영국 가구 총 가계 지출의 4%가 에너지 비용이었다. 그런데 저소득 가정은 그 2배가 넘는 8.4%를 난방비로 쓴다. 자산 자체가 적고 대개 단열이 잘되지 않아 난방 효율이 떨어지는 주택에 살기 때문이다.

2016년 아일랜드 가구가 사용한 에너지의 61%가 난방에 쓰였고 19%가 온수에 쓰였다. 난방 효율을 높이면 에너지 비용은 줄어든다.

지구에 미치는 영향

온도조절기를 설치하지 않았거나 제대로 사용하지 않으면 돈도 낭비되고 탄소 발자국도 커진다. 방 3개짜리 주택을 기준으로 온도조절기의 온도를 1℃ 높일 때마다 탄소 발자국 320kg CO_2e가 늘어난다. 영국 온실가스 배출량의 14%가 주거 부문에서 발생하고 가정에서 사용되는 에너지의 최대 85%가 난방에 이용된다. 따라서 주택 난방에서 개인의 행동은 아주 중요하다.

온도조절기 사용 습관과 관련해서 우리가 흔히 하는 실수는 어떤 게 있을까? 겨울철 실내 권장 온도는 18~21℃인데 대부분 온도를 너무 높게 설정한다. 온도조절기의 위치도 중요한데 만약 부엌이나 햇빛이 잘 들어오는 방에 있으면 집 안이 따뜻해지기 전에 난방이 중단될 수 있다. 반대로 온도조절기가 외풍이 심한 복도에 있으면 복도가 따뜻해질 때까지 보일러가 계속 돌아가서 다른 방은 열대지방처럼 더워진다.

사람이 있거나 말거나 보일러를 계속 돌리는 건 비효율적이다. 실내 온도를 너무 높이면 외부

로 빠져나가는 열도 늘어나 더 많은 에너지가 낭비된다. 중요한 것은 적절한 시간과 장소에 난방을 하는 것, 즉 필요한 시간에 필요한 곳의 온도를 높이는 것이다. 라디에이터 온도조절기가 있다면 주로 생활하는 공간에서 편안함을 느낄 수 있는 온도로 설정하고(라디에이터 밸브 다이얼의 중간쯤에 둔다), 자주 사용하지 않는 방은 낮은 온도로 설정한다. 침실도 주 생활 공간보다 낮게 설정한다.

온도조절기

최초의 온도조절기는 1885년 앨버트 버츠가 석탄 난로의 열을 제어하기 위해 발명한 것이었다. 1906년 또 다른 발명가 마크 허니웰이 앨버트의 특허를 사들여 프로그램 설정이 가능한 최초의 온도조절기를 만들어 '주얼'(Jewell)이라는 이름을 붙였다. 이 조절기는 사용자가 원하는 시간을 설정하면 자동으로 난방 강도를 밤에는 줄이고 아침에는 올려준다. 1953년 원형 다이얼 방식에 프로그램 설정이 가능한 현대식 가정용 온도조절기가 '허니웰'(Honeywell)이라는 이름으로 출시되었다.

이렇게 바꿔볼까?

- 온도를 너무 높게 설정하지 말고 18~21℃ 사이에 둔다. 약간 추운 느낌이 들면 따뜻한 옷을 입고, 소파 옆에 늘 담요를 놓아둔다. 설정 온도를 1℃만 낮춰도 난방비가 줄고 탄소 발자국도 줄어든다.
- 온도조절기 프로그램 설정 방법을 익힌다. 최신형 온도조절기를 설치하면 집 안의 여러 공간을 각각 다른 시간과 온도로 난방할 수 있고, 주중과 주말 온도도 다르게 설정할 수 있다.
- 집에 온도조절기가 없다면 라디에이터용 온도조절기나 벽걸이 온도조절기 등을 설치한다. 충분히 효율적으로 사용할 수 있다면 온·오프 방식의 수동조절기를 써도 좋지만, 효율적인 사용이 어렵다면 필요할 때만 난방을 하도록 프로그램 설정이 가능한 온도조절기를 구입한다.
- 스마트폰에 연결하여 난방을 원격제어할 수 있는 스마트 온도조절기를 설치한다. 사용자의 습관과 일정을 관찰해 프로그램 자동화를 할 수 있는 조절기를 갖춘 스마트 기기도 있다.

에너지 세이빙 트러스트에 따르면, 영국에서 방 3개의 주택의 난방 설정 온도를 1℃ 낮추면 연간 80파운드(약 13만원)을 절약할 수 있다. 평균 기온이 높은 지역에서는 냉방 설정 온도를 1℃ 높이는 것만으로도 상당한 비용을 절약할 수 있다.

에너지와 전기

우리는 정전이 되거나 휴대전화 배터리가 방전될 때에야 비로소 우리의 삶이 얼마나 전기에 의존하고 있는지 깨닫는다.

인터넷을 이용하는 생활 영역이 늘어나면서 디지털과 데이터에 관련된 전력 수요도 늘어나고 있다. 2015년 전 세계의 데이터 센터는 전 세계 총 에너지의 약 3%를 소비했고 전 세계 탄소 배출량의 2%를 배출했다. 이 수치는 2025년이면 3배로 늘어나리라 예상된다. 또 전 세계적으로 전기에 접근하는 인구가 점점 늘어나고 탄소 제로의 미래를 위해 열과 수송 분야가 전기화됨에 따라 전기 수요도 증가할 것이다.

화석연료 투자는 이제 그만

재생에너지 사업자가 공급하는 에너지는 온실가스를 배출하지 않는다. 소비자들이 화석연료 대신 이런 에너지를 구매하면 청정에너지 수요가 늘어난다는 신호를 시장에 보내고, 화석연료 회사들이 쓸 수 있는 자금이 점점 줄어든다. 화석연료 회사가 만드는 에너지를 사지 말고 화석연료 회사에 투자하지 말자. 내가 낸 돈을 운용하는 기관에 그 돈을 윤리적이고 책임 있게 쓰라고 촉구하자. 녹색 투자처를 찾아서 안전한 미래를 만드는 데 투자하자.

재생에너지란?

재생에너지는 태양, 바람, 조수, 파도, 물, 지열 등 천연자원에서 얻는 에너지로 이산화탄소와 대기오염 물질을 배출하지 않는다. 바이오 에너지는 식물과 농업 폐기물을 이용해 에너지를 생산하는데, 그 과정에서 이산화탄소를 배출하므로 탄소 중립을 위해서는 식물을 대량으로 새로 심어 이산화탄소를 흡수해야 한다.

현재는 대부분의 전기를 석탄, 석유, 가스, 이탄 등의 화석연료를 태워 생산하는데 그 과정에서 이산화탄소를 방출한다. 2018년 기준으로 석탄은 전 세계 전력 발전원 1위를 차지했고 천연가스와 석유가 그 뒤를 이었으며, 전 세계 전력 생산량의 25%가 재생에너지원에서 생산되었다.

태양광 전지판, 풍력 터빈, 지열 등을 이용한 재생에너지를 더 많이 생산해야 한다. 국제에너지기구(International Energy Agency)에 따르면 2040년까지 석탄과 석유 사용을 줄이고 전 세계 전력 생산량의 2/3를 재생에너지원에서 얻어야 한다. 동시에 낭비를 줄일 수 있도록 에너지 효율을 향상해야 한다.

에너지 효율 높이기

에너지 정책의 수립과 집행은 정부가 맡고 있지만 온실가스 배출량의 40%가 가정에서 발생한다. 따라서 가정에서의 생활 방식을 바꾸는 것이 중요하다.

- 가전제품은 대기 상태에 있을 때도 전력을 사용한다. 이를 '뱀파이어 에너지'라고 부른다. 전 세계 이산화탄소 배출량의 1%를 차지하며, 유럽에서는 가구당 연간 전력 소비량의 약 11%가 뱀파이어 전력이다. 대기전력을 없애면 전기 요금을 11% 절약할 수 있다.
- 단열 장치를 보강하여 열 손실을 줄인다. 주택 단열 시공이나 단열성이 높은 창호 교체를 지원하는 제도가 있는지 확인한다. 또한, 문을 잘 닫고 커튼을 쳐서 외풍을 줄이고 사용하지 않는 벽난로는 막아 따뜻한 공기가 빠져나가지 못하게 한다.
- 온도조절기의 설정 온도를 1℃만 낮춰도 난방비 10%를 줄일 수 있다.
- 가전제품 사용 설명서를 꼼꼼히 읽고 에코 모드로 설정한다. 식기세척기와 세탁기는 용량을 가득 채운 뒤 작동시키고 에코 모드와 저온 모드를 선택한다.
- 냉장 온도는 2~3℃로 설정하고, 냉동실은 영하 15℃로 설정한다.
- 냉장고에 너무 많은 식품을 넣으면 에너지 효율이 낮아져 더 많은 전기를 소모한다. 또 냉장실이나 냉동실에 뜨겁거나 따뜻한 음식을 넣으면 온도를 제어하기 위해 더 많은 전기를 소모한다. 성에가 끼지 않도록 하고 냉장고 문을 오래 열어두지 않는다.
- 밤에나 집을 비울 때 또는 사용하지 않을 때는 가전제품의 전원을 끄고 플러그를 뽑는다.
- 방을 나갈 때 반드시 조명을 끄고 집을 비울 때는 모든 조명이 꺼져 있는지 확인한다.
- 보일러가 효율적으로 작동하는지 정기적으로 점검하고 수리한다. 에너지 비용이 절약되고 에너지 효율도 높아져 온실가스 배출이 줄어든다.
- 멀티탭을 사용하면 여러 가전제품의 전원을 동시에 끌 수 있다.
- 스마트 온도제어기를 설치하면 스마트폰 하나로 난방의 온도와 시간을 설정하고 제어할 수 있다.
- 주로 야간 시간대에 세탁기 같은 가전제품을 사용하고 전기차를 충전하는 가정이라면, 더 저렴한 심야 전력 요금제도를 활용한다.
- 재생에너지 전력 사업자가 생산하는 전기를 사용한다.
- 지붕이나 옥상에 태양광 전지판을 설치하여 직접 에너지를 생산한다. 이를 지원하는 제도가 있는지 알아보고 이용한다.
- 뚜껑을 덮고 요리하면 에너지 소모를 줄일 수 있다. 그리고 적당한 크기의 냄비를 사용한다.
- 오븐의 문이 제대로 밀폐되는지 확인하고 평상시 오븐을 깨끗하게 관리한다.
- 요리 양이 많지 않을 때는 상단의 작은 오븐만 사용한다.
- 오븐 요리를 할 때는 한 번 사용할 때 계획적으로 많은 양을 조리해서 사용 횟수를 줄인다.

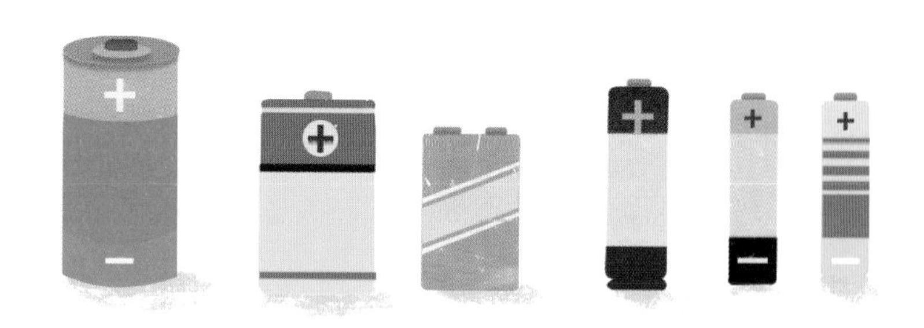

배터리

시계, 텔레비전 리모컨, 휴대전화, 보청기, 자동차, 전동칫솔에 이르기까지 모든 것에 배터리가 들어간다. 가끔은 이 물건 저 물건 배터리 잔량이 바닥나지 않았는지 확인하는 일만으로 하루가 다 가는 듯한 느낌이 들 때도 있다.

일회용 배터리는 편리하고 저렴할 뿐 아니라 충전식 배터리보다 오래간다. 그러나 한 번 쓰고 나면 쓰레기가 되고 독성 물질을 배출하기도 한다. 자주 사용하지 않는 기기에 배터리를 넣어두면 배터리에서 부식성 강한 액체가 새어 나올 수 있다.

일회용 배터리에는 세 가지 유형이 있다. 망간 배터리는 값이 싸지만 오래 쓸 수 없다. 알카라인 배터리는 많은 에너지를 저장하고 있어서 오래 쓸 수 있으며, 한동안 사용하지 않아도 배터리 용량이 줄어들지 않아 비상시에 유용하다. 버튼형 배터리는 시계나 보청기 등에 쓰이는 작고 둥근 배터리로 알카라인과 성능이 비슷하다.

충전식 배터리는 충전하여 여러 번 사용할 수 있다. 자동차에 쓰이는 납축전지, 카메라와 스마트폰 등 휴대용 전자기기에 쓰이는 리튬 이온 배터리 역시 충전식 배터리다. 충전식 AA 혹은 AAA 배터리, 그리고 충전 장치는 쉽게 구입할 수 있다.

지구에 미치는 영향

배터리에는 다양한 화학물질과 수은, 납, 카드뮴, 니켈 등 중금속 혼합물이 들어 있어 방치하면 중금속이 토양과 지하수로 유출되어 오염을 일으킨다. 매립지나 소각장으로 들어가면 인체와 환경에 해를 끼칠 수 있으니 유해 폐기물로 분류해서 신중하게 관리해야 한다.

전 세계적으로 배터리 재활용 시스템이 마련되고 있다. 유럽연합 집행위원회에 따르면 유럽에 들어오는 일회용 및 충전식 배터리는 연간 약 16

만t인데, 이 가운데 재활용을 위해 수거되는 것은 46%에 불과하다. 미국의 일부 주와 남아프리카공화국, 호주에는 배터리 재활용을 장려하는 기관이 있지만, 대부분의 나라에 재활용 시설이나 관리되는 매립지가 없어서 다 쓴 배터리가 그대로 환경으로 유입된다.

2005년 유럽연합은 소비자들이 쉽게 배터리를 재활용할 수 있도록 배터리 생산자와 유통업자가 재활용을 위한 배터리 수거처로 등록하고 활동하게 하는 법규를 제정했다. 다 쓴 배터리가 모두 재활용된다면 천연자원의 소비와 환경오염을 줄일 수 있다.

이렇게 바꿔볼까?

- 충전식 배터리를 구입한다. 비싸고 1회 충전 용량이 적어 일회용 알카라인 배터리만큼 오래가지 않지만 반복해서 사용할 수 있다. 장기적으로 보면 비용이 절약되고 쓰레기도 줄일 수 있다. 더 이상 쓸 수 없게 된 충전식 배터리는 재활용이 가능하다.
- 다 쓴 배터리는 모아두었다가 재활용 센터로 가져간다. 부식성 액체가 누출되지 않도록 서늘한 곳에 보관하고 부식이 된 배터리 역시 재활용 센터로 보낸다.
- 자녀와 함께 배터리를 재활용한다. 배터리를 수거하고 학생들에게 배터리 재활용 상자를 채워서 가져오라고 권장하는 학교도 있다. 낡은 휴대전화와 그에 딸린 배터리도 재활용해야 한다. 일부 자선단체는 기금 마련을 위해 쓰지 않는 휴대전화의 수거 및 재활용 활동을 펼치고 있다.
- 배터리를 많이 소모하는 장난감과 장비는 아예 사지 않는다. 예를 들어 전동 칫솔은 배터리가 필요 없는 전원 연결형으로 구입한다.

재활용으로 자선을

어떤 자선단체는 배터리를 모아 재활용 업체로 보내고, 재활용 업체는 수거한 배터리 개수당 일정액을 자선단체에 기부한다. 어린이 호스피스 사업을 지원하는 아일랜드의 한 자선단체는 2011년부터 배터리 수거 활동으로 34만 유로의 기금을 모았고, 수백만 개의 배터리가 매립지로 가는 것을 막았다. 아일랜드에서는 7,000개의 소매업체가 공식 배터리 재활용 수거소를 운영하고 있으며, 비영리조직 'WEEE 아일랜드'는 수거된 배터리 개수마다 일정 금액을 기부하고 있다.

배터리를 제조하고 운송하는 과정에서 기후변화를 일으키는 대기오염원이 배출된다. 재사용이 가능한 충전식 배터리를 사용하면 이런 영향을 줄일 수 있다.

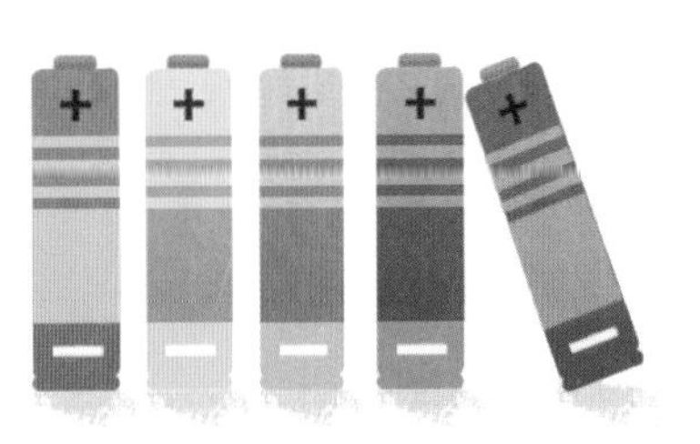

LED 전구의 95% 이상은 재활용할 수 있다.
다 쓴 전구를 쓰레기통에 버려서는 안 된다.

전구

위성에서 지구를 찍은 사진을 보면 세계 곳곳이 불빛으로 가득하다. 전구 사용 후 인간이 살아가고 일하는 방식은 큰 변화를 맞았다. 세계 인구의 83% 이상이 인공조명으로 오염된 하늘 아래서 살아간다. 빛 공해는 야행성 동물의 삶을 교란하고 지구상 모든 생명체의 생체리듬에 영향을 미친다.

전구 덕분에 사람들은 밤에도 편하게 일을 하고, 안전하게 밤길을 걷고, 불을 낼까 걱정하지 않고 한밤중 독서를 즐길 수 있다.

최초의 전구는 1879년 토머스 에디슨이 발명했다. 1800년대 초반부터 많은 발명가가 여러 유형의 전구 개발에 몰두했다. 영국의 물리학자 조지프 윌슨 스완은 1879년 탄소 필라멘트를 이용한 완벽한 백열전구를 발명하여 최초의 특허를 받았고 자신의 집에 세계 최초로 전구 조명을 밝혔다.

1880년대 초 스완과 에디슨은 백열전구를 제조·판매하는 회사를 각자 세웠고, 두 경쟁자는 몇 년 후 회사를 합병해 전구와 기타 전기 제품을 공급하는 사업을 했다.

지구에 미치는 영향

전구가 환경에 미치는 가장 큰 영향은 에너지 소비다. 전 세계 에너지 사용량의 20%, 그리고 일반적인 가정에서 에너지 사용량의 5%가 조명에 쓰인다.

화석연료에서 얻은 전기로 조명을 밝히면 이산화탄소와 기타 온실가스를 대기 중으로 방출하는 셈이다. 따라서 전기 사용량을 줄이면 온실가스 배출을 줄일 수 있어 기후변화 대응에 큰 도움이 된다. 에너지를 적게 사용하는 LED 전구를 쓰면 에너지 비용을 줄일 수 있다. 예를 들어 미국의 모든 조명을 LED 전구로 바꿀 경우 2,500억 달러가 절감되고, 조명용 전기 사용량이 50%가량 줄어들며, 18억t의 이산화탄소가 대기 중에 배출되는 것을 막을 수 있다. 또한 할

로겐램프를 LED로 교체하면 약 20년의 제품 수명 동안 최대 14만 원을 아낄 수 있다.

자, 지금 살고 있는 집에서 전구를 몇 개나 사용하는지 세어보자. 돈을 얼마나 절약할 수 있는지 알게 되면 자연스럽게 LED 전구로 바꿔야겠다는 생각이 들 것이다.

어떤 연구에서는 유럽 내 모든 조명을 에너지 효율이 높은 조명으로 바꾸면 1,200만t의 이산화탄소 배출을 막을 수 있다고 밝혔다. 그런데 형광등과 LED 전구는 백열전구보다 에너지 효율 면에서는 좋지만 금속 원료를 더 많이 사용한다. 결과적으로 금속을 얻기 위해 더 많은 천연자원을 써야 한다.

어떤 원료들은 수명이 다한 전구를 폐기할 때도 환경에 나쁜 영향을 미친다. 형광등과 LED 전구는 납, 구리, 아연을 원료로 쓰는데, 형광등은 수은까지 사용하는 탓에 유해 폐기물로 분류된다. 실제로 형광등은 백열전구보다 3~26배, LED 전구는 제대로 폐기하고 재활용하지 않을 경우 백열전구보다 2~3배 더 나쁜 영향을 미친다.

어쨌든 LED 전구는 에너지 효율 면에서 최고의 조명이다. 단, 수명이 다하면 반드시 재활용해야 한다.

이렇게 바꿔볼까?

- 집 안 조명을 LED 전구로 바꾼다. 장기적으로 비용이 절감되고 탄소 발자국과 쓰레기도 줄일 수 있다.
- 사용하지 않는 곳의 조명은 반드시 꺼서 불필요한 에너지 비용을 줄인다. 아이들에게도 이 사실을 잊지 않도록 일깨워준다.
- 사용하는 전기를 재생에너지 공급업체가 생산하는 전기로 전환하여 조명용 전기의 탄소 발자국을 제로로 만든다.
- 백열전구에는 금속이 포함되어 있어서 재활용 유리 수거함에 넣으면 안 된다.
- 수명이 다한 형광등은 재활용 수거함에 넣는다. 수은 같은 화학물질이 들어 있으므로 일반 쓰레기통에 버리면 안 된다. 형광등을 재활용 처리소로 보내면 금속과 유리를 분리해 재사용할 수 있다. 유럽에서는 형광등을 살 때 제품 가격에 전구 재활용 부담금이 포함되어 있어서, 추가 비용을 들이지 않고도 형광 전구를 지정된 재활용품 수거소로 보낼 수 있다.
- LED 전구를 재활용 시설에 보내면 금속과 유리를 재사용할 수 있고 유해 물질도 신중하게 관리된다. 유럽연합에서는 LED 전구가 전기 제품의 재활용을 권장하는 전기·전자 폐기물 지침에 따라 관리된다. 영국 조명 산업의 전기·전자 폐기물 지침 준수를 지원하는 조직 '리콜라이트'(Recolight)에 따르면, 지금까지 2억 6,000만 개의 조명 기기와 전구등이 재활용되어 새 제품을 만드는 데 사용되었다.

전구의 종류

빛은 다양한 방법으로 만들 수 있으며, 전구 종류에 따라 사용되는 기술도 다르다.

백열전구는 필라멘트를 가열하는 방식으로 전기광을 만드는데, 텅스텐 필라멘트가 삽입된 밀폐형 유리구와 전류에 연결하는 베이스로 이루어져 있다. 전류가 필라멘트를 통과하면 필라멘트가 뜨거워지면서 빛을 낸다. 필라멘트의 증발을 막기 위해 유리구 내부를 진공상태로 만들거나 불활성 가스를 넣는다. 백열전구는 사용하는 전기의 90% 이상을 열로 방출하기 때문에 에너지 낭비가 심하다. 유럽에서는 2009~2012년에 백열전구의 사용을 단계적으로 중단시켰다.

할로겐전구는 백열전구 중에서도 비교적 효율적이고 수명도 길다. 그러나 유럽연합에서는 2018년부터 사용이 금지되었다.

형광등 유리관 안에 불활성 기체가 들어 있고 양쪽 끝에 전극이 있다. 전기가 전극을 가열하면 전자가 방출되어 유리관을 통과하는데, 그러면서 생성된 자외선이 유리관 안쪽 벽에 바른 형광 도료를 가열하면서 빛을 낸다. 형광등은 백열전구보다 효율적이고(켜져 있을 때도 열을 내지 않는다) 수명도 더 길지만, 완전히 밝은 빛을 낼 때까지 가열하는 시간이 걸린다. 형광등은 가느다란 원통형이나 곡선형, 원형 등으로도 만들 수 있다.

발광 다이오드 또는 LED 전구는 전자가 내부 부품 안으로 이동할 때 빛을 낸다. 즉 진공상태(백열전구)나 가스(형광등)로부터 빛이 나오는 게 아니라 반도체라는 고체 조각에서 빛이 생성되는 것이다. 수명이 길고 에너지 효율이 좋으며 예열하는 시간도 필요 없어 전원이 연결되면 곧바로 켜진다. LED 전구는 효율이 좋고 수명이 길다는 장점과 더불어 미국, 캐나다, 유럽연합, 중국 등 여러 나라가 도입한 백열전구 사용 금지법 덕분에 점점 널리 보급되고 있다. 2030년에는 LED 조명이 미국 전체 조명 판매량의 75%를 차지할 것으로 예상된다.

LED 전구는 에너지 효율이 가장 높다. 다른 전구처럼 과열되어 망가지는 일은 없지만 시간이 지나면 점점 빛이 약해져 새것으로 교체해야 한다. 수명은 형광등의 3배, 백열전구의 30배 정도로, 최대 20년까지도 사용할 수 있다.
일반 백열전구보다 에너지 효율이 6~7배 더 높으면서 에너지는 80% 이상 적게 사용한다.

세계 인구의 70%가 스마트폰을 소유하고 있다. 개수로 따지면 무려 61억 개다.
2023년 기준으로 한국의 스마트폰 회선은 약 5,427만 개다.

휴대전화

휴대전화는 빠른 속도로 부상해 광범위하게 보급되었다. 누구나 휴대전화를 가지고 있다고 말해도 될 정도다. 1930년대 최초의 워키토키 발명부터 1989년 모토로라 플립 폰의 출시에 이르기까지, 휴대형 전화기는 우리의 소통과 정보 이용 방식에 혁명을 일으켰다. 지속 가능성 측면에서 가장 바람직한 전화기는 무엇일까?

아프리카 사람들은 유선통신 단계를 건너뛰고 곧바로 휴대전화를 사용했다. 덕분에 은행 일도 보고 시장도 보고 멀리 도시와 해외에 나가 일하는 친척과 연락도 할 수 있다. 최초의 스마트폰은 1997년에 출시된 노키아 스마트폰이지만, 사용자의 편의성을 크게 개선한 터치 방식의 아이폰이 출시된 2007년 이후로 휴대전화 대량 소비 시대가 열렸다.

요즘 우리는 휴가지 숙소나 영화표 예약, 식료품 구매, 뉴스 읽기 등 많은 일을 휴대전화로 처리한다. 가족, 친구와 소식을 나누는 방법으로도 안성맞춤이다. 통화도 하고 단체 채팅방에서 사진과 비디오도 공유하고 영상통화도 한다. 많은 사람이 휴대전화를 쥔 채 잠이 든다고 할 정도니, 다른 어떤 기술과도 비교할 수 없을 만큼 우리의 총애를 듬뿍 받고 있다고나 할까.

지구에 미치는 영향

모든 종류의 휴대전화는 환경 발자국을 남긴다. 휴대전화 제조에 필요한 원료를 추출하고 생산하고 사용할 때 쓰이는 에너지, 많은 사람이 최신형 모델로 갈아타면서 내버리는 엄청난 양의 폐기물까지, 환경에 미치는 영향이 엄청나다.

2007년부터 2017년까지 전 세계에서 약 71억 개의 스마트폰이 생산되었다. 이 기간에 스마트폰 제조에 사용된 에너지의 양은 인도의 연간 에너지 사용량과 맞먹는다. 게다가 충전하는 데도 에너지가 들어간다.

유엔환경계획에 따르면 휴대전화 한 대를 만들면서 발생하는 온실가스는 무려 60kgCO_2e

이고, 휴대전화 한 대를 1년 동안 충전하는 데 필요한 에너지 때문에 발생하는 온실가스 양은 122kg CO_2e다. 이는 평균적인 자동차로 4,809km를 주행할 때 발생하는 온실가스 배출량과 맞먹는다.

2020년이면 스마트폰은 정보 통신 기기 가운데 가장 많은 에너지를 사용하게 될 것이다. 2040년이면 정보 통신 기기 부문의 온실가스 배출량은 전체 배출량의 14%로, 현재 운송 부문의 탄소 발자국과 맞먹는 규모가 될 것이다.

휴대전화 안에는 값나가는 여러 종류의 금속이 들어 있다. 그런데 금속을 채굴하는 작업뿐 아니라, 금속을 추출할 때 사용하는 화학물질과 그로 인해 발생하는 폐수(광미) 역시 환경에 영향을 미친다.

철, 알루미늄, 구리는 휴대전화에 가장 흔히 사용되는 금속이다. 철은 스피커와 마이크 그리고 프레임에, 알루미늄은 유리와 프레임에, 구리는 배선에 사용된다. 커넥터를 만들 때 금도 사용되는데, 금 채굴은 시안화물과 수은 중독, 아마존 열대우림 파괴와 관련이 있다. 금을 찾는다면 금광을 캐는 대신 휴대전화 재활용 부품에 들어 있는 금을 모으는 편이 수익이 더 좋을 것이다.

희토류는 스피커와 마이크, 터치스크린, 그리고 진동 기능을 만드는 데 사용된다. 황산과 불화수소산을 사용해 희토류를 추출하는 과정에서 유독성 폐기물이 생성된다.

코발트 역시 휴대전화의 원료인데, 세계 코발트 생산량의 절반이 콩고민주공화국에서 나온다. 아동노동과 환경오염 문제가 심각한 곳으로, 2016년 국제앰네스티가 실시한 연구에 따르면 약 4만 명의 어린이가 위험한 영세 수작업 광산에서 형편없이 적은 임금을 받으며 코발트를 캐고 있다.

휴대전화 전자 폐기물도 심각하다. 영국 사람들은 스마트폰을 구입하면 26~29개월 남짓 쓰고 교체한다. 신형 모델이 나오면 구형 모델은 쳐다보지도 않는다. 계획적 진부화와 소프트웨어 변경에 떠밀려 휴대전화를 2년마다 바꾸는 셈이다.

개발도상국에서는 스마트폰 재활용 작업이 아무런 규제 없이 이뤄지곤 한다. 노동자들은 어떤 보호 장치도 없이 중금속과 유해 물질을 취급하는데 이 물질이 노동자와 가족(오염된 의복을 통해 전파된다)의 건강에 미치는 영향에 대해서 아직까지 충분한 연구가 이루어지지 않고 있다.

재앙을 몰고 온 광산

2007년과 2017년 사이에 금속 광산에서 40건이 넘는 광미 유출이 발생하여 환경을 오염시키고 인근 주민의 건강에 해를 입혔다. 사상 최대 규모의 광미 유출 사고는 2015년 브라질의 철광석 광산 댐 붕괴였는데, 이 사고로 올림픽 규격의 수영장 1만 3,000개를 채울 수 있는 양의 폐수 3,300만 m^2가 도시(Doce)강으로 밀려들어 인근 마을이 물에 잠기고 19명이 사망했다.

이렇게 바꿔볼까?

- 충전기를 사용하지 않을 때는 플러그를 뽑아두거나 전원을 차단한다. 이 습관이 들면 전기 요금을 절약할 수 있다.
- 화면 밝기를 낮추고 절전 모드를 사용하면 배터리를 오래 쓸 수 있다.
- 사용 중인 휴대전화를 가능한 한 오래 쓴다. 지속 가능성 측면에서 가장 바람직한 휴대전화는 지금 사용하는 휴대전화다. 작동이 느려질 때 소프트웨어를 업데이트하고 사용하지 않는 파일과 앱을 삭제하면 성능 향상에 도움이 된다. 공식 수리업체에서 수리하면 전화기의 수명이 늘어날 수도 있다.
- 낡은 휴대전화는 팔거나 보상 판매를 이용한다. 많은 통신사와 휴대전화 제조사가 구형 제품을 반환하면 신제품을 할인해주는 보상 판매 제도를 운영한다.
- 낡은 휴대전화를 자선단체에 기부하면 자선단체는 휴대전화를 수리한 뒤 판매해 기금을 마련한다(97쪽 참조).
- 반드시 재활용한다. 유럽연합은 점점 늘어나는 전기·전자 폐기물을 관리하기 위해 전기전자폐기물처리지침(WEEE)을 설계했고, 이 지침에 따라 소비자는 비용 부담 없이 전자 기기를 제조사에 반환할 수 있다.
- 휴대전화를 사기 전에 미리 정보를 확인한다. 휴대전화 원료가 책임감 있고 윤리적인 방식으로 생산된 것인지, 또 노동자들의 노동조건이 열악하지 않은지 미리 제조사들의 윤리성 평가를 확인한다.

지속 가능한 스마트폰

'페어폰'(Fairphones)은 '계획적 노후화' 추세를 따르지 않고 내구성이 좋으면서 수리, 개조, 재사용이 가능하도록 설계되었다. 이 스마트폰은 배터리와 카메라 부품을 교체할 수 있고 누구나 이용할 수 있는 오픈 소스 소프트웨어를 이용한다. 페어폰 제조사는 윤리적인 방식으로 생산된 금속과 광물을 원료로 쓴다는 원칙을 세워 여러 원료 공급처를 점검해 엄격한 사회적, 환경적 기준을 준수한다. 또 아동노동 등 인권침해를 하지 않는지 늘 확인한다. 제조사는 직원에게 좋은 노동조건을 제공하고 같은 가치관을 지닌 업체를 찾아 협력한다. 그리고 소비자가 전화기를 최대한 오래 사용할 수 있도록 수리를 지원하며 페어폰 버전 4를 판매 중이다.

✎ 휴대전화 사용자의 10%가 충전기 사용 후 플러그를 뽑는다면, 그렇게 1년간 절약한 에너지로 유럽 내 6만 가구에 전력을 공급할 수 있다. 2040년이면 휴대전화와 데이터 센터는 정보 통신 산업에서 가장 큰 탄소 발자국을 갖게 될 것이다. 유엔 추산에 따르면, 2014년 한 해 동안 휴대전화 같은 소형 정보 통신 기기 폐기물이 300만t 발생했는데 이 가운데 재활용된 비율은 16% 미만이었다.

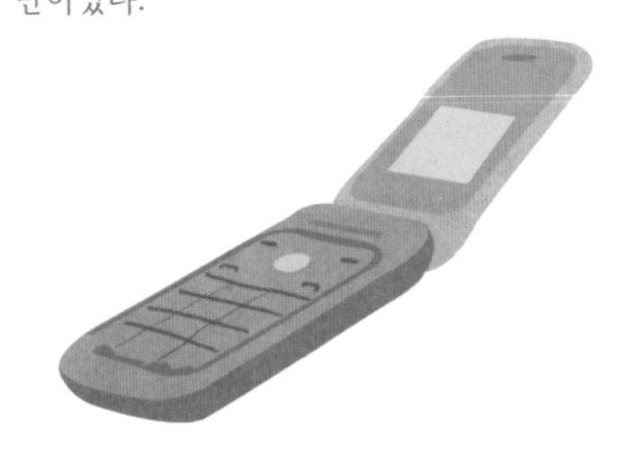

2007년 이후 레코드 판매량은 1,427% 이상 늘어났다.
2018년 영국에서만 400만 장이 팔렸고,
전 세계적으로는 약 1,000만 장이 팔렸다.

비닐 레코드

비닐 레코드, 카세트, CD, 스트리밍 가운데 어떤 방법으로 음악을 들어도 환경 발자국은 남는다.

1900년대 초에 발명된 최초의 축음기용 레코드는 미세한 홈이 있는 원반이었는데, 재생 시간은 고작 3~5분이었다. 천연수지, 왁스, 면, 슬레이트를 혼합한 원료로 만들었는데 충격에 약해 잘 깨지고 물과 알코올에 닿으면 쉽게 손상되는 단점이 있었다. 제2차 세계대전으로 수지 공급이 부족해지자 레코드 제조사들은 폴리염화비닐(비닐 혹은 PVC)을 개발했다.

뒤이어 등장한 카세트와 CD 역시 원료가 같아 음악 산업의 폐기물 발자국은 더욱 커졌다. 카세트와 CD는 혼합 재료로 만들어져 재활용이 불가능하다. 내구성이 훨씬 좋고 더 좋은 음질을 제공할 거라는 기대를 모았던 CD는 의외로 쉽게 손상되어 버려진 것이 많았다.

디지털 시대 덕분에 우리는 고품질이 유지되며 물리적 폐기물도 남지 않는 음악을 즐길 수 있다. 한편으로 아날로그 레코드가 주는 향수와 물리적 촉감, 독특한 음질을 찾는 사람이 점점 늘어나면서 레코드의 인기가 다시 오르고 있다.

지구에 미치는 영향

글래스고대학과 오슬로대학은 음악이 환경에 미치는 영향을 역사적으로 고찰하는 '음악의 비용' 연구를 진행했다. LP 레코드가 가장 많이 팔렸던 1977년 전 세계 음악 산업의 플라스틱 사용량은 무려 5만 8,000t이었고, 카세트테이프가 가장 많이 팔렸던 1988년 플라스틱 사용량은 5만 6,000t, CD가 가장 많이 팔렸던 2000년 플라스틱 사용량은 6만 1,000t이었다. 디지털 음악으로의 전환이 진행되자 사람들은 음악 산업의 플라스틱 발자국이 크게 줄어들 거라고 예상했고, 실제로 2016년 음악 산업의 플라스틱 사용량은 8,000t으로 대폭 줄었다.

그런데 음악의 탄소 발자국은 오히려 늘고 있

다. 음악 스트리밍을 하려면 데이터 센터를 운영해야 하고, 파일 검색 및 전송 그리고 장치의 동력 공급을 위해 많은 에너지가 소모되기 때문이다. 이 연구에 따르면 미국에서 음악과 관련된 온실가스 배출량은 1977년 14만t, 1988년 13만 6,000t, 2000년 15만 7,000t, 2016년에는 무려 35만t이었다. 간단하게 말해서, 음악 스트리밍은 음악 역사상 그 어느 때보다 많은 양의 탄소를 배출하고 있다.

대신 음악 스트리밍은 폐기물 발자국을 훨씬 적게 남긴다. 물리적 음반은 생산할 때 더 많은 자원을 소모하고 폐기물을 남기지만, 음악 재생에 필요한 전기는 훨씬 더 적다. 가장 친환경적인 방법은 사용자가 음악을 얼마나 자주 듣느냐에 따라 다르다. 한 트랙을 몇 번만 듣고 만다면 스트리밍을 이용하는 게 좋지만, 여러 번 반복해서 듣는다면 물리적 음반을 이용하는 게 좋다.

발전원을 재생에너지로 전환하면 음악 스트리밍의 탄소 발자국은 시간이 지날수록 줄어든다. 큰 데이터 센터를 지으려는 회사들은 재생에너지원의 이용 가능성을 중점에 두고 건설 부지를 선정한다. 재생에너지로 전력이 공급되면 개인의 음악 청취와 관련된 온실가스 배출이 크게 줄어들 것이다.

이렇게 바꿔볼까?

- 자신이 어떤 포맷으로 음악을 듣는지 신중히 생각한 뒤에 구입을 결정한다. 비닐 레코드 음반을 이미 가지고 있는 곡을 디지털로도 구입할 필요는 없다.
- 누군가의 사랑을 받았던 중고 음반을 이용한다.
- 비닐 레코드, CD, 카세트는 가정용 재활용 쓰레기통에 넣어선 안 된다. 판지로 된 레코드 커버는 재활용할 수 있지만 연질 플라스틱 커버는 재활용이 안 된다. CD는 대개 알루미늄 코팅이 된 폴리카보네이트 플라스틱으로 만든 것이라 재활용이 안 된다. CD 케이스의 종이 커버와 플라스틱 케이스를 분리하고 연질 플라스틱은 제거한다.
- 재생에너지 전력 사업자가 공급하는 전기를 사용해 음향 기기 작동에 따른 탄소 발자국을 줄인다.

침실

2017년 기준으로 전 세계 신발 판매량은 연간 약 190억 켤레이고,
신발 시장은 3,500억 달러 규모다

신발

전 세계 거의 모든 사람이 신발을 한 켤레 이상 갖고 있다. 명품 하이힐에서 플라스틱으로 만든 슬리퍼까지 신발의 종류는 매우 다양하다.

최초의 신발은 가죽으로 만든 샌들, 가죽과 모피로 만든 모카신 형태의 신발로 알려져 있다. 기원전 1600~1200년경 메소포타미아에서 신던 신발도 이런 신발이었다.

수백 년 사이에 일어난 몇 가지 혁신이 신발의 대량생산을 가능하게 했다. 첫 번째는 1790년 영국에서 발명된 신발끈이고, 두 번째는 신발 윗부분과 밑창을 이을 때 사용하는 재봉틀의 특허(1858년에 등록)이며, 세 번째는 1899년 아일랜드계 미국인 험프리 오설리번이 발명한 최초의 고무 밑창이다. 놀랍게도 신발의 왼짝과 오른짝 구분이 생긴 것은 19세기 말부터였다.

20세기에 접착제가 발명되자 실로 꿰매는 전통적인 봉합식 방법 대신 접착식 방법이 도입되면서 신발 생산 비용이 낮아졌다.

1917년 미국의 패션 브랜드 '케즈'(Keds)는 최초로 대량 판매용 캔버스 스니커즈를 생산했다. '스니커'라는 단어는 신발 밑창이 고무로 되어 있어 걸을 때 소리가 거의 나지 않는 특성을 반영해 광고 대행업자 헨리 넬슨 맥키니가 만든 것이다.

지구에 미치는 영향

전 세계적으로 신발 산업의 연간 온실가스 배출량은 약 2억 5,000만t CO_2e이다. 평범한 합성재료 운동화 한 켤레는 13.6kg의 온실가스를 배출하는데, 13W 짜리 형광등을 121년 동안 켜놓을 때 발생하는 양과 같다. 2013년 MIT에서 실시한 연구에 따르면, 신발로 인한 온실가스 배출량의 2/3 이상이 제조 과정에서 나온다고 한다.

전통적인 신발 재료는 가죽이다. 19세기 후반

까지는 나무껍질에서 추출한 식물성 탄닌을 사용해서 가죽을 무두질했고, 지금도 벨트, 신발, 밑창을 만들 때 이 방법이 쓰인다. 그러나 요즘 가죽 무두질에 가장 널리 쓰이는 원료는 크롬 화합물인데 일부 사람들에게 알레르기 증상을 일으킨다. 특히 육가크롬 화합물은 유독성과 발암성이 있다. 2015년 유럽연합은 가죽 신발을 만들 때 육가크롬의 사용을 금지했지만 다른 지역에서는 여전히 사용중이다.

축산업은 온실가스, 특히 메탄의 주요 배출원이고 삼림 파괴와 수질오염을 일으키는 원인이다. 그러나 축산업의 부산물인 가죽을 이용하면 폐기물 발생을 줄이고 가축을 최대한 효율적으로 이용할 수 있다.

요즘 생산되는 대부분의 운동화는 합성고무와 플라스틱을 쓰는데, 모두 석유에서 뽑아낸다. 가죽은 생분해되지만 합성고무와 플라스틱은 생분해되지 않는다. 합성고무의 플라스틱 폴리머를 가공할 때 유해성이 있는 첨가제를 쓰기 때문에 합성 재료 신발은 특별한 방식으로 폐기해야 한다.

요즘 천연고무는 대부분 타이어를 만드는 데 쓰인다. 만일 원시림을 파괴한 뒤 새로 조성한 고무나무 농장에서 생산되는 천연 고무라면 역시 환경에 영향을 미친다. 친환경 브랜드 '베자'(Veja)는 운동화 밑창의 원료로 아마존 야생 고무를 사용하고, 이 원료가 지속 가능하고 책임감 있는 방식으로 수확되도록 관리한다.

운동화나 스니커즈의 몸체와 끈에 쓰이는 면도 생산과정에서 화학물질을 많이 사용한다(114-115쪽 참조). 가죽이나 합성 신발에 쓰이는 염료 역시 하수에 화학물질을 더하기 때문에 신발의 환경 발자국을 키운다.

전 세계 해변에서 흔히 발견되는 쓰레기 중 하나로 플라스틱 신발이 알려지면서 신발 폐기 문제에 대한 관심이 높아지고 있다. 그중 최악이 플립플롭, 일명 조리다. 값이 싸서 세계의 극빈층 사람들에게 유일한 선택지다. 하지만 튼튼하지 않아서 1~2년 정도 쓰이고 버려진다. 제대로 된 폐기물 관리 시스템이 없는 나라에서는 대개 이런 신발이 함부로 버려져 강으로 쓸려갔다가 결국 바다를 더럽히는 해양 플라스틱 쓰레기가 된다.

바다에서 태어난 신발

해양 플라스틱과 바다에 버려진 어망 등 재활용 플라스틱 원료로 만든 운동화가 등장했다. 아디다스는 비영리 환경 단체 '팔리포디오션'(Parley for the Ocean)과 협력해 해양 플라스틱을 이용한 운동화를 만든다. 그 외 반스, 로티, 인도솔, 나이키, 노스페이스 등 많은 제조사가 플라스틱 병을 재활용해 신발을 만든다. 다음으로 필요한 것은 모든 신발을 재활용해 새로운 신발로 탄생시키는 100% 재활용 순환 구조를 만드는 것이다.

이렇게 바꿔볼까?

- 무엇에 중요한 가치를 둘지 결정한다. 환경 발자국이 작은 신발을 고르는 것도 개인의 선택이다. 가죽은 천연 원료이며 특히 식물성 탄닌으로 무두질한 가죽은 생분해된다. 요즘에는 유기농 면이나 낡은 타이어, 재활용 플라스틱, 황마 등 천연 재료로 만든 비건 신발도 있고, 비건 가죽 신발(결국 플라스틱이긴 하지만)도 있다.
- '굿 온 유'(Good on You) 등의 웹사이트(257쪽 참조)를 이용하면 여러 제조사의 지속 가능성 성과를 비교할 수 있다. 제조사 홈페이지에서 지속 가능성을 위해서 어떤 정책과 메시지를 내고 있는지 확인한다.
- 더 이상 신지 않는 신발은 재활용하거나 기부한다. 나이키의 '리유즈-어-슈'(Reuse-A-Shoe) 프로그램은 자사 제품뿐 아니라 다른 제조사 제품까지 수거하는 재활용 수거소를 운영한다.
- 플립플롭과 고무 신발을 재활용하려면 가까운 곳에 테라사이클 수거소가 있는지 확인한다. 플립플롭은 분쇄와 용융, 성형을 거쳐서 가구와 수납통 등으로 재탄생한다.
- 친구들과 신발 바꿔 신기 행사를 만들고 특별한 행사에서 신을 신발이 필요할 때는 대여점을 이용하거나 지인에게 빌린다.
- 윤리적으로 생산된 신발을 산다. 에티오피아에서 생산되어 전 세계에서 판매되는 '솔레벨스'(soleRebels) 신발은 재활용 직물과 자동차 타이어, 현지에서 재배한 천연 재료를 사용하면서 가난한 사람들에게 좋은 일자리를 제공해 에티오피아 지역사회를 돕고 있다.
- 국내 또는 가까운 곳에서 생산된 신발을 구입해 장거리 운송에 따른 탄소 발자국을 줄인다.

신발의 미래

2018년 뉴욕의 어느 개발자와 에너지 회사 '엔알지'(NRG)는 발전소에서 포집한 이산화탄소를 재활용해 '발자국을 남기지 않는'(footprintless) 신발을 만들었다. 화력발전소에서 나오는 탄소를 다른 용도로 사용할 수 있음을 입증하기 위해 발전소에서 배출되는 이산화탄소를 포집, 액화해 만든 폴리머(플라스틱) 원료로 운동화를 만든 것이다. 하지만 이 신발은 본질적으로 플라스틱이다. 탄소 발자국을 전혀 남기지 않으려면 폐기 후 재활용 처리를 보장하는 시스템도 갖춰져야 한다.

미국과 캐나다 같은 선진국 사람들은 1년에 평균 일곱 켤레의 신발을 사고, 개발도상국 사람들은 평균 한 켤레를 산다.
전 세계에서 판매되는 신발들은 대부분 중국과 아시아의 여러 지역에서 만든 것이다.

청바지 한 장에 들어가는 면을 재배·염색·가공하는 데
약 2,273~8,1831ℓ의 물이 소모된다.
한 해에 약 3억 벌의 청바지가 생산된다.

청바지

청바지는 산업화된 지역에서 가장 즐겨 입는 옷이다. 미국인은 평균 7벌의 청바지를 갖고 있다. 영국에서는 한 해 동안 약 7,000만 벌의 청바지가 팔리는데, 기후가 따뜻한 호주에서는 약 1,000만 벌이 팔린다.

'데님'(denim)이라는 이름은 '양모로 만든 튼튼한 재료'라는 뜻의 프랑스어 '세르주 드 님'(Serge de Nîmes)에서 온 것이다. 1700년대에는 돛을 만들 때 양모와 면을 혼합한 데님을 사용했다. 제노바의 몇몇 선원들이 돛에 쓰이는 이 천으로 바지를 만들면 좋겠다는 아이디어를 냈고, 얼마 후 데님을 이용한 새로운 형태의 작업복이 탄생했다. '진'이라는 이름은 100년도 더 뒤에 등장했다. 당시에는 더러워져도 잘 드러나지 않도록 파란색이나 갈색으로 염색한 순면 재질의 천을 진이라고 불렀다. 시간이 흐르면서 면이나 데님 소재의 직물은 물론, 그 직물로 만든 평상복 바지까지 진이라는 호칭을 갖게 되었다.

오늘날 우리가 알고 있는 정통 진(인디고로 염색한 파란색 데님에 주머니와 고정쇠를 단 내구성이 좋은 옷)은 1873년 두 미국인 제이컵 데이비스와 리바이 스트라우스가 샌프란시스코에서 특허등록을 낸 것이다. 시간이 지나면서 벨트 고리와 지퍼, 장식용 스티치가 추가되었지만 겉은 파랗고 안은 하얀 직물은 변함없이 유지되고 있다. 요즘에는 청바지에 신축성을 주기 위해 스판덱스를 첨가하거나 합성 인디고 염료를 사용하는 경우가 많다.

지구에 미치는 영향

청바지의 전주기(면화 재배와 원단의 제조, 염색, 가공 과정 포함) 환경 영향을 분석한 연구 결과 몇 가지 충격적인 사실이 드러났다. 2013년 '리바이스'(Levi's)의 연구에 따르면 '리바이스 501 청바지' 한 벌의 전주기 물 사용량은 3,781ℓ였다. 이 가운데 68%가 면화를 재배할 때 쓰인다. 그 다음 23%가 청바지 세탁용수였다. 면화를 재배하면서 비료로 투입되는 과도한 양의 질소와 인은 수질오염과 부영양화 문제를 일으킨다. 리바이스의 연구에 따르면 청바지 한 벌이 33.4kg CO_2e(평균적인 미국 자동차로 111km를 주행할 때 배출량에 해당한다)의 온실가스를 생성하고, 48.9g PO4e 인산총량의 부영양화를 일으키며, 연간 12m²의 농지를 면화 재배용으로 차지한다.

청바지를 염색하는 데 사용되는 인디고 염료 역시 환경에 영향을 미친다. 대부분의 청바지가 아시아에서 만들어지는데, 아시아의 강과 호수 70%가 섬유 산업으로 배출된 90억ℓ 이상의 폐수로 오염되어 있다.

2010년 중국의 데님 생산지의 염색 및 가공 시설 인근 유출물을 수거해서 분석한 그린피스의 연구에 따르면 수거 샘플 21개 가운데 17개에서 5가지 중금속(카드뮴, 크롬, 수은, 납, 구리)이 발견되었다.

최근에는 여러 가지 혁신을 통해 옷 한 벌당 인디고 염색 공정에 사용되는 물 20~50ℓ가 줄었다. 전통적으로 쓰이던 차아황산나트륨 대신 유기물질을 사용한 덕에 화학물질 사용량이 70%나 줄었으며 소금도 전혀 쓰지 않는다. 염색 공정에 쓰이는 화학물질이 적으면 사용하고 난 물의 처리 공정 역시 줄어들어 용수의 재사용 가능성도 높아진다.

데님에 낡고 헤진 느낌을 주기 위한 에이징 공정에도 화학약품과 물이 사용된다. 과거에는 이 공정에 부석, 사포, 과망간산칼륨을 썼지만 요즘에는 레이저와 오존 기술을 사용한다. 청바지의 환경 영향을 줄이기 위한 혁신을 주도해온 '지놀로지아'(Jeanologia)의 일렉스 페네데스에 따르면, 2015년에는 전 세계에서 생산된 청바지의 16%만이 지속 가능한 방식으로 만들어졌는데 (118-119쪽 참조) 2018년에는 이 비율이 35%로 늘었다.

청바지는 탄소 발자국을 남기는데 그중 대부분이 청바지 생산에 사용되는 에너지에서 비롯한다. 리바이스가 실시한 청바지 전주기 환경 영향평가에 따르면 청바지 한 벌의 탄소 발자국은 33.4kg CO_2e인데, 이 정도면 대형 플라스마 텔레비전을 246시간 동안 시청할 때 발생하는 탄소 발자국과 맞먹는다. 이 탄소 발자국의 37%가 청바지 세탁과 건조 과정에서 나오고, 27%가 직물 제조, 9%가 면 재배, 11%가 운송, 9%가 청바지 재봉, 나머지 9%가 포장과 폐기 과정에서 발생한다.

소비 단계에서 청바지의 탄소 발자국을 줄이는 방법은 세탁과 건조 횟수를 줄이는 것이다. 미국인들은 청바지의 세탁과 건조 관련 탄소 발자국이 특히 크다. 대부분 청바지를 세탁기의 찬물 모드로 세탁하고 회전식 건조기에 말리기 때문이다. 반면 유럽인들은 청바지를 빨랫줄에 널어 말리는 비율이 높아서 탄소 발자국이 상대적으로 작다. 청바지를 10회 착용한 후에 세탁하면 에너지 사용을

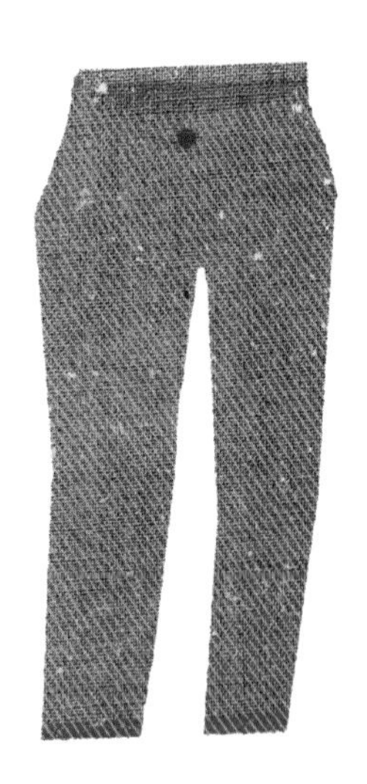

75%까지 줄일 수 있다.

대부분의 청바지는 주원료인 데님 외에도 다양한 재료를 사용한다. 거의 모든 청바지에 플라스틱 또는 금속 단추와 지퍼, 금속 고정쇠, 벨트 부분에 붙이는 가죽 또는 플라스틱 재료로 된 브랜드 라벨, 세탁 방법을 안내하는 합성섬유 라벨이 들어간다. 청바지 제조에 사용하는 재료의 수를 줄이면 청바지의 재활용률을 더 높일 수 있다.

이렇게 바꿔볼까?

- 10회 착용 후 1회 세탁한다. 찬물 모드나 에코 모드로 세탁한다. 세탁 후 빨랫줄에 널어 말리면 청바지의 탄소 발자국과 물 사용량을 크게 줄일 수 있다. 청바지를 일주일에 한 번 에너지 효율이 좋은 드럼 세탁기에서 냉수 모드로 세탁한 뒤 줄에 널어 말릴 때 발생하는 탄소 발자국은 약 2.58kg CO_2e인데, 에너지 효율이 좋은 세탁기에서 온수 모드로 세탁한 뒤 건조기로 말릴 때의 탄소 발자국은 무려 9.92kg CO_2e다. 에너지 효율이 낮은 구형 세탁기와 건조기를 사용하면 14.5kg CO_2e의 탄소 발자국이 발생한다. 세탁 1회당 탄소 발자국이 무려 6배가량이나 크다.
- 구멍이 나거나 단추가 떨어진 청바지는 수선해 입는다.
- 중고 청바지나 리폼 청바지를 산다.
- 낡은 청바지에 새 생명을 불어넣는다. 반바지나 치마로 만들어 입거나 재활용될 수 있도록 자선단체나 재활용 수거소에 보낸다. 일부 청바지 제조사는 매장 내에 재활용 수거소를 운영하기도 한다.

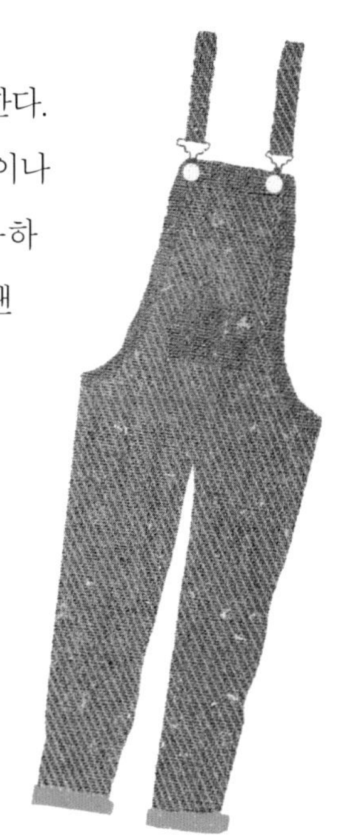

- 구매하기 전 유기농이나 공정무역 면을 사용하는 지속 가능한 브랜드를 찾아보고 제조사가 공개한 윤리 원칙과 지속 가능성 정책을 확인한다. 웹사이트에 공개한 정보를 통해 제조사가 만든 청바지의 환경 영향과 재활용 여부, 그리고 모든 직원에게 좋은 노동 조건과 공정한 임금을 보장하는지도 확인한다.
- 스판덱스, 폴리에스터 주머니, 반짝이, 장식 단추 등이 있는 청바지는 사지 않는다. 재활용이 더 어렵고 사용된 플라스틱 원료는 절대 생분해되지 않기 때문이다.

베트남의 '사이텍스'(Saitex) 공장은 데님 에이징 공정에 재활용수와 폐쇄형 고압 세척기를 사용하여 4억 3,000만 ℓ의 물을 절약하는데, 이 정도면 43만 2,000명이 한 해 동안 쓰는 물의 양과 맞먹는다. 일반적인 데님 제조 공정은 동일한 양의 데님을 만들 때 80ℓ의 물을 쓰는데, 사이텍스 데님은 1.5ℓ의 물을 사용한다.
가공이 끝난 데님을 회전식 건조기 대신 공장 내부에 설치한 줄에 널어 말리면 청바지 제조에 따른 이산화탄소 배출량을 80%까지 줄일 수 있다.

플리스는 환경에 버려지면 잘게 분해되는 데 수백 년이 걸린다.
그후에도 미세섬유의 형태로 수천 년이 지나도록 환경에 영향을 미칠 수 있다.

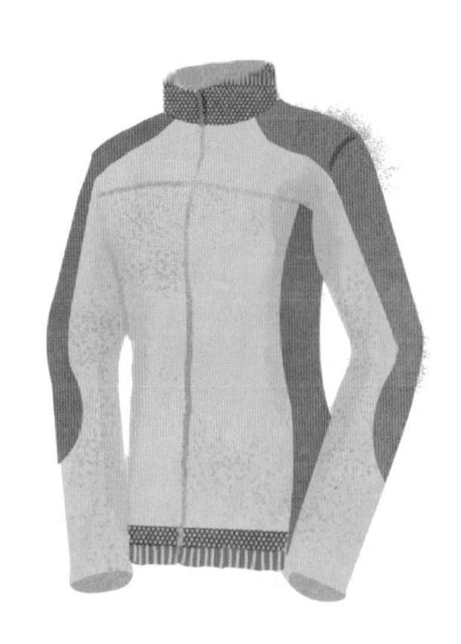

플리스 재킷

플리스 재킷은 한때 등반가와 극지 탐험가의 전용물이었지만 이제는 추위가 있는 어떤 나라에서도 흔히 입는 옷이 되었다. 플리스는 가볍고 따뜻하며 세탁이 쉽고 빠르게 건조된다. 또한 양모와 비슷한 성질에 물을 머금지 않고 젖어도 보온 효과를 유지하는 혁신적인 원단이다. 요즘에는 전 세계 모든 주요 쇼핑가에서 아주 저렴한 가격으로 플리스 재킷이 판매된다.

플리스는 폴리에스터의 일종이다. 내구성이 좋은 폴리에스터는 재생 불가능한 석유 화학 부산물, 즉 석유로 만든 합성섬유다(140-141쪽 참조). 2016년 직물용 섬유를 만들 용도로 6,500만t의 플라스틱이 생산되었다.

플리스는 가볍고 따뜻한 소재로 인기가 높아 이제는 재킷, 후드티, 바지, 담요, 모자, 장갑 등 모든 종류의 의류 재료로 쓰인다.

지구에 미치는 영향

따뜻하고 가벼운 플리스 재킷은 비싸지 않지만 환경 관련 비용은 매우 높다. 플리스를 세탁하면 옷에서 미세섬유가 빠져나와 배수구나 세탁기 배수 필터로 들어갔다가 결국 강과 바다로 흘러간다. 2016년 캘리포니아대학교 산타바바라 캠퍼스에서 실시된 연구에 의하면, 합성 플리스 재킷 한 벌을 세탁할 때마다 평균 1.7g의 미세섬유가 배출되고, 낡은 플리스 재킷은 새 재킷보다 2배가량 많은 미세섬유를 방출한다. 세탁기에서 인근 하수처리장으로 흘러간 미세섬유 가운데 최대 40%가 강, 호수, 바다로 유입된다(하수처리 설비에 따라 다르다).

이 미세플라스틱은 결국 우리가 마시는 물, 농작물을 키우는 토양, 그리고 먹는 음식으로 들어온다. 또한 아주 가볍기 때문에 공기를 타고 쉽게 이동해 우리가 들이마시는 공기 중으로도 들어간다.

플라스틱 미세섬유는 바다에서 발견되는 전

체 미세플라스틱의 35%를 차지할 뿐 아니라 전 세계 모든 생태계에서 발견된다. 수생 환경에서는 물고기를 비롯한 수생동물들이 미세섬유를 먹이로 오인해 섭취하거나 새끼에게 먹이는 일이 벌어지고 있다.

호주의 한 연구 결과 동물성 플랑크톤에서 바닷새에 이르기까지 먹이사슬을 형성하는 모든 동물에서 플라스틱이 발견되었는데, 전 세계적으로 이와 비슷한 연구 결과가 나오고 있다. 플라스틱이 납, 카드뮴, 비소 등의 독성 물질과 금속을 동물에게 전달하는 수단이 된다는 우려도 있다.

과학자들은 미세플라스틱 입자가 물고기 체내에 들어가면 장기에 물리적 손상을 줄 뿐 아니라, 유해한 화학물질을 배출해 면역 기능과 성장, 번식에 지장을 줄 수 있음을 확인했다.

이렇게 바꿔볼까?

- 천연 오일이 들어 있어 발수성이 좋은 양모 등의 천연섬유를 선택한다. 메리노 울로 만든 질 좋은 양모 셔츠는 플리스 못지않게 발수성이 좋고, 합성섬유보다 통기성이 좋아 냄새도 덜 난다.
- 미세섬유 방출량을 줄일 수 있게 플리스 재킷은 되도록 세탁을 자주 하지 않는다. 세탁기를 이용할 때는 미세섬유 배출을 촉진시키는 고온이 아닌 저온 모드로 세탁하고 세탁 시간도 짧게 한다.
- 회전식 건조기의 움직임과 열은 합성 의류에서 미세섬유가 떨어져 나오게 하는 원인이므로 세탁 후 빨랫줄에 널어 말린다.
- 합성섬유에서 떨어져 나오는 섬유 찌꺼기를 걸러내는 '구피 프렌드'(Guppy Friend) 같은 세탁망을 이용하고, 세탁 후 세탁망에 걸러진 섬유 찌꺼기는 휴지통에 버린다.
- 폐플라스틱 병과 폐어망(바다에 버려진 어망, 216쪽 참조)을 재활용한 재료로 생산된 플리스를 이용한다. 재활용 플리스는 플라스틱 폐기물에 새 생명을 불어넣고, 이렇게 재활용된 섬유는 새 원료를 이용해 만든 플리스와 성능 면에서 비교해도 손색없다.
- 이미 갖고 있는 플리스를 최대한 활용한다.
- 낡았거나 입지 않는 플리스 의류를 모아 새로운 용도로 쓸 수 있도록 구호소나 영세기업에 보낸다.

플리스 재킷 한 벌의 세탁 과정을 통해 25만 개의 합성섬유 조각이 배출된다.
86%의 섬유 찌꺼기를 걸러낸다는 구피 프렌드 세탁망은 두 명의 독일인 서퍼가 세탁 시 발생하는 미세섬유를 걸러낼 수 있는 구조로 발명한 것이다.
플리스를 재활용해 카펫 등 다른 물건을 만드는 기술은 이미 존재한다. 그러나 이런 재활용 가공 시설이 흔치 않을 뿐 아니라, 합성섬유는 재활용할 수 있는 횟수가 제한적이다. 그리고 폴리에스터와 나일론 같은 혼방 합성섬유는 재활용이 불가능하다.

매년 20억 켤레의 스타킹이 생산되며 한두 번 신은 뒤 버려진다.

스타킹

요즘에는 슈퍼마켓이나 편의점에서도 스타킹을 살 수 있지만 예전에는 그렇지 않았다. 우리 할머니는 젊은 시절 전쟁 중 스타킹을 구하기가 어려워서, 물감으로 맨 다리에 스타킹 그림을 그리고 아이라이너로 솔기 봉재선까지 그리는 여성들도 있었다고 이야기했다.

1930년대에 나일론이 발명되었고 1940년에는 나일론 스타킹이 생산되었다. '나일론'(스타킹과 동의어로 쓰였다)은 출시되자마자 날개 달린 듯 팔려 출시 첫해에 미국에서 6,400만 켤레가 판매되었다. 전쟁 중 나일론 원료가 낙하산 등의 군수품 제조에 우선 투입되자 여성용 양말 제조는 후순위로 밀렸다.

지구에 미치는 영향

나일론사는 질기고 가벼운 플라스틱으로 엘라스테인을 추가하면 신축성 있고 얇은 직물을 만들 수 있어 다리를 감싸는 용도로 사용된다. 나일론 제조는 천연자원(석유) 추출과 에너지 사용 과정에서 아산화질소 등의 대기오염 물질을 배출한다. 아산화질소는 이산화탄소보다 지구온난화 잠재력이 300배나 더 강한 온실가스로 오존층을 파괴하고 스모그를 생성한다.

나일론은 면 등의 천연섬유보다 흡수성이 낮지만 섬유 제조 과정 중 냉각과 염색 단계에서 엄청난 물을 소모하고, 투입되는 화학물질과 염료 때문에 수질오염을 일으킨다.

나일론 스타킹은 생분해되지 않는다. 그런데 대부분의 스타킹이 너무 섬세해서 한두 번 착용하면 올이 나가서 쓸 수 없게 된다. 아주 얇은 스타킹(10~15 데니어)은 특히 더하다. 스타킹은 재활용이 안 돼 쓰레기통에 버려졌다가 매립장이나 소각장에 투입된다. 기본적으로 한 번 쓰고 버리는 일회용 패션 용품으로 최악의 패스트패션 품목 중 하나다(118-119쪽 참조).

하지만 나일론은 본질적으로 재활용이 가능

하다. 일반적으로 사용할 수 있는 재활용 서비스가 널리 제공되지 않고 있을 뿐이다. 나일론을 재활용해 스타킹(옆 박스 참조)이나 수영복(216쪽 참조)을 만드는 시도를 하고 있으니 지속 가능한 나일론 섬유를 만날 날이 그리 멀지 않은듯 싶다.

이렇게 바꿔볼까?

- 손빨래를 하거나 세탁기를 쓸 때 세탁망을 사용하면 더 오래 신을 수 있다. 도톰한 불투명 스타킹의 발가락 부분을 잘라 덧붙여도 수명을 늘릴 수 있다.
- 품질이 좋은 양모와 면 스타킹은 나일론 스타킹보다 내구성이 좋다. 대신 보풀이 일지 않도록 조심해서 세탁한다. 나일론을 대체할 또 다른 천연직물로 대나무가 있지만, 일부 연구에 의하면 대나무 스타킹은 세탁 시 줄어들 수 있다.
- 지속 가능한 스타킹을 사고, 포장재에 있는 모든 정보를 꼼꼼히 읽는다.
- 실크 스타킹은 나일론 스타킹을 대체할 수 있는 좋은 대안이다. 하지만 값이 비싸니 조심히 다루어 여러 번 오래 신도록 한다. 누에를 죽이지 않고 실크를 추출하는 '평화 실크'에 대해서도 알아본다.
- 당당하게 맨다리로 나서거나 나일론 스타킹 대신 면 레깅스를 입는다.

지속 가능한 스타킹

린과 나쟈는 환경을 오염시키는 저가 스타킹이 시장을 주도하는 현실에 답답함을 느꼈다. 그래서 환경 영향을 최소화하는 스타킹 생산 방식을 개발하기로 마음먹고 과거에 생산되었던 고급 스타킹의 기술과 미래의 기술을 결합해 지속 가능한 스타킹 만드는 일에 뛰어들었다. 이렇게 해서 탄생한 것이 '스웨디시 스타킹'(Swedish Stockings)이다.

이 회사는 지속 가능한 나일론과 엘라스테인으로 스타킹을 만든다. 소비자가 쓰고 버린 폐기물과 운동복 공장에서 나온 폐직물을 재활용한 나일론을 사용하고, 엘라스테인은 스타킹 생산 과정에서 발생하는 자투리 폐직물에서 얻는다.

환경친화적인 염료를 사용하고, 사용한 물을 깨끗하고 안전하게 처리해 재사용하며, 제조 공정에 필요한 에너지는 태양광에서 얻는다. 또 나일론과 엘라스테인을 분리하는 기술이 곧 개발되리라 내다보고 재활용할 목적으로 낡은 스타킹을 수거하고 있다.

또한 소비자들에게 환경 친화적인 스타킹 착용법과 관리법을 전파하고 있다. 환경 발자국을 줄이고 섬유를 보호하기 위해 5~6회 착용 후 스타킹을 세탁한다. 아주 적은 양의 세제로 찬물에 손빨래하거나, 구피 프렌드 등의 세탁망(115쪽 참조)에 넣어 세탁기의 섬세 세탁 모드로 세탁한다. 엘라스테인을 손상시키는 섬유 유연제는 사용하지 않는다.

패스트 패션

쇼핑은 우리의 일상이다. 현대사회에서 쇼핑을 하지 않고 살아가기란 대단히 어렵다. 그중에서도 의류 쇼핑은 많은 사람에게 사랑받는다. 누군가에게는 중요한 여가생활이기도 하다. 오늘날 전 세계 의류 소비량은 20년 전보다 400% 늘었고 아마도 2030년까지 계속 증가할 것이다.

영국인은 유럽 어느 나라 사람보다 많은 의류를 구입하지만, 새 옷을 한두 번 입고는 더 이상 입지 않거나 아예 한 번도 안 입는 경우도 많다. 영국인이 버리는 직물의 양은 연간 약 100만t으로 값으로 따지면 1억 4,000만 파운드어치다. 산업 규모나 배출하는 오염의 수준, 노동 조건의 불공정 정도 등 패션 산업과 관련한 숫자는 실로 충격적이다.

숫자로 보는 패션

전 세계 패션 산업의 매출은 무려 **3조 달러**다. 전 세계적으로 **약 6,000만~7,500만 명**이 패션 산업에서 일한다. 이 중 80%가 18세에서 35세 사이의 여성이다. 의류 노동자의 임금은 의류 한 벌 가격의 **1~3%**에 불과하다. 패션 산업은 연간 **33억t** CO_2e의 온실가스를 생산하는데, 유럽연합(28개 회원국)에서 배출하는 온실가스 총량과 맞먹는 규모다. 패션 산업은 전 세계 화학물질 생산량의 1/4을 사용하며, 전 세계 산업에서 발생하는 수질 오염의 **20%**가 여기서 발생한다. 섬유 산업은 농업에 이어 2위의 물 대량 소비 산업이다. 청바지 한 벌과 티셔츠 한 벌이 물 **2만 ℓ**를 소모한다(면화 재배, 제조, 소비자 사용까지 합쳐서). 전 세계적으로 연간 **1,000억 벌**의 의류가 생산되는데, 그중 3/5이 1년 이내에 버려진다.

유행 따라잡기

우리는 왜 그렇게 많은 옷을 사는 걸까? 예전에는 패션 산업이 한 해 2번(봄/여름과 가을/겨울 시즌) 의류 상품을 출시했다. 그런데 지금은 부유층의 입맛에 맞춰 프리시즌 컬렉션, 크루즈 컬렉션, 리조트 컬렉션, 파티 컬렉션 등 1년 내내 수많은 컬렉션이 공개되어 패션 중심가에 영향을 미치고 있다. 옷 가게에 진열된 의류는 대부분 12주를 넘기지 못하고 진열대에서 밀려나 할인 판매대로 이동한다. 2019년 영국 하원의 환경 감사 위원회가 패션, 소비, 지속 가능성과 관련해 제출한 보고서에 따르면, 명품 브랜드 '버버리'(Burberry)는 2017~2018년에 의류 및 화장품 480억 원어치를 재고 처리로 할인 판매하지 않고 소각했다!

값싼 옷의 실제 비용

패스트 패션은 점점 빠르게 진행되는 현대의 패션 사업 모델을 이르는 말로, 한 해에 여러 차례 새로운 패션 상품을 선보이고 저렴한 가격으로 공급해 빠른 속도로 상품을 전환하는 게 특징이다. 소비자의 입맛에 맞춰 신상품을 끊임없이 생산하는 패스트 패션이 패션 산업의 새로운 표준이 되었는데, 이런 상품들은 값은 싸지만 내구성이 좋지 않아 한두 번 입고 버려지는 경우가 많다. 요즘에는 8,000원짜리 드레스도 나오고 3,000원짜리 티셔츠도 나온다. 이런 의류는 기본적으로 일회용품이나 마찬가지다.

연구에 따르면 젊은이들 가운데 새로 산 옷을 입은 모습을 사진으로 찍어 인스타그램에 올리고 나면 다시는 그 옷을 입지 않는 비율이 무려 17%에 이른다고 한다. 의류에 대한 이런 관점은 결국 악순환을 낳는다. 유행이 끊임없이 변하니 소비자는 옷을 더 많이 사고, 소비자가 옷을 여러 번 입지 않으니 의류 회사는 품질이 낮고 값싼 옷을 생산하며, 옷 품질이 좋지 않으니 소비자는 옷을 더 많이 산다. 의류 회사는 생산비 감축 압박으로 낮은 품질의 의류를 생산하고 이윤이 많이 남지 않으니 노동자의 작업 환경과 관련해서 편법을 쓰게 된다. 새 드레스가 단돈 8,000원이라면, 이 드레스를 만든 노동자는 최저임금에 한참 못 미치는 시간당 5,000원을 받고 일한다는 이야기다.

만족을 모르는 소비주의의 문제는?

환경 문제 면화 재배에 쓰이는 물, 직물의 염색 및 가공으로 인한 오염, 합성 의류의 제조와 세탁 과정에서 유출되는 석유 화학물질, 미세플라스틱.

사회 문제 세계 전역의 의류 노동자들이 아주 낮은 임금을 받는다. 영국 레스터 지역의 노동자들은 최저임금에 못 미치는 임금을 받고, 방글라데시와 기타 아시아 국가의 노동자들은 임금과 노동 조건에 대해 고용주와 협상할 권리조차 인정받지 못한다. 2016년에 공개된 한 보고서에 따르면 영국의 71개 주요 옷가게 가운데 77%가 자신이 취급하는 옷의 공급망에서 현대판 노예 노동이 발생할 가능성이 있다고 응답했다. 면화 생산 상위 10개국에 속하는 우즈베키스탄과 투르크메니스탄의 면화 산업에서는 채무가 있는 가정이 어린이에게 일을 시켜 빚을 갚는 담보 노동의 관행이 있다고 한다.

폐기물 문제 사는 옷이 많으면 그만큼 버리는 옷도 많다. 영국에서는 매년 약 30만t의 의류가 쓰레기통에 버려지고 이 가운데 20%가 매립되거나 소각된다. 의류 생산 과정에서도 폐기물이 발생한다. 생산에 사용되는 원단 가운데 15%가 재단 단계에서 폐기된다. 멀쩡한 원료가 쓰레기로 버려진다는 이야기다.

새 옷을 계속 사는 대신 고쳐 입고 바꿔 입고 빌려 입는 새로운 의류 소비를 하자.

취업 면접이나 결혼식 등 특별한 행사에 입을 옷은 빌리거나 서로 바꿔 입는다.

친구들과 옷 바꿔 입기 행사를 연다. 재미도 있고 입을 옷이 새로 생기니 모두가 즐겁다.

옷의 수명을 최대한 늘리기 위해 옷을 수선하고 관리하는 법을 배운다.

미국 정부 추산에 따르면 미국에서는 매해
약 1억 3,600만kg의 드라이클리닝 커버가 매립지에 버려진다.

드라이클리닝 커버

일회용 플라스틱 문제에 대한 대중적 인식이 높아지면서 많은 세탁소와 세탁소 이용자가 드라이클리닝 커버에 대해 우려하고 있다.

요즘에는 면이나 합성섬유 등 관리하기 쉬운 재료로 만든 옷을 많이 입기 때문에 드라이클리닝 이용이 감소하는 추세다.

드라이클리닝한 옷을 감싸는 비닐 커버도 문제지만 드라이클리닝 과정 자체가 환경에 영향을 준다. 세탁소에 드라이클리닝을 맡기면 색상이나 섬유, 얼룩 유형에 따라 옷을 분류한다. 그리고 스프레이로 전처리를 한 후, 물 대신 오염물을 녹이는 용제를 사용해 대형 세탁기에서 세탁한다. 세탁 마지막 단계에서 고온 처리로 섬유에 스민 용제를 증발시킨 후 다림질을 한 뒤 옷걸이에 걸어 비닐 커버에 넣는다.

지구에 미치는 영향

드라이클리닝 커버는 드라이클리닝한 옷을 최상의 상태로 유지하고, 고객의 집까지 가는 길에 비에 젖거나 오물이 묻는 걸 방지하며, 집에 보관할 때 먼지가 쌓이지 않게 막아준다. 하지만 의류 보관 전문가들은 드라이클리닝 커버를 덮은 상태에서 옷을 보관하는 것은 좋지 않다고 한다. 옷에 스민 습기와 드라이클리닝 화학물질이 그대로 남아 곰팡이가 생겨 옷감이 손상될 수 있기 때문이다.

드라이클리닝 용제는 환경 유해 물질이기 때문에 드라이클리닝 산업은 엄격한 규제를 받는다. 최초로 드라이클리닝 기술이 개발된 1850년대에는 등유를 용제로 사용했는데, 1930년대에 사염화에틸렌(PERC)으로 대체되었다. 요즘 드라이클리닝 기계는 예전보다 PERC를 30% 적게 사용하지만 훨씬 더 강력한 규제를 받고 있다.

PERC는 신경 독성 물질이자 발암물질로, 드라이클리닝 노동자의 높은 암 발병률과 관련이 있고 세탁소 안팎의 공기 질에도 영향을 미친다.

이 때문에 환경 규제 기관들은 PERC를 비롯한 드라이클리닝용 용제 사용을 통제하고 정기적인 검사를 실시하고 있다.

이렇게 바꿔볼까?

- 옷을 세탁소에 맡기기 전에 꼭 드라이클리닝이 필요한지 생각해본다. 천연섬유 옷은 통풍이 잘 되는 실외에서 바람을 쏘인다. 합성 재료로 만들어진 저렴한 옷은 드라이클리닝이 필요하지 않지만 천연 재료를 쓴 고급 의류는 드라이클리닝이 필요한 장단점이 있으니 의류를 구입할 때 신중히 비교한다.
- 환경 친화적인 세탁소를 이용한다. 요즘에는 모래나 이산화탄소 분사 공정에서 추출한 독성과 유해성이 없는 실리콘 용액을 사용해 드라이클리닝하는 세탁소가 점점 늘고 있다. '그린 어스'(Green Earth) 세탁소는 지속가능성과 PERC 비사용을 약속하며 전 세계에서 운영 중이다.
- 세탁소에 갈 때 재사용이 가능한 양복 가방이나 커버를 갖다 주고 자신의 세탁물을 넣어달라고 한다. 가방이나 커버에 이름을 쓰면 세탁소 주인이 편리하게 일할 수 있다.

매년 전 세계에서 사용되는 옷걸이는 약 150억 개인데, 그중 일부는 서우 3개월만 사용되고 폐기된다.

2018년에 M&S 매장은 1억 개가 넘는 옷걸이를 '브레이폼'(Braiform)에 반환했다. 브레이폼은 옷걸이를 생산하고 재사용하는 회사다. 이를 온실가스 배출량 감소 효과로 환산하면 자동차 약 5,000대가 도로에서 사라진 것과 같다.

'아치 앤 후크'(Arch & Hook)는 생태학적 및 경제적 관점에서 지속 가능한 옷걸이를 생산한다. 주 생산품은 FSC 인증 목재로 만든 튼튼한 옷걸이로 옷 가게와 접객업체에서 사용하기 적합하다. 최근에는 재활용된 해양 플라스틱으로 만든 옷걸이를 개발했는데, 모든 종류의 의류에 사용할 수 있으며 재활용도 가능하다.

옷걸이

의류 매장에서는 옷이 팔리면 진열할 때 썼던 옷걸이를 대량으로 내버린다. 철사 옷걸이는 값이 싸고 철로 만들어져서 재활용이 가능하다. 나무 옷걸이는 비교적 내구성이 좋지만 어떻게 얻은 목재로 만든 것인지가 중요하다. 나무 옷걸이를 살 때는 FSC 인증이 있는 걸 사는 게 바람직하다. 플라스틱 옷걸이는 플라스틱과 금속이 혼합되어 있으므로 가정용 재활용 수거함에 넣지 않는다. 재사용하는 게 최선이다. 더 이상 사용하지 않으면 자선단체나 의류 매장에 가져다준다.

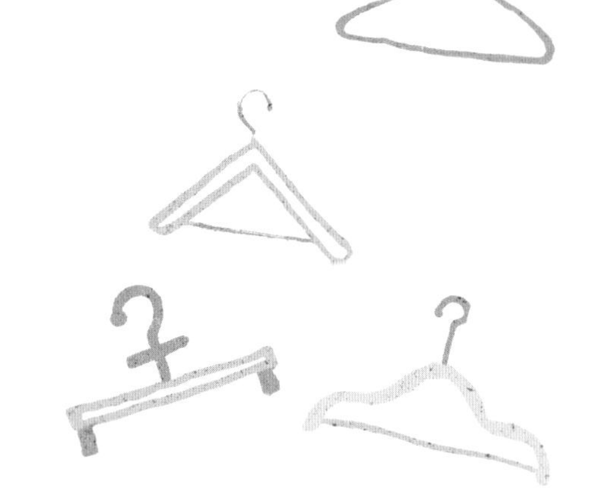

영국에서 재사용 또는 재활용을 위해 수거되는 행주, 시트,
이불, 커튼 등의 가정용 직물은 5%에 불과하다.
플라스틱 병 120개로 재활용 폴리에스터 이불 하나를 만들 수 있다.

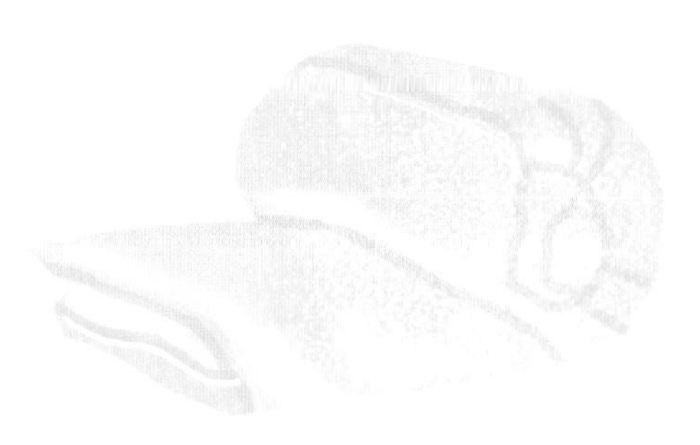

이불

일생 동안 잠을 자면서 보내는 시간이 평균 26년, 잠자리에 누워 잠을 청하면서 보내는 시간은 평균 7년이다. 이불 속에서 지내는 시간이 총 33년인 셈이다.

지구에 미치는 영향

합성 이불은 폴리에스터로 만드는데 생산 과정에서 많은 에너지를 소모할 뿐 아니라 생분해되지 않는 석유를 이용한다. 게다가 천연섬유보다 통기성이 떨어진다. 품질이 좋은 합성 이불의 수명은 5년 이상이지만, 솜털 이불의 수명은 20~30년까지 간다. 품질이 좋고 관리가 잘된 솜털 이불은 40년이 지나도 멀쩡하다.

솜털은 오리와 거위에서 얻는 천연재료라서 생분해된다. 2000년대 후반 산 채로 거위의 털을 뽑는 잔혹한 행위에 대한 논란이 일자 유럽, 중국, 캐나다의 관련 산업 단체들은 이런 잔혹한 관행을 금지하고 식용으로 도축된 거위의 털만을 사용하도록 권장하고 있다.

양모와 면 등의 천연섬유도 이불 충전재로 쓰이는데, 요즘에는 윤리적으로 생산된 유기농 원료로 이불을 만드는 업체가 늘고 있다. 또한 재활용 폴리에스터 충전재를 사용한 합성 이불도 있다.

이렇게 바꿔볼까?

- 햇빛이 잘 드는 실외에 이불을 널어두는 것만으로도 겉감의 면섬유에 서식하는 세균을 없애고 충전재에 스며든 습기, 박테리아, 독성 물질, 각질 등을 제거할 수 있다. 오염되거나 얼룩진 이불은 부분 세탁을 해서 이불 전체를 세탁하고 건조하는 빈도를 최대한 줄인다.
- 이불을 살 때 재료의 출처와 지속 가능성 정책, 동물 복지에 대한 약속 등의 정보를 투명하게 공개하는 브랜드를 찾는다.
- 더 이상 사용하지 않는 이불은 상태가 좋으면 자선단체에 보내고, 그렇지 않으면 동물 보호소에 보낸다.

어떤 회사에서 직원 200명이 날마다 폼 귀마개를 두 쌍씩 사용한다고 하면, 이것만으로도 한 해에 10만 쌍의 귀마개가 버려진다.

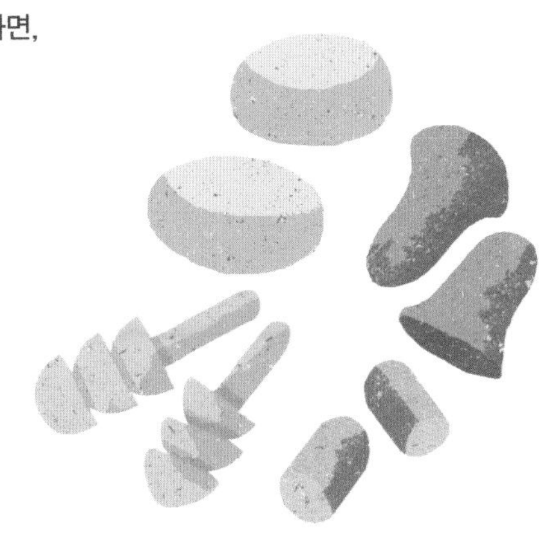

귀마개

귀마개는 잠을 청하거나 수영할 때 또는 주변이 시끄러울 때 귀를 보호하는 고마운 물건이다.

폴리우레탄(PU) 귀마개(폼 귀마개라고도 한다)는 부드럽고 말랑말랑해서 귀에 끼우기 쉽고 모양과 크기, 색상도 다양하다. 또한 여러 종류의 밀도로 만들어져 소음 수준에 맞춰 알맞은 귀마개를 고를 수 있다.

지구에 미치는 영향

폴리우레탄 귀마개는 말랑말랑해 삽입하기 쉽고 심한 소음이나 코골이 소리도 막아준다. 그러나 재활용되지 않아 매립 또는 소각되거나 아무 데나 버려져 쓰레기가 된다.

실리콘 귀마개는 수영할 때는 좋지만 소음 차단 효과가 낮다. 실리콘도 플라스틱이기에 환경에 버려지면 PVC나 폴리우레탄 귀마개처럼 유해한 영향을 미친다.

면으로 겉을 싼 왁스 귀마개는 밀랍, 라놀린, 솜 등의 천연 원료로 만들어져 100% 생분해되므로 환경 발자국을 적게 남긴다. 수영할 때도 좋고 소음을 막는 용도로도 괜찮다. 무엇보다 재사용이 가능하다.

이렇게 바꿔볼까?

- 실리콘이나 폴리우레탄 귀마개 대신 생분해되는 왁스 귀마개를 산다.
- 맞춤형으로 제작되고 재사용이 가능한 의료용 실리콘으로 만든 귀마개는 비싸지만 한 쌍만 있어도 1년 이상 쓸 수 있다.

욕실

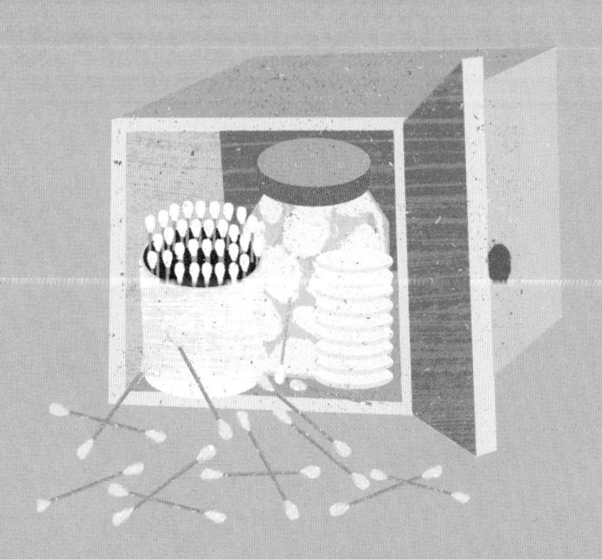

한 사람이 일생 동안 쓰는 칫솔의 개수는 평균 300개(1년에 평균 4개)로
약 5.5kg의 플라스틱 폐기물을 남기는 셈이다.
전 세계적으로 매년 10억 개 이상의 플라스틱 튜브 치약 용기가 버려진다.

칫솔, 치약, 치실, 치간칫솔

사람들은 예로부터 치아에 낀 음식물을 제거하고 입냄새를 없앨 방법을 찾아왔다. 기원전 3500년 바빌로니아 사람들은 이를 닦기 위해 특별한 나뭇가지를 사용했는데 중동, 아프리카, 아시아의 많은 지역에서는 아직도 이 전통이 이어지고 있다.

오렌지나무, 라임나무, 님나무, 차나무, 살바도라 페르시카 등의 나뭇가지는 세계 각지에서 츄잉스틱(씹는 막대)으로 이용되고 있다. 항균성이 있고 불소가 함유되어 있으며 씹고 나면 입에서 달콤한 냄새가 난다. WHO는 플라스틱 칫솔이 널리 보급되지 않은 지역에서 츄잉스틱 사용을 권장하는데, 연구 결과 칫솔과 치약 못지않은 구강위생 효과를 내는 것으로 확인되었다.

츄잉스틱은 옛날에 쓰던 칫솔에 비하면 훨씬 호감 가는 치아 관리법이다. 옛날에는 동물 뼈로 만든 손잡이에 뻣뻣한 돼지털을 붙여 칫솔로 썼다. 소 발굽과 달걀 껍데기, 부석, 굴 껍데기, 숯, 나무껍질로 만든 치약도 있었다는데, 향긋한 숨결을 기대하기는 어려울 것 같다. 상업적으로 팔린 최초의 치약은 분말형이었고, 1800년대 후반에 와서야 유리병에 넣은 반죽형이 치약의 표준으로 자리 잡았다. 1914년 충치 예방 효과를 고려한 최초의 불소 치약이 개발되었다.

지구에 미치는 영향

아직 츄잉스틱 사용이 선호되는 곳을 제외한다면 가장 흔히 쓰이는 칫솔의 재료는 플라스틱이다. 칫솔대는 물론 칫솔모 역시 플라스틱인 나일론 재질이다. 손잡이에 붙어 있는 합성고무 역시 플라스틱이다. 일반적으로 칫솔은 몇 개월만 사용되고 버려지는데, 플라스틱의 수명은 수백 년을 넘어가므로 제대로 폐기하지 않으면 심각한 플라스틱 쓰레기 문제를 낳는다. 열대 해변에서 흔히 발견되는 해양 쓰레기 가운데 한 종류가 칫솔이다.

칫솔은 여러 종류의 플라스틱이 섞여 있어 재활용되지 않으며, 전동 칫솔은 전기 토스터나 전기 주전자같이 전기·전자 폐기물로 재활용해야 한다. 치약은 대부분 플라스틱 튜브 용기에 들어 있는데, 내용물을 완전히 비우고 깨끗하게 닦아낼 수 없어 재활용할 수 없다. 치아 미백 효과가 있다고 홍보하는 일부 치약에는 폴리에틸렌으로 만든 플라스틱 마이크로 비즈가 들어 있는데, 마이크로 비즈 성분 비율이 높게는 치약 무게의 1.8%에 이르는 경우도 있다(142쪽 참조). 영국, 미국, 뉴질랜드 등 여러 국가에서는 마이크로 비즈 사용이 금지되었다.

요즘에는 대부분의 치약에 충치 예방 효과를 내는 불소가 들어 있다. 불소는 오래전부터 공중 보건 개선을 위해 수돗물에 투입하던 물질이다. 최근 치약과 수돗물 모두에 불소를 넣으면 지나치게 많은 불소에 노출된다는 우려가 일고 있다. 치아가 형성되는 아동기에 너무 많은 불소에 노출되면 치아가 변색되고 얼룩질 수 있다. 공공 보건 당국자들은 불소 노출이 아동의 치아에 미치는 이점과 과다 노출의 가능성을 비교하면서 수돗물 불소 투입의 장단점을 저울질하고 있다. 아일랜드, 호주, 뉴질랜드의 거의 모든 지역 수돗물에 불소가 투입된다. 영국에서는 불소가 투입되는 수돗물의 비율이 10%에 불과하다.

일부 치약에는 항균제인 트리클로산이 포함되어 있는데, 이를 과다하게 사용하면 박테리아가 내성을 갖게 될 수 있다. 사람에게 유해한 영향을 미친다는 결정적인 증거는 없지만 치약 산업계에 변화가 일어나고 있다. '콜게이트 토털' 치약은 트리클로산을 쓰지 않는 새로운 성분으로 재출시되었고, '프록터앤갬블'과 '유니레버'는 모든 제품에 트리클로산 사용을 중단했다. '존슨앤드존슨'은 유아용품, 화장품, 미용 및 위생용품에 트리클로산 사용을 중지했다.

이제는 치실을 바꿀 때

치실의 실 부분은 나일론, PTFE(43쪽 참조), 합성 왁스가 주성분이며 손잡이 치실의 손잡이는 플라스틱으로 만든다. 재활용되지 않을 뿐 아니라 두 제품 모두 석유 성분으로 만든 플라스틱이라 생분해도 되지 않는다. 금속제 절단기가 부착된 플라스틱 치실 용기도 재활용되지 않는다. 치실을 변기에 넣어 물을 내리는 건 절대 금물이다. 치실은 생분해되지 않고 하수처리장의 여과 설비로도 걸러지지 않을 수 있다. 환경으로 유입되면 수생생물의 몸을 얽어매거나 소화기로 들어가 생명을 위태롭게 만든다. 물론 치실 사용은 구강 위생을 위한 중요한 일이다. 플라스틱 치실 대신 나무 이쑤시개나 실크 치실 혹은 대나무 치실을 사용해보면 어떨까.

이렇게 바꿔볼까?

- 플라스틱 칫솔 대신 대나무 칫솔을 사용해보자. 다 쓰고 나면 나일론 소재의 칫솔모는 잘라내고 칫솔대만 퇴비화할 수 있다. 분해

가 빨리 될 수 있게 칫솔대를 잘게 잘라 넣는다. 낡은 칫솔은 정원 식물의 지지대나 식물 표지판으로 이용해도 좋다.

- 전동 칫솔을 사용한다면 충전식 배터리를 사용해 배터리 폐기물을 줄인다. 수명이 다한 배터리는 배터리 전용 재활용함에 넣는다.
- 산업형 퇴비화가 가능한 식물 기반 플라스틱으로 만든 칫솔 또는 재활용 플라스틱 재료로 만든 칫솔을 산다.
- 이를 닦을 때 수도꼭지를 잠근다. 양치질을 하면서 2분 동안 수도꼭지를 열어두면 약 12ℓ의 물이 배수구로 흘러간다.
- 플라스틱을 쓰지 않는 치실 대체품을 사용한다. 밀랍을 먹인 실크 치실이나 대나무 치실 등을 재사용 가능한 용기에 넣어 사용한다.
- 손잡이 치실은 대부분 플라스틱 소재고 일회용이니 사용하지 않는다. 대나무 손잡이 치실이나 손잡이 없는 치실을 사용한다.
- 치약을 살 때 마이크로 비즈와 트리클로산이 든 제품은 피한다. 불소가 걱정된다면 페퍼민트, 티트리 오일, 알로에 베라 등 천연 성분으로 만든 치약을 선택한다. 사용하는 수돗물에 불소가 들어 있지 않다면 불소가 든 치약을 사용해야 하니 치약을 바꾸기 전에 치과의사와 상담한다.
- 치약 튜브 용기의 플라스틱 뚜껑은 재활용한다.
- 플라스틱 튜브에 든 치약보다 치약 짜개가 딸려 있는 알루미늄 튜브 치약을 구입한다. 내용물을 남김없이 다 짜낸 다음 빈 튜브를 재활용함에 넣을 수 있다. 내용물을 완전히 짜낼 수 없는 튜브는 오염의 원인이 될 수 있으니 재활용함에 넣지 않는다. 중탄산염과 에센셜 오일로 만들어 유리용기에 넣은 치약이나 분말 치약, 고체 치약을 사용하는 것도 좋다. 단, 이런 치약은 치과의사와 상담한 뒤에 사용하는 것이 좋으며, 가끔만 써야 하는 치약도 있으니 주의한다.
- 제로 웨이스트 실천을 위해 츄잉스틱을 사용해 보면 어떨까.

플라스틱 없이 이를 닦자

캐나다의 '바이트'(Bite)라는 회사는 치약 튜브 폐기물을 줄이기 위해 천연 성분으로 알약형 치약과 구강 청정제를 만든다. 사람과 환경에 무해한 천연 성분만으로 만들며 유리병에 포장한다. 병에 든 알약을 씹어서 입안에서 거품을 만든 다음 평소처럼 양치질을 하면 된다. 평소 사용하던 치약을 바꿀 계획이라면 치과의사와 상의하는게 좋다.

✎ 우리는 일생 중 38.5일을 이를 닦는 데 보낸다. 2008년 유럽연합 내 4인 가족이 한 해 사용한 치약은 평균 10개였다. 현재 유럽연합 내에서 사용되는 치약 튜브 용기는 재활용되지 않는다.

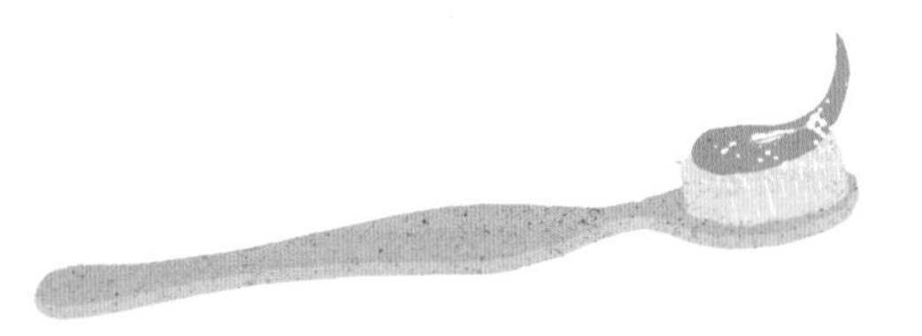

배터리 없이도 작동하는 최초의 전동 칫솔

몇 번 쓰고 버리는 플라스틱 칫솔 대신 오랜 기간 사용할 수 있고 배터리도 쓰지 않는 전동 칫솔을 조만간 쓰게 될지도 모른다.

이 칫솔은 재생 가능한 에너지를 사용해 작동하는데, 칫솔 손잡이 하단 부분을 손으로 잡고 돌리면 내부의 스프링 모터가 감기면서 에너지가 만들어진다. 손잡이 하단을 두 번 돌리면 칫솔을 8만 번 움직일 수 있는 전기가 만들어진다.

미국치과협회 표준에 맞춰 치아와 잇몸이 상하지 않도록 적절한 압력을 가한다.

'비닷'(Be.)이라고 불리는 이 칫솔은 10년 넘게 쓸 수 있도록 설계되었고, 수명이 다하면 전부 재활용할 수 있다.

배터리나 충전용 케이블이 필요 없으므로 온실가스를 전혀 배출하지 않고 원료가 적게 들어가며 배터리 폐기물이 발생하지 않는다. 여행을 갈 때도 충전기를 따로 챙길 필요가 없어 편리하다.

비닷은 90% 재활용 플라스틱으로 만들어졌고, 100% 재활용이 가능하다. 아주 작은 칫솔모 부분은 두어 달에 한 번씩 교체하면 되는데, 칫솔모 역시 전분과 대나무를 이용한 식물 기반 플라스틱으로 만들었다.

본체 포장재는 재활용할 수 있는 판지로 만든 원통형 용기를, 교체용 칫솔모의 포장재는 종이봉투를 사용해서 포장 폐기물을 최소화했다.

비누는 현대 의학이 이룬 위대한 발전의 결정적인 주역이다.
찰스 리스터는 비누로 손을 씻으면 질병의 확산을 줄일 수 있다는 사실을
발견했다. 비누는 진정한 영웅이다. 그런데 요즘 우리는
비누의 소중한 장점을 잊은 채 그 장점을 여러 겹의 플라스틱으로 감싸고 있다.

액체 비누

고대 바빌로니아 사람들은 끓는 기름에 재를 섞어 비누를 만들었고, 이집트 사람들은 식물성 기름과 동물성 기름, 소금을 섞어 만든 비누를 사용했다. 상품화된 비누는 꾸준히 발전해왔다. 액체 비누의 출현과 함께 환경 문제가 제기되자 최근에는 소박한 고체 비누를 찾는 사람들이 늘어나고 있다.

액체 비누는 고체 비누보다 비싸고 짧은 기간 안에 소비된다. 액체 비누를 사용할 때 대부분의 사람들이 용기 상단의 펌프를 한 번만 누르는 게 아니라 여러 번 눌러서 비누를 짜낸다. 그만큼 많은 양의 비누가 배수구로 들어간다. 액체 비누로 손을 씻으면 고체 비누를 쓸 때보다 비누를 6배 더 많이 사용한다. 평균적으로 일생에 고체 비누 656개를 쓴다고 가정하고 이를 액체 비누 사용량으로 환산하면 3,000~4,000병이다. 이 많은 양이 배수구로 들어갈 뿐 아니라 엄청난 양의 플라스틱 쓰레기도 발생한다.

비누는 식물성 또는 동물성 지방과 약간의 향이 주성분이지만, 열거하기 힘들 정도로 많은 성분이 들어간다. 이해할 수 없는 이름과 숫자로 길고 빽빽한 성분 표시가 되어 있는 제품보다 짧고 알기 쉬운 성분의 천연 고체 비누를 사는 게 좋다.

대량생산되는 대부분의 액체 비누에 든 화학물질이 우리 건강에 문제없는지, 그리고 이 화학물질이 강과 바다에 사는 생물의 건강에 어떤 영향을 미치는지에 대한 많은 의문이 제기되고 있다.

지구에 미치는 영향

액체 비누는 단점이 많다. 물이 많이 들어 있어서 고체 비누보다 무겁고 운송 비용이 더 든다. 환경보호단체 '지구의 벗'(Friends of the Earth)의 추정에 의하면 액체 비누의 탄소 발자국이 고체 비누의 탄소 발자국보다 25% 크다. 제조될 때도 5배나 많은 에너지를 쓰고 포장재도 많게는 20배까지 더 많이 사용한다. 게다가 욕실에

서 쓰는 플라스틱 용기는 재활용되는 비율이 특히 낮다. 한 연구에 의하면 미국 사람 중 20%만 욕실용품 용기를 재활용한다고 한다.

이렇게 바꿔볼까?

- 포장되지 않았거나 종이로만 포장된 비누를 산다. 플라스틱 포장은 불필요하다.
- 천연 비누를 산다. 식물성 지방은 환경 발자국을 덜 남기지만 팜유 성분의 제품은 피한다. 팜유는 숲을 파괴한 곳에서 재배한 원료를 쓰기 때문이다(26-27쪽 참조). 올리브 오일과 라벤더 오일, 천연 에센셜 오일 성분의 비누는 피부와 환경에 해를 끼치지 않는다.
- 마지막 작은 조각까지 남김없이 사용한다. 모아둔 자투리 비누를 밤새 물에 담가두었다가 약한 불로 녹인 뒤 식혀 굳히면 쓰레기통에 들어갈 뻔한 자투리 비누를 완벽하게 되살릴 수 있다. 비누를 녹인 용액에 약간의 식물성 오일(혼합용액 1컵당 1숟가락)과 에센셜 오일, 식용색소를 첨가해도 좋다. 머핀 틀 같은 실리콘 몰드에 부은 다음 굳을 때까지 놓아두면 새 비누가 탄생한다.
- 플라스틱 없는 욕실을 위해 고체형으로 된 개인 위생용품을 산다. 세안용 비누, 샴푸, 컨디셔너도 고체형으로 된 것이 있다.
- 액체 비누를 포기할 수 없다면 재사용할 수 있는 펌프 용기에 리필해서 폐기물을 줄인다. 큰 용기 제품을 구입한 뒤 작은 용기에 덜어 쓰면 포장 용기를 줄일 수 있으며, 빈 펌프 용기를 더 이상 쓰지 않는다면 깨끗이 씻어 건조한 뒤 재활용품 수거함에 넣는다.

플라스틱 없이 하는 샤워

욕실에 빼곡히 들어찬 여러 가지 병에 든 내용물은 서로 다르게 변장하고 있을 뿐 비누라는 점에서는 거의 차이가 없다. 저것 대용으로 이걸 사용해도 아무 문제가 없을 것이다.

정리 전문가 곤도 마리에는 욕실을 어수선하게 만드는 잡동사니를 줄이라고 조언한다. 지구에도 도움이 되는 훌륭한 조언이다.

세안용 비누, 액체 비누, 샤워 젤을 단 하나의 제품으로 대체하면 비용도 절약하고 욕실을 어지럽히는 잡동사니도 줄어든다. 또한 탄소 발자국도 줄이며 플라스틱 포장 제품의 구매도 줄일 수 있다. 시중에 나와 있는 수많은 비누를 차례로 사용해보면서 자기 피부에 맞는 비누를 찾는 이점까지 누릴 수 있다.

물티슈를 그냥 물에 적신 천으로 생각하는 사람이 많다. 면 등의 천연섬유를 원료로 쓰기도 하지만, 플라스틱 같은 합성섬유(폴리에스터나 폴리프로필렌)를 함유하고 있다. 또한 세정제, 보습제, 합성 세제, 방부제 성분 등이 첨가돼 있다.

물티슈

옛날에는 물에 적신 수건을 이모저모 요긴하게 사용했는데, 이제는 상상할 수 있는 모든 용도의 전용 물티슈가 나온다.

물티슈는 1950년대 후반 미국에서 처음 출시된 후로 세계적인 규모의 시장으로 성장했고, 이제는 상황별, 용도별로 사용할 수 있는 온갖 종류의 물티슈가 생산된다. 아기용 물티슈에서부터 세안용, 여행용, 유아 배변 훈련용, 메이크업 제거용, 소독용, 손 위생용, 화장실용 물티슈가 있으며 심지어 바닥 청소용, 욕실 청소용 물티슈까지 있다.

물티슈에 플라스틱이 함유되어 있다는 사실이 알려지면서 물티슈 사용에 대한 반감이 일고 있지만, 손끝만 까딱하면 유용한 정보와 편리함을 얻을 수 있는 일상에서 물티슈 없이 살던 시절을 기억하기란 쉽지 않다. 보습제가 첨가된 미용 물티슈, 세정제와 소독제 성분이 첨가된 화장실용 물티슈, 어린이용 물티슈 등 제조사들은 더 많은 용도의 물티슈 제품을 개발하고 있다.

지구에 미치는 영향

물티슈 사용이 크게 늘면서 옛날에는 볼 수 없었던 '팻 버그'(Fatbergs) 현상이 나타나고 있다. 팻 버그는 하수관을 틀어막는 거대한 오물 덩어리로, 하수관으로 들어간 물티슈, 기름 덩어리, 그리고 각종 폐기물이 엉겨 붙어 만들어진다. 화장실용 휴지와 달리 변기에 버려진 물티슈는 생분해되지 않는다. 그런데 물티슈가 생분해가 가능하고 변기에 넣어도 된다고 생각하는 사람이 많다. 물티슈는 플라스틱을 함유하고 있고 충분히 분해되지 않은 채 하수 처리 시스템으로 들어가 많은 양이 하수관에 쌓이면 하수관을 막히게 한다.

영국에서 하수관 막힘을 일으키는 물질의 93%가 물티슈다. 아일랜드에서는 물티슈와 각종 위생용품 때문에 매달 500건 이상의 하수 막힘이 일어난다. 2017년 미국 볼티모어에서는 팻 버그가 하수관을 막는 바람에 450만ℓ가 넘는 하수가 메릴랜드의 한 수로로 쏟아져 들어가 하수가 범람하는 사고도 났다. 또한 2017년 영국 런던의 화이트채플 지역에서도 끈적끈적한 기름과 물티슈가 뭉쳐 만들어진 길이 250m, 무게 150t의 팻 버그가 지하 하수관을 막는 사고가 났다. 축구 경기장 두 개를 합친 길이에 2층 버스 11개를 합친 무게와 같았다.

물티슈가 강이나 바다로 흘러들면 야생동물이 통째로 삼킬 수도 있고, 작은 플라스틱 조각으로 분해되어 먹이사슬로 유입될 수도 있다(140-141쪽 참조). 물살에 밀려 해변과 강 하구와 강변에 쌓인 물티슈는 환경을 더럽히고 아름다운 풍광과 산책의 즐거움을 망친다. 2018년 영국의 해양보전협회가 주최하고 자원봉사자들이 참여하는 해안 정화 행사 기간 동안 해변 면적 100m² 당 평균 12장의 물티슈가 수거되었다. 이는 10년 전보다 300% 증가한 수치였다.

이렇게 바꿔볼까?

- 재사용 가능한 면직물이나 천연 스펀지를 따뜻한 비눗물에 적셔 사용한다.
- 메이크업 제거용 물티슈 대신 면 수건과 세안용 비누를 사용한다.
- 손 씻을 곳이 마땅치 않으면 손 소독제를 사용한다.
- 화장실용 물티슈는 아주 심각한 환경 문제를 일으키는데, 물티슈를 변기에 넣어 흘려보내도 된다고 오인하는 사람들이 많기 때문이다.
- 빨아서 재사용이 가능한 물수건 여러 장을 통에 보관해 쓰고 나면 다시 모아 빨아 쓴다.
- 면 소재 물티슈나 플라스틱을 쓰지 않는 물티슈를 사용하고, 반드시 쓰레기통에 버린다.

최초의 물티슈

최초로 물티슈를 발명한 사람은 미국인 아서 줄리어스다. 그는 1957년 뉴욕 맨해튼에서 물티슈를 개발하고 '젖은 냅킨'(wet-nap)이라는 이름을 붙였다. 그는 수프를 1인분씩 배분하는 용도로 설계된 기계를 구해 일회용 수건에 비눗물을 먹이는 용도로 개조했다. 또한 세정과 위생 면에서 비누와 물, 수건의 조합보다 물티슈가 훨씬 나은 건강 관리 방법이며, 음식점을 이용하는 고객에게 식사 전후에 반드시 손을 씻을 수 있게 해야 한다는 신념을 전파했다. 드디어 1963년에 최초의 대량 주문을 받았는데, 주문한 고객은 KFC 창업주 커널 샌더스였다.

매일 면도를 하는 사람이 제조사 권장대로 5~10회 사용 후 면도날을 교체한다면 1년에 일회용 면도기 또는 교체용 면도기 헤드 52개를 버려야 한다. 최대한 아껴서 1달에 1개를 사용한다 해도 1년이면 12개의 면도날이나 일회용 면도기를 버린다. 포장재의 양까지 합치면 상당히 많은 쓰레기가 생긴다.

일회용 면도기

턱수염과 콧수염처럼 드러난 곳에 난 체모를 관리하는 방식은 유행에 따라 달라진다. 누구에게도 면도기를 사용해 체모를 정리하고 싶어지는 순간이 있다.

체모가 잘 관리된 모습이나 말끔히 밀어낸 모습에 대한 인류의 관심은 선사시대부터 시작되었다. 선사시대 사람들은 조개껍질이나 상어 이빨, 부싯돌을 갈아 면도기로 사용했다. 최초의 금속 면도기는 구리와 금으로 만든 것으로 기원전 6세기 이집트에서 쓰였다. 무시무시한 스테인리스강 직선형 면도기는 1880년대부터 괭이 모양의 안전면도기로 대체되었고, 20세기 초에는 킹 캠프 질레트(King Camp Gillette)가 교체 가능한 양날 면도날을 발명했다. 1963년 미국의 연예인이자 발명가 폴 윈첼이 본체까지 모두 버릴 수 있는 최초의 일회용 면도기를 발명했다. 면도의 품질보다는 편리함과 비용이 적게 든다는 데 중점을 두어 고객의 관심을 끌었다.

지구에 미치는 영향

일회용 면도기는 플라스틱, 고무, 금속, 첨가제 등 여러 재료를 혼합해 제조한다. 따라서 재활용 수거함에 넣으면 안 된다. 포장재까지 추가하면 쓰레기가 한가득이다.

교체 가능한 날이 끼워져 있는 면도기는 날이 닳았을 때 헤드만 교체하면 된다. 따라서 일회용 면도기보다 쓰레기가 덜 나온다. 그러나 플라스틱 틀에 금속 날을 끼워 만든 헤드는 재활용되지 않을 뿐 아니라 포장도 지나치다.

일회용 면도기의 플라스틱은 수백 년 동안 분해되지 않으며 잘게 부서져 미세플라스틱이 되어 환경을 오염시킨다.

이렇게 바꿔볼까?

- 헤드 전체가 아닌 면도날만 교체해 쓸 수 있는 면도기를 구입한다. 처음 살 때는 비용이 꽤 들지만 장기 사용을 고려하면 일회용 면도기를 계속 구입하는 것보다 비용이 훨씬 적게 든다.
- 플라스틱을 쓰지 않는 면도기를 산다. 일부 회사들은 면도기뿐 아니라 면도용 폼 사용에 따른 쓰레기 발생을 줄이기 위해 강철로 만든 안전면도기와 면도용 브러시, 면도용 비건 고체 비누로 구성된 키트를 판매하기도 한다.
- 일회용 면도기보다는 그나마 폐기물이 덜 나오는 헤드 교체형 면도기가 더 나은 선택이다.
- 일회용 면도기와 면도날은 가정용 재활용함에 넣으면 안 된다. 혁신적인 친환경 기업 테라사이클은 질레트와 협업해 모든 제조사의 일회용 면도기와 헤드 교체형 플라스틱 면도기의 재활용 서비스를 제공하고 있다.
- 면도용품 구독 서비스도 있다. 일부 제조사는 플라스틱 또는 강철 면도기에 쓰이는 교체용 헤드를 정기적으로 배송한다. '서플라이'(Supply) 등 일부 브랜드는 평생 쓸 수 있는 스테인리스 스틸 면도기와 교체용 면도날, 그리고 플라스틱을 쓰지 않는 면도용 크림과 애프터셰이브 크림을 제공한다.
- 일회용 면도기를 꼭 써야 한다면 손잡이 부분에 재활용 플라스틱 재료를 사용했고 재활용이 가능하도록 설계된 면도기를 선택한다.

안전을 생각하는 면도

면도용 폼과 젤은 보통 에어로졸 용기에 들어 있다. 완전히 내용물을 비워낸 용기와 플라스틱 뚜껑은 재활용이 가능하다. 대신 유리 용기에 들어 있는 면도용 오일을 써보면 어떨까.
또 다른 대안은 면도용 크림과 비누다. 물에 섞어 거품을 낸 후 솔을 이용해 얼굴에 바르는데, 에어로졸에 든 폼보다 오랫동안 사용할 수 있다. 재활용 가능한 플라스틱이나 금속 등의 포장재를 가장 적게 쓴 제품을 고른다.

미국 환경보호청의 추정에 의하면 1990년대 초 미국의 연간 일회용 면도기 사용량은 무려 20억 개였다. 2018년 미국에서는 1억 6,300만 명의 소비자가 일회용 면도기를 사용했다.
여성용 면도기가 남성용보다 더 비싼 경우가 많다. 흔히 '핑크 택스'(pink tax)라고 불리는 성차별적인 가격 정책은 오래전부터 논란이 되어 왔는데, 영국에서는 여성용 일회용 면도기와 남성용 면도기의 가격 차이가 무려 6%에 이른다.

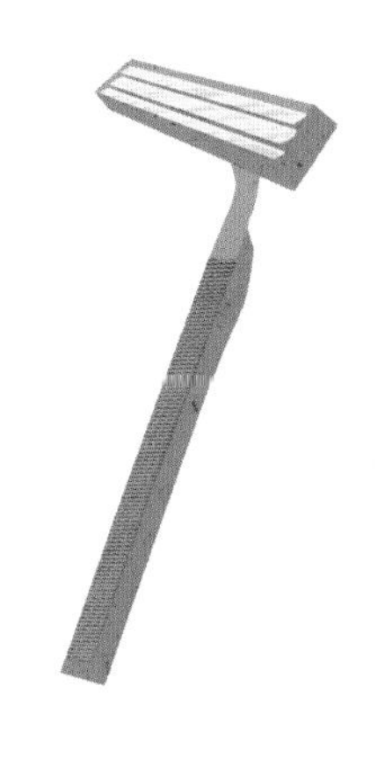

영국에서는 매년 약 6억 개의 스프레이 캔이 사용된다.
한 사람이 한 해에 10개씩 쓴다는 이야기다.
체취 제거제, 발한 억제제, 보디 스프레이가 가장 흔하다.

체취 제거제

중요한 모임이나 데이트 직전 겨드랑이에서 나쁜 냄새가 나는 건 아닌지 확인했던 적이 있는가? 옛날에는 몸에서 나는 냄새와 땀이 큰 고민거리가 아니었다. 출시 초기의 체취 제거제 제조사들은 제품 판매를 위해서 몸에서 땀이 나는 자연스러운 현상을 쑥스럽게 여기도록 대중적 인식을 형성하려 했다.

체취 제거제는 불쾌한 냄새를 분비하는 박테리아를 죽이고, 발한 억제제는 땀이 나는 걸 막는다. 1888년 미국에서 '멈'(Mum)이라는 이름의 체취 제거제가 최초로 발명되었고, 1903년에 '에버드라이'(Everdry)라는 이름의 발한 억제제가 최초로 출시되었다. 이런 제품이 출시되기 전에는 옷을 통째로 다 빨아야 하는 수고를 덜기 위해 옷 겨드랑이 부분에 붙였다 떼었다 할 수 있는 겨드랑이 패드가 사용되기도 했다.

체취 제거제는 에어로졸형이나 윗부분에 삽입된 구슬과 용기 입구 사이로 액체가 스며 나오는 롤온형으로 나온다. 유럽에서는 전체 인구의 절반이 에어로졸형 체취 제거제를 사용하고, 27%가 롤온형, 13%가 스틱형을 사용한다.

지구에 미치는 영향

1980년대에 에어로졸 스프레이에 포함된 분사제 가스가 오존층을 파괴한다는 사실이 밝혀지면서 의식 있는 소비자들이 에어로졸형 체취 제거제를 외면하기 시작했다. 국제 협약을 통해 몇 가지 효과적인 정책이 마련되면서 이 가스의 사용이 금지되었지만 대체 물질이 개발된 덕분에 에어로졸은 여전히 우리의 일상용품에 쓰이고 있다.

스프레이 캔은 원료인 알루미늄에 대한 지속적인 수요를 낳을 뿐 아니라 용기 내에 용액의 분사를 돕는 화학물질(분사제)을 담고 있다. 최근에는 압축 에어로졸형 체취 제거제도 나왔는데, 알루미늄과 분사제를 덜 사용하고 운송 시 무게가 더 적어 탄소 발자국을 적게 남긴다.

롤온형 체취 제거제는 플라스틱 용기 입구에 부드럽게 구르는 구형 플라스틱을 끼운 형태인데, 서로 다른 종류의 플라스틱으로 만들어져 재활용되지 않는다.

체취 제거제와 향수는 실내 공기를 오염시켜 인체에 유해한 영향을 미친다. 제품에 첨가되는 화학물질의 40%가 우리가 숨 쉬는 공기로 유입된다. 에어로졸형 체취 제거제는 휘발성 유기화합물(VOC, 175쪽 참조)을 방출하는데, 공기 중의 다른 화학물질과 반응해 오존 또는 폐 깊숙이 침투하는 입자상 물질을 생성한다. 오존과 입자상 물질 모두 대기오염 물질이다.

체취 제거제에는 무수히 많은 성분이 들어 있고 그중 일부 성분은 소비자들 사이에 우려를 불러일으킨다. 고용량의 알루미늄 성분은 인체에 유해하지만 알루미늄 성분을 발한 억제제로 쓰는 것이 해롭다는 증거는 아직 없다. 체취 제거제에는 프탈레이트, 파라벤, 트리클로산도 들어 있으니(30-31쪽, 44-47쪽, 126-128쪽 참조) 자신의 몸에 무얼 쓸 건지 신중히 결정한다.

이렇게 바꿔볼까?

- 에어로졸형 대신 롤온형 또는 스틱형을 선택한다. 분사제와 금속을 적게 사용해야 탄소 발자국을 줄일 수 있다.
- 판지로 된 포장을 밀어올려 사용하는 고체 스틱형 제품이나 유리 용기에 든 페이스트형 제품 등 천연 성분 제품을 쓴다. 재활용 가능한 플라스틱 용기나 유리 용기에 든 분말형 제품도 있다.
- 프탈레이트나 파라벤 등의 화학 성분을 쓰지 않는 체취 제거제를 사용한다. 악취 중화 효과를 내는 베이킹 소다나 유칼립투스, 보습 효과를 내는 코코넛 오일과 시어 오일, 습기를 제거하는 애로루트 파우더, 발향 효과를 내는 에센셜 오일로 천연 성분의 체취 제거제를 만든다.
- 천연광물에서 채취한 포타슘알룸을 쓰는 크리스털 체취 제거제도 좋은 선택이지만 이 재료에도 알루미늄이 들어 있다.
- 에어로졸 제품을 꼭 써야 한다면 압축 에어로졸 제품을 선택한다.
- 용기에 내용물이 남아 있으면 분류 및 재활용 과정에서 폭발할 위험이 있으니, 빈 에어로졸 용기는 내용물을 완전히 비운 후 알루미늄 캔 재활용함에 넣는다.

100만 명이 일반 에어로졸 제품 대신 압축 에어로졸 제품을 사용하면 이산화탄소 696t(121가구가 1년 동안 사용하는 전기를 만들 때 발생하는 이산화탄소의 양과 같다)을 줄일 수 있고, 자전거 2만 대를 만들 수 있는 알루미늄이 절약된다.

영국인의 79%가 매주 장을 볼 때 체취 제거제를 구입하고, 약 5,000만 명이 에어로졸 제품과 플라스틱 용기 제품을 구입한다. 그러나 대부분이 재활용되지 않고 쓰레기로 버려진다. 영국인 10명 중 4명이 욕실용품 용기를 재활용하지 않는다.

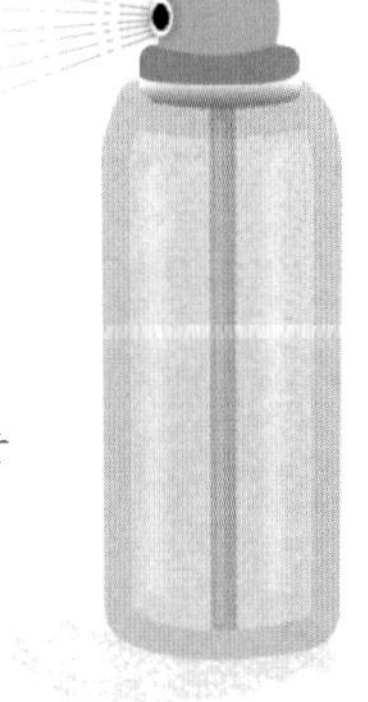

매년 선크림 1만 4,000t이 산호초 지역으로 흘러간다.
선크림에는 옥시벤존이 많게는 10%까지 들어 있어
산호초 백화 현상을 일으킬 수 있다.

선크림

태양의 자외선(UV)은 피부의 가장 깊은 층까지 침투해 손상을 입힐 수 있으므로 신경 써서 선크림을 발라야 한다. 하지만 선크림이 옷이나 차에 남긴 흔적을 보면 도대체 내가 피부에 무엇을 바르고 있는지 궁금증이 생긴다.

1970년에 이르러 대기의 오존층에 구멍이 났다는 사실이 알려졌다. 오존층 파괴가 심해질수록 우리 몸에 닿는 자외선의 양이 늘어나 일광 화상과 피부암의 위험이 커진다.

젤, 무스, 크림, 오일 등 다양한 형태의 선크림 제품이 나오는데 미네랄 또는 화학물질이 주성분이다. 선블록이라고 부르는 미네랄 성분의 제품은 자외선을 반사시키거나 산란 작용을 한다. 선스크린이라고 부르는 화학 성분의 제품은 자외선을 흡수해 손상 효과가 덜한 광선으로 바꾼다.

초기의 선크림은 방해석과 점토 등 태양의 자외선을 반사시키는 광물질이었다. 1920년대 후반 화학자들이 벤질 살리실레이트(benzyl salicylate)와 벤질 신나메이트(benzyl cinnamate)로 합성 자외선 차단제를 발명했다. 창백한 피부를 가진 열정적인 선원 출신으로 화장품 회사 '로레알'(L'Oréal)을 설립한 외젠 슈엘러는 회사 소속 화학자들에게 일광 화상 방지용 크림의 발명을 주문했다. 1935년 4월 화학자들은 일광 화상의 원인인 자외선을 차단하는 벤질 살리실레이트 성분이 든 선오일을 개발하여 슈엘러에게 선보였고, 이 선오일은 '암브레 솔레르'(Ambre Solaire)라는 제품으로 출시되었다.

피부암의 일종인 흑색종은 현재 전 세계에서 19번째로 흔한 암이다. 2018년 기준으로 흑색종 유병률이 가장 높은 나라는 호주, 그다음이 뉴질랜드였다. 매년 영국에서 발생하는 흑색종의 약 86%(약 1만 3,600건)는 과도한 햇빛 노출과 선베드를 이용한 일광욕과 관련 있는 것으로 추정된다. 하지만 여전히 많은 나라의 사람들이 선크림을 제대로 사용하지 않고 있다.

지구에 미치는 영향

선크림에 함유된 성분은 산호에 나쁜 영향을 끼치고 어류의 체내와 환경에 축적되어 호르몬을 교란시킨다. 연구에 의하면 전 세계 거의 모든 수원에서 자외선 흡수 기능이 있는 옥시벤존, 옥토크릴렌, 옥티녹세이트, 에틸헥실 살리실레이트 같은 화학물질이 발견되는데, 일반적인 하수 처리 기술로는 쉽게 제거되지 않는다. 선크림을 바른 뒤 샤워를 하면 자외선 흡수 물질이 배수구로 들어가 환경으로 유입된다. 세계 전역의 다양한 어종(노르웨이에서는 대구의 간과 흰살생선, 스페인에서는 흰살생선과 홍합)에서 이런 화학물질이 발견되는데, 먹이사슬을 따라 인간에게까지 악영향을 미칠 수 있다.

피부암 예방에 선크림이 중요한 역할을 하며, 천연 성분의 선크림을 사용하는 게 현명한 선택이라고 여겨지기도 한다. 그런데 실제로 효과가 있는지는 확실치 않다. 개인 위생용품에 '천연'이라는 용어를 쓰는 것에 대한 법적인 기준이 아직 없다. 소비자 단체가 4년간 선크림 시험 자료를 분석해 보고한 결과에 따르면, 화학 성분 선크림의 자외선 차단 지수(SPF)는 최대 58%인 반면 천연 성분 선크림의 최대 SPF는 26%로 나타났다.

이렇게 바꿔볼까?

- 이산화티타늄과 산화아연을 사용하는 미네랄 성분의 자외선 차단제를 선택한다. 옥시벤존을 함유한 화학 성분 자외선 차단제보다 인체에 더 안전하고 환경에 덜 해롭다. 산호 유해성이 없다는 인증이 있는 선크림을 선택한다.
- '토양 및 해양 보호'(Protect Land + Sea) 인증 마크가 있는 선크림을 선택한다. 환경을 오염시키는 다양한 물질이 함유됐는지 확인하는 실험실 시험을 거친 제품에만 부여되는 마크다.
- 다 쓴 플라스틱 선크림 용기는 깨끗이 씻어 말린 뒤 재활용한다.
- 햇빛이 강할 때는 옷, 모자, 선글라스를 착용하고, 오전 10시에서 오후 4시 사이에는 오랜 시간 햇빛을 쬐지 않는다.
- 산호초 지역에서 스노클링이나 수영을 할 때는 산호의 보호를 위해 선크림 사용을 피하고 자외선을 차단할 수 있는 옷을 입는다.

미래의 자외선 차단제는?

호주의 과학자들은 산호가 자외선의 유해성으로부터 자신을 보호하는 물질을 분비한다는 점에 착안해 신개념 자외선 차단제를 개발하고 있다. 산호가 분비하는 자외선 차단 물질을 이용하는 이 제품이 개발되면 인간과 환경 모두에게 좋은 윈윈 전략이 될 것이다.

심각한 플라스틱 문제

2018년 방영된 BBC 다큐멘터리 시리즈 「블루 플래닛 II」에서, 바다로 흘러든 플라스틱에 휘감긴 야생동물이나 플라스틱을 먹이로 착각해 섭취한 바닷새 등의 해양생물이 고통에 시달리며 죽어가는 모습에 많은 사람이 큰 충격을 받았다.

최근 들어 플라스틱이 해양오염의 원인으로 지목되고 있지만 플라스틱이 본질적으로 나쁜 것은 아니다. 적절히 사용할 수만 있다면 아주 경이로운 재료다. 의료 기기와 의족을 만들 때도 유용하고 유독성 화학물질을 안전하게 보관할 수 있다. 핵심은 적절한 용도로 사용하는 것이다.

바다를 떠도는 플라스틱섬

1997년 하와이와 캘리포니아 사이에서 발견된 '거대 쓰레기섬'은 세계 최대 규모의 해양 플라스틱 쓰레기섬이다. 해류에 떠밀려온 플라스틱 쓰레기가 소용돌이를 이루면서 만든 거대 쓰레기섬이 북태평양, 남태평양, 북대서양, 남대서양, 인도양에 하나씩 총 다섯 개 있다. 북태평양에 있는 거대 쓰레기섬은 프랑스의 3배 크기 면적에 약 1조 8,000억 개의 플라스틱 조각이 모여 있어 그 무게가 무려 8만t에 이르는 것으로 추정된다.

해양에 버려지거나 흘러든 플라스틱은 아주 위험하다. 많은 해양 포유류가 플라스틱 어망과 밧줄, 그리고 고리 모양의 맥주 캔 포장용 플라스틱에 몸이 끼여 고통 속에 살아가고, 거북류는 먹이로 착각해 플라스틱 빨대를 삼킨다. 해양 포유류의 40%와 바닷새의 44%가 소화기 안에 미세플라스틱을 품고 있다. 해마다 최대 100만 마리의 바닷새와 10만 마리의 해양 포유류가 플라스틱을 삼켜 죽음을 맞는다.

플라스틱과 기후변화

플라스틱은 기후변화를 촉진하는 중요 원인이다. 플라스틱은 석유와 천연가스가 원료인데 추출과 제조, 재활용을 거쳐 쓰레기로 버려지는 전 과정에서 온실가스를 배출한다. 2050년에는 플라스틱의 생산과 소각 과정에서 전 세계적으로 27억 5,000만t의 이산화탄소가 배출될 것으로 추정되는데, 석탄 화력발전소 706개가 한 해 동안 배출하는 이산화탄소 양과 맞먹는다. 이렇게 되면 지구 온도 상승을 1.5°C 이하로 억제한다는 목표 달성은 어려워진다(14쪽 참조). 2019년 한 해 동안 플라스틱의 생산과 소각 과정에서 석탄 화력발전소 189개의 한 해 배출량과 맞먹는 8억 5,000만t의 온실가스가 배출되었다.

유기물질은 매립지로 들어간 뒤 분해되지만 플라스틱은 그대로 남는다. 그런데 플라스틱이 바다로 흘러가면 다른 차원의 문제가 발생한다. 태양이 내뿜는 자외선을 쬐고 물에 마모되면서 점점 더 잘게 쪼개져서 마이크로미터나 나노미터 크기의 미세플라스틱이 된다. 미세플라스틱은 해양생물의 생명을 위협하고 결국 우리의 먹이사슬에까지 들어온다.

미세플라스틱 자체만 문제가 아니다. 플라스틱 제조에 사용되는 화학물질과 첨가제 때문에 해양생물과 인간이 해를 입는다. 게다가 플라스틱 입자는 다른 불순물을 흡착해 한층 높은 유독성을 가진다. 2018년 하와이대학의 연구에 의하면 플라스틱은 분해 과정에서 강력한 온실가스인 메탄과 에틸렌을 배출한다. 물속에 있을 때보다 공기 중에 있을 때 훨씬 더 많은 양을 배출한다.

일회용 플라스틱

플라스틱 문제의 핵심은 장기 사용이 필요치 않는 품목을 내구성이 좋은 플라스틱으로 만든다는 점이다. 일회용품(커피 컵, 비닐봉지, 포장 용기, 일회용 포크, 면봉, 휘젓개, 빨대)의 사용 시간은 보통 20분 남짓인데, 플라스틱은 수백 년이 지나도 썩지 않는다. 대부분 한 번 쓰고 나면 버려져 골칫거리다.

요즘엔 플라스틱 일회용품이 퇴출되는 추세다. 아일랜드는 2002년부터 비닐봉지 사용에 부과금을 매겨 일회용 비닐봉지 사용량을 90% 줄였다. 앤티가바부다와 케냐는 2016년과 2017년 비닐봉지 사용을 금지하고 비닐봉지의 국내 반입도 금지하는 법률을 만들었다. 뉴질랜드도 2019년 비닐봉지 사용을 불법화했지만 호주, 미국, 캐나다는 아직까지 사용을 금지하지 않았다. 바베이도스는 2018년 비닐봉지와 테이크아웃 용기 등의 플라스틱 일회용품 사용을 금지했고, 유럽연합 회원국과 영국은 2021년부터 일회용품 10종의 사용을 금지했다.

미래의 플라스틱은?

많은 사람이 일회용품을 재사용할 수 있거나 생분해 되는 품목(다회용 커피 컵, 종이 면봉, 먹을 수 있는 빨대, 다회용 포장 용기 등)으로 전환하는 일에 뛰어들고 있다. 사탕수수, 해초, 카사바 등 재생 가능한 자원으로 만든 식물 기반 플라스틱이 미래의 플라스틱이 될지도 모른다. 재사용이나 퇴비화가 가능한 플라스틱 또는 재활용 가능한 플라스틱으로 전환해야 한다. 플라스틱 포장재를 줄이고, 값이 싸서 부담 없이 버릴 수 있는 플라스틱 제품의 생산을 줄여 가능한 플라스틱을 사용하지 말아야 한다.

플라스틱을 먹는 박테리아

과학자들은 페트병의 플라스틱을 먹는 박테리아를 발견해 플라스틱 분해를 촉진하는 기술을 개발 중이다. 이 기술은 매립지의 플라스틱 처리에 큰 도움이 되겠지만 그렇다고 플라스틱을 더 현명하게 사용해야 할 필요성이 사라지는 것은 아니다. 한 가지 걱정은 만에 하나 플라스틱을 먹는 박테리아가 대책 없이 퍼져나가 내구성과 견고성이 생명인 플라스틱 제품, 예를 들면 화학물질 보관용 플라스틱 용기를 먹어치우는 사태가 일어날지 모른다는 점이다.

화장품 회사 '가르니에'(Garnier)의 연구에 따르면 영국인의 56% 이상이 욕실용품 용기를 재활용하지 않는다. 용기를 깨끗이 씻어 수거함에 넣는 게 귀찮아서다. 유니레버가 미국에서 시행한 연구에서도 비슷한 습관과 태도가 확인되었다. 미국인의 34%만이 욕실용품의 용기를 재활용하는데, 재활용하지 않는 이유로 재활용이 되는지 아닌지 알지 못해서(42%), 실제로 재활용될 거라는 확신이 서지 않아서(27%), 귀찮아서(20%) 등의 응답이 나왔다

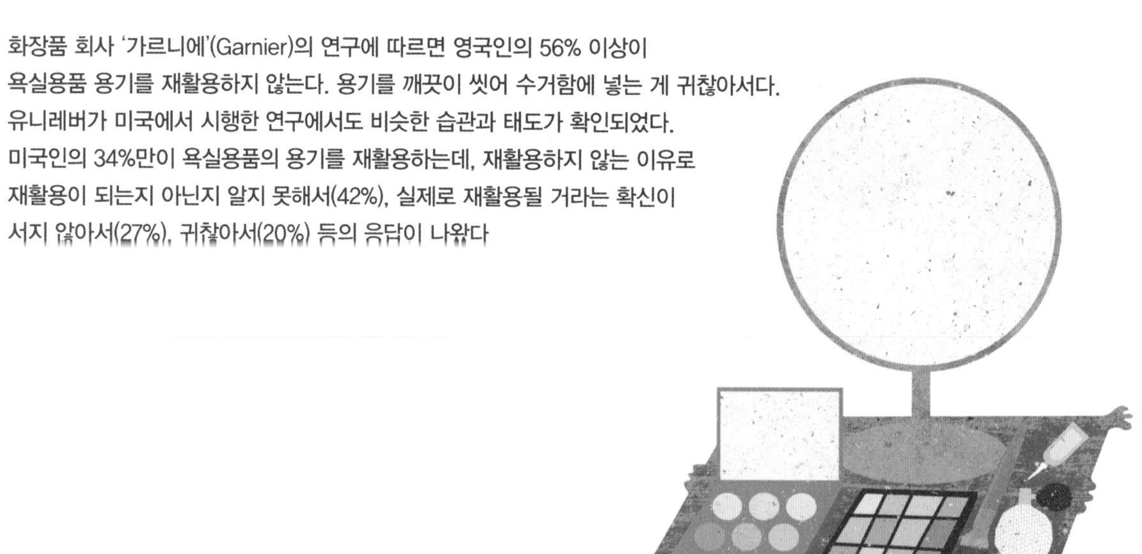

화장품

클레오파트라 시대에 쓰였던 화장품 원료인 미네랄·식물·오일 성분이 지금도 쓰인다. 요즘 화장품에는 예전에는 쓰지 않던 방부제, 용제, 가소제(물건을 부드럽고 유연하게 만드는 첨가물) 등의 성분이 들어 있다.

외모를 개선하기 위해 화장술을 이용한 기록은 기원전 3000년경으로 거슬러 올라간다. 고대 이집트 사람들은 화장에 공을 들였다. 여성과 남성 모두 미네랄과 식물, 지방을 원료로 만든 화장품으로 눈, 입술, 볼을 강조하는 강렬한 화장을 했다. 클레오파트라는 항상 눈 아래쪽에 검은 가루를 바른 모습으로 묘사되었고 많은 사람이 공작석, 황철석, 황토 등의 광물을 얼굴에 칠했다.

16세기 엘리자베스 시대의 잉글랜드에서 화장술은 귀족과 하층 계급을 구분하는 용도로 쓰였다. '베니스의 분'이라고 불리던 납과 식초의 혼합물은 피부를 희고 매끄럽게 만들었지만, 심한 독성을 함유하고 있어 피부 변색과 탈모 그리고 충치의 원인이 되었다.

지구에 미치는 영향

미국 여성은 평균적으로 매일 개인 위생용품 12종을 사용하면서 168종의 화학물질에 노출되는 반면, 남성은 이런 제품을 더 적게(6종) 사용하면서 85종의 화학물질에 노출된다. 10대 청소년은 하루 평균 개인 위생용품 17종을 사용하는 탓에 훨씬 더 많은 화학물질에 노출된다.

화장품 산업은 심각한 쓰레기 배출원이다. 전 세계 화장품 산업은 매년 1,200억 개가 넘는 포장재를 생산하는데 대부분 재활용할 수 없다.

포장재로 인한 쓰레기 외에도 소비자가 아예 쓰지 않고 버리는 화장품도 많다. 유니레버의 연구에 의하면 남성은 비교적 지속 가능한 소비를 한다. 즉, 평균적으로 갖고 있는 12종의 화장품을 남기지 않고 다 쓴다. 여성들은 대체로 선호

하는 제품 몇 가지를 쓰면서 다른 제품은 한두 번씩 써보고 나서는 사용하지 않는 비율이 높다.

내게 필요한 화장품만 갖고 있는지 살펴보자. 딱 두 가지 색상만 사용한 후 내버려둔 아이섀도 팔레트는 없는지, 한 가지 색상만 쓰고 놓아둔 립글로스 세트는 없는지 생각해보자. 화장품 회사의 마케팅 방식도 문제다. 수분크림 두 개를 사면 다른 제품의 견본품을 잔뜩 얹어준다는 이야기에 귀가 솔깃해질 때는 그것이 꼭 필요한지 생각해본다.

화장품 용기는 내용물을 깨끗이 닦아내기 어려운 데다, 대부분 플라스틱과 유리, 금속 재료가 혼합되어 있다. 이 용기들은 거의 매립지나 소각장으로 간다.

파라벤은 유통기한을 늘이기 위해 화장품에 첨가되는 방부제다. 2011년 미국의 한 연구에 의하면 샴푸, 자외선 차단제, 물티슈뿐 아니라 여성용 화장품의 66~87%, 립스틱과 립 라이너의 77~82%에 파라벤이 들어 있다.

파라벤은 인체 내 생식 호르몬의 기능을 저해한다고 알려져 있는데 수생동물의 체내에서도 같은 효과를 낸다. 유럽연합 집행위원회는 2015년 화장품에서 5가지 종류의 파라벤 사용을 금지했다.

인체에 유해한 또 다른 화학물질 프탈레이트(30-31쪽 참조)는 네일 광택제, 젤 네일, 헤어스프레이, 일부 향수의 제조에 쓰인다. 유럽연합 내에서는 7가지 종류의 프탈레이트를 화장품 원료로 사용할 수 없지만, 미국 등 여러 나라에서는 여전히 허용되고 있다.

최근에는 베지테리어니즘(주로 채식을 하고 고기나 어류를 먹지 않으며 동물성 식품 섭취는 달걀, 유제품, 꿀 등으로 제한하는 생활 방식. _옮긴이)과 비거니즘(고기, 어류, 달걀, 유제품, 꿀, 젤라틴 등 동물성 원료를 사용한 모든 제품을 이용하지 않는 생활 방식. _옮긴이)이 부상하면서 유제품과 꿀도 쓰지 않는 식물 기반 화장품의 수요가 늘고 있다. 1970년대에 아니타 로딕과 그가 창립한 회사 '더 바디샵'(The Body Shop)은 화장품의 동물실험 반대 캠페인을 시작해 꾸준히 대중적 관심을 끌어모았다. 유럽연합, 인도, 노르웨이, 한국, 뉴질랜드 그리고 호주가 화장품 동물실험 금지에 동참했다. 미국과 중국에서는 여전히 동물실험이 진행되고 있지만 곧 단계적으로 폐지할 예정이다.

그런데 화장품 라벨의 '유기농' 또는 '천연'이라는 용어가 무엇을 뜻하는지 알기 어렵다. 인증(66-68쪽 참조)을 확인하는 방법도 있지만, 나라별로 고유한 인증도 있고 독립적인 관리 감독에 제한이 있는 인증도 있으니 주의한다.

매니큐어도 조심!

대부분의 매니큐어는 인조 손톱과 마찬가지로 플라스틱 원료를 쓴다. 손톱에서 벗겨져 강과 바다를 오염시키는 미세플라스틱이 된다. 일부 매니큐어에는 호르몬의 기능을 방해할 수 있는 화학물질이 들어 있다.

이렇게 바꿔볼까?

- 사용 중인 화장품을 다 쓸 때까지 추가로 구입하지 않는다. 다 쓴 튜브형 제품은 가위로 잘라 깨끗이 씻어 재활용한다.
- 묶음 포장 제품이나 '1+1' 제품은 사용할 거라는 확신이 없으면 구입하지 않는다. 꼭 필요한 품목만 사도 쓰레기를 크게 줄일 수 있다.
- 구입한 화장품이 자신에게 맞지 않는다면 유통기한이 지나기 전에 다른 사람에게 준다.
- 더바디샵이나 러쉬 등 천연 화장품 브랜드 제품을 산다.
- 리필 서비스나 빈 용기 수거 서비스를 운영하는 브랜드를 찾는다.
- 손톱 미용을 하고 싶다면 천연 색소와 오일을 원료로 쓰는 수성 매니큐어를 고른다. 스스로에게도 환경에게도 더 좋은 선택이다.
- 다 쓴 화장품 용기는 재활용한다. 테라사이클은 가르니에, 록시땅, 버츠비와 제휴해 재활용 프로그램을 운영하고 있다.
- 동물실험을 하지 않는 제품인지 확인한다.
- 맨 얼굴로 당당하게 다니거나 메이크업을 하지 않는 날을 정하고 실천한다. 화장품 사용을 줄이고 피부도 숨을 쉴 수 있다.
- 판촉용 무료 샘플은 받지 않는다. 쓰지 않고 묵히기 쉬우며, 작은 샘플 용기도 쓰레기가 되기 때문이다.

마이크로 비즈

스크럽 세안제 한 통에는 마이크로 비즈가 최대 30만 개까지 들어 있다. 이 미세 플라스틱 구슬은 각질 제거용 세안제와 거품 목욕에 쓰는 일부 입욕제, 샤워 젤, 치약에도 들어 있다. 크기가 아주 작아서 하수 처리 시설에서 걸러지지 않고 강과 바다로 흘러가고, 이를 먹이로 착각한 수생동물의 소화기를 거쳐 먹이사슬로 들어간다.

미국, 뉴질랜드, 영국 등 여러 나라가 마이크로 비즈를 화장품 원료로 사용하는 것을 금지했다. 아일랜드 역시 사용을 금지할 예정이고, 호주에서는 자발적인 불매운동이 진행되고 있다.

어느 세안제에 마이크로 비즈가 들어 있는지 알고 싶다면, 성분 표시에 폴리에틸렌 테레프탈레이트(PET), 폴리프로필렌(PP), 폴리에틸렌(PE), 폴리메틸 메타크릴레이트(PMMA)가 포함되어 있는지 확인하면 된다.

2014년 바셀린사가 영국에서 실시한 연구에 의하면 영국 여성은 구매한 화장품 열 개 가운데 한 개만 사용한다! 평균적으로 쓰지 않고 버리는 미용 제품이 평생 5,846개에 이른다는 이야기다. 돈으로 계산하면 3억 원이 허공으로 날아가는 셈이다.

지속 가능한 화장품

화학물질과 플라스틱을 꺼리는 소비자가 늘어나면서 화장품 산업도 변화하고 있다. 리필되거나 재활용할 수 있는 용기, 최소한의 포장재를 사용하는 윤리적이고 자연 친화적이며 지속 가능한 제품에 대한 소비자의 수요 증가를 따르는 추세다.

더 바디샵은 1970년대 후반 화장품 업계 최초로 동물실험을 하지 않고 윤리적인 방식으로 얻은 원료를 쓰는 화장품을 출시했다. 그리고 포장의 환경 영향을 줄이고 지구 환경보호에 기여하는 제품을 만들기 위해 혁신적인 노력을 기울이고 있다. 이 회사의 최종 목표는 제로 웨이스트다.

영국 회사 '닐스야드 레머디스'(Neal's Yard Remedies)는 지속 가능성 인증 기준의 향상에 앞장서고 있다. 2014년 유럽연합에서 활동하는 '윤리적 기업 기구'의 윤리성 부문 평가에서 만점을 받았다. 영세 농민이 유기농과 지속 가능한 농법, 자연 채집으로 생산한 원료만을 사용한다. 탄소 중립을 실현하고 있을 뿐 아니라(태양광 전지판에서 에너지를 얻고, 온실가스 배출을 상쇄하기 위해 마다가스카르 산림 보호 프로젝트를 지원한다), 2025년까지 자사 제품의 모든 플라스틱 용기를 100% 재활용 원료로 만들겠다고 약속했다.

포장과 관련하여 훌륭한 모범을 보이는 회사들도 있다.

- '러쉬'(Rush)는 포장하지 않은 제로 패키지 비누, 샴푸, 컨디셔너, 샤워 젤, 세안제, 보디로션 제품으로 선도적인 활동을 펼치고 있다.
- '키에르 와이스'(Kjaer Weis)는 립스틱, 크림 블러셔, 콤팩트, 마스카라 등 모든 종류의 유기농 화장품을 리필이 가능한 금속 용기에 담아 판매한다. 제품 용기는 평생 쓸 수 있을 만큼 튼튼하고 소비자는 원할 때마다 리필 서비스를 받을 수 있다. 리필 제품은 재활용하기 쉬운 판지 포장재에 들어 있다.
- '킬리안'(Kilian) 향수는 '에코 럭스'라고 불린다. 세련된 향수 용기는 평생 쓸 수 있도록 설계되었고, 리필용 향수는 재활용이 가능한 간소한 유리병에 들어 있다.

영국은 유럽에서 플라스틱 면봉을 가장 많이 사용(매년 132억 개)하는 나라다.
2021년부터 유럽연합에서 플라스틱 면봉 사용이 금지되었다.

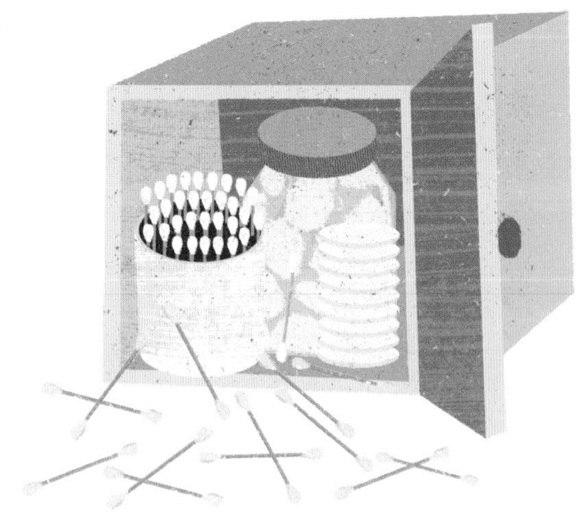

면봉

눈 화장을 지우거나 귀지를 닦을 때 쓰는 면봉은 거의 모든 집 욕실장 안에 있다. 그런데 이 일상적인 일회용품이 해양 세계로 유입되고 있다. 세계적인 해양 다큐멘터리 「블루 플래닛 II」에서 면봉에 꼬리를 감고 있는 해마의 모습이 공개된 후 면봉의 환경오염 문제가 널리 알려졌다.

폴란드 태생의 미국인 레오 저스텐장은 이쑤시개에 솜 조각을 감아 아기 귀를 닦는 아내를 보고 면봉을 발명했다. 그의 발명품은 '베이비 게이'(Baby Gay)라고 불리다가 1926년 '큐팁'(Q-tip)으로 이름이 바뀌었다. 아직도 면봉을 큐팁이라고 부르는 곳이 세계 곳곳에 있다.

예전에는 손잡이 막대를 나무로 만들었지만 요즘에는 종이나 플라스틱으로 만든다. 막대 끝에는 흡수력이 좋은 면이 감겨 있으며, 대부분 판지나 플라스틱 또는 이 두 가지를 섞어 쓴 포장재에 들어 있다.

지구에 미치는 영향

놀랄 만큼 많은 사람이 면봉을 변기에 버린다. 2015년 아일랜드에서 실시된 한 설문조사에서 응답자의 26%가 쓰고 난 면봉을 변기에 버린다고 답했다. 면봉의 플라스틱 손잡이는 하수처리장에서 걸러지지 않은 채 강과 바다로 흘러들어가 플라스틱 쓰레기가 된다.

영국의 '플라스틱 면봉 퇴출 캠페인'에 의하면 하수에 섞여 내려온 해변 쓰레기의 60% 이상이 플라스틱 면봉 막대다. 2016년에 이탈리아에서 실시한 해양오염 연구는 티레니아해 해안에서 수거된 쓰레기의 30% 이상이 플라스틱 면봉 막대임을 확인했다. 대부분 생활 하수에 섞여 하수처리 설비를 빠져나와 강에서 바다로 흘러갔다.

면봉이 해양동물의 소화기로 들어가면 포만감을 느껴 먹이를 먹지 않고 결국 영양부족으로 죽는다. 게다가 플라스틱 막대가 분해되어 만들어진 해양 미세플라스틱은 바닷물에 함유된 다른 독성 물질을 흡수한다. 결국 바닷속 면봉은 해양생물에게 이중의 위협이 된다.

플라스틱 면봉은 제조 시 석유를 원료로 쓰고 플라스틱에 색상과 탄성을 추가하기 위해 첨가제와 화학물질을 쓴다. 종이 막대 면봉은 나무로 만드는 것이니 포장재 라벨을 참고해 제조사가 재활용 종이와 FSC 인증 종이를 사용하는지 확인해야 한다.

면화는 재배할 때 물을 대량으로 소모하는 데다, 많은 면화 농장이 수질오염과 토양 황폐화의 원인인 살충제와 비료를 대량으로 사용한다 (111-113쪽 참조).

이렇게 바꿔볼까?

- 면봉을 쓰지 않는다. 의사들은 감염될 수 있으니 손가락보다 작은 것은 절대 귀에 넣지 말라고 한다. 귀는 귀지가 저절로 빠져나올 수 있는 구조로 되어 있다.
- 면봉을 변기에 넣는 건 절대 금물. 반드시 쓰레기통에 버린다.
- 플라스틱 막대 면봉 대신 퇴비화가 가능한 종이나 대나무 막대 면봉을 산다.
- 재활용 가능한 포장재를 사용한 면봉을 산다.
- 눈 화장을 고치거나 지우는 용도로만 면봉을 쓴다면 재사용이 가능하고 세척 후 다시 쓸 수 있는 면 소재의 화장솜을 쓴다.
- 화장품을 바르거나 손질할 때 면봉을 사용한다면 최대한 아껴 쓴다.
- 좁은 틈이라 손이 잘 닿지 않는 곳을 닦을 때는 면봉 대신 낡은 칫솔을 쓰고, 칫솔이 안 들어가는 좁은 틈이라면 이쑤시개에 휴지를 감아 사용한다.

위생솜 또는 화장솜

위생솜과 화장솜은 한 번 쓰면 버리는 일회용품이다. 편리한 데다 위생과 건강, 안전을 지키는 중요한 물건이다. 그런데 아기 엉덩이를 닦거나 화장을 지울 때 쓸 용도라면 여러 가지 대안이 있다.

면화 생산은 많은 물과 살충제, 제초제를 사용하기 때문에 생물 다양성과 인간 건강에 부정적인 영향을 미친다. 따라서 위생솜을 꼭 써야 한다면 100% 유기농 인증 제품을 쓴다.

유기농 면이나 대나무를 원료로 쓰는 재사용 가능한 화장솜도 있다. 빨아 쓸 수 있으며, 눈 화장 제거 등 여러 가지 용도에 따라 다양한 크기로 나와 있다. 일반 화장솜보다 비싸지만 빨아서 다시 쓸 수 있어 장기적으로는 비용이 절약된다. 재사용 가능한 화장솜을 사용하면 세탁물이 조금 늘기는 하지만 욕실 쓰레기가 확 줄어든다.

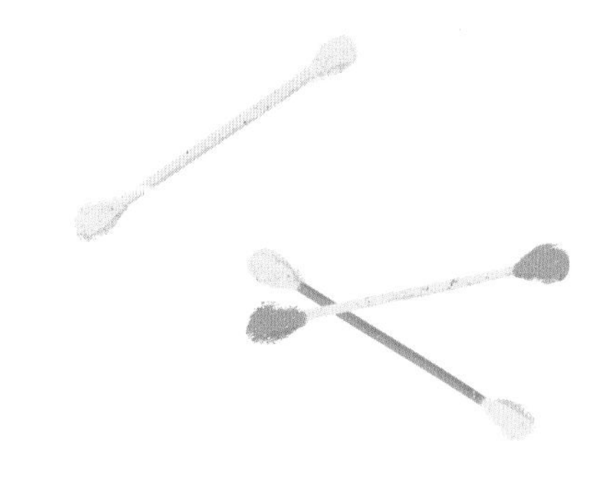

면봉, 밴드, 반창고 등의 의료 폐기물은 유럽에서 가장 흔히 발생하는 10대 해양 쓰레기 중 하나다. 바다에서 수영하거나 해변을 걸을 때면 물에 떠 있거나 해변에 쓸려와 있는 밴드를 자주 볼 수 있다.

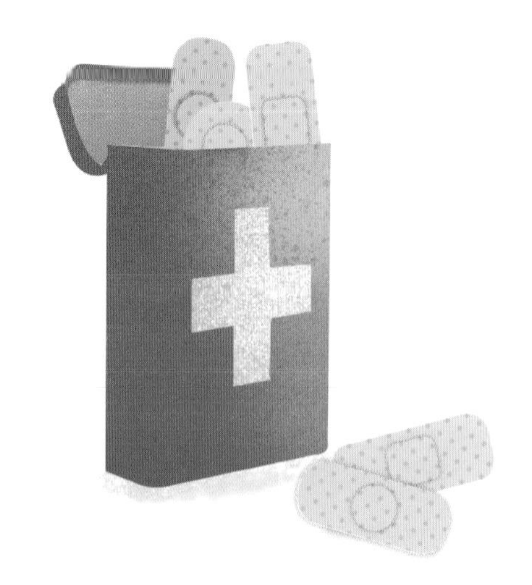

밴드

1921년 미국 존슨앤드존슨의 직원 얼 딕슨은 몸에 자주 상처가 나는 아내를 위해 최초의 점착성 밴드를 발명했다. 그는 기능을 개선한 제품 '밴드에이드'(BAND-AID)를 개발해 1926년 특허를 냈다. 밴드에이드는 접착제를 바른 얇은 띠 모양의 밴드 안쪽에 거즈를 넣고 사용할 때 벗겨낼 수 있도록 보호 필름을 붙인 구조다. 작은 약국에서 시작된 영국의 의료기기 회사 스미스앤드네퓨는 1928년 '엘라스토플래스트'(Elasto-plast) 밴드를 개발했다.

점착성 밴드는 플라스틱이나 직물로 만들고 밴드 보호지는 코팅된 종이나 플라스틱으로 만든다. 접착제로는 석유 원료로 만든 열가소성 플라스틱인 아크릴레이트가 주로 쓰인다. 흡수성이 있는 패드는 대개 면이지만 상처에 달라붙는 것을 방지하기 위해 패드에 다공성 플라스틱을 코팅한 제품도 있다. 이처럼 일반적인 밴드는 플라스틱을 함유하고 있어 생분해되지 않는다.

요즘에는 다양한 종류의 밴드가 판매된다. 손가락 밴드, 항균 밴드, 어린이용 밴드, 민감 피부 밴드, 에어로졸 캔에 든 분사형 밴드도 있다. 분사형 밴드는 피부에 뿌리면 액체가 굳으면서 얇은 막이 상처를 덮어 편리하지만, 막 자체가 플라스틱이니 피부에서 떼어낸 막은 조심해서 버려야 한다.

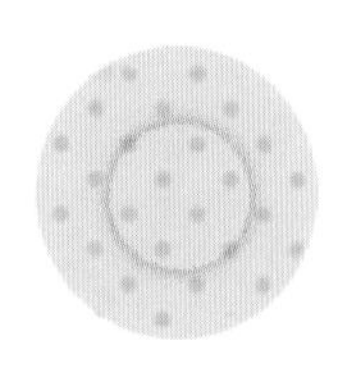

지구에 미치는 영향

수영장 물에 떠다니는 밴드나 해변 백사장에 반쯤 묻힌 밴드를 본 적 있는가? 수영을 하거나 운동을 하던 누군가의 몸에서 언제인지도 모르게 떨어졌을 것이다. 물속이나 해변에 떨어진 밴드는 주변을 어지럽히고 야생동물에게 해를 끼치는 해양 쓰레기가 된다.

밴드는 생분해되지 않는다. 밴드 자체도 일회용 플라스틱인데다 상처 난 곳에 썼던 밴드에는 피나 분비물이 묻어 있어 재사용도 재활용도 할 수 없다. 밴드에 들어 있는 다양한 종류의 플라스틱은 모두 석유에서 추출한 것이고, 환경에 유해하다고 알려진 다이옥신이나 프탈레이트(30-31쪽, 143쪽 참조) 등의 첨가제가 든 제품도 있다.

천연고무로 만든 밴드도 있지만 생분해되기까지 오랜 시간이 걸리고, 천연고무 알레르기가 있는 사람들에게는 적합하지 않다.

재사용할 수 있는 밴드는 지속 가능한 해법이지만 실용성과 위생 면에서 한계가 있다. 상처의 빠른 치유를 위해 구리와 초소형 발전기를 넣어 전류를 발생시키는 혁신적인 제품도 있다. 이 밴드는 초경량 장치를 사용해 일반 밴드처럼 착용할 수 있는데, 신체 움직임을 동력으로 이용한다. 이 밴드가 재사용할 수 있게 만들어지는 날이 오기를!

일회용 대나무 밴드

호주의 '뉴트리케어'(Nutricare)사에서 만든 '패치 스트립'(Patch strips)은 일회용 밴드로 거즈부터 접착제까지 모든 구성품을 대나무로 만들었다. 대나무는 천연 항균 효과와 통기성이 있고, 무균 인증을 받아 의료용으로도 적합하다. 또한 퇴비화가 가능해 10주 이내에 분해된다.

패치 스트립은 티메로살 등의 화학물질 대신 항균 및 상처 치유에 효과적인 알로에베라, 숯, 코코넛오일을 사용한다. 일반 밴드에 흔히 쓰이는 티메로살은 민감한 피부에 문제를 일으킬 수 있다.

이렇게 바꿔볼까?

- 플라스틱 밴드는 퇴비화도 재활용도 불가능하고, 자칫하면 해양 쓰레기가 되니 반드시 쓰레기통에 버린다.
- 대나무, 코코넛오일, 숯, 알로에 베라 등 천연 재료로 만든 밴드를 산다.
- 상처가 난 곳을 멸균 처리된 유기농 면 붕대로 감싼다. 붕대는 사용 후 세탁해 다시 쓸 수 있고 잘게 잘라서 퇴비통에 넣으면 쉽게 분해된다.
- 꼭 필요한 경우에만 붕대나 밴드를 사용한다. 찰과상이나 살짝 베인 상처에는 꾸준히 항균 연고를 발라준다. 단, 상처가 깊은 곳은 청결을 유지해야 하니 반드시 붕대나 밴드를 사용한다.
- 해변 쓰레기 줍기에 동참한다. 해변을 청소하는 사람들은 버려진 밴드를 지긋지긋할 정도로 자주 본다. 해변에 갈 기회가 있으면 딱 2분만 쓰레기 줍기를 해보고 어떤 쓰레기가 있는지 확인해보자.

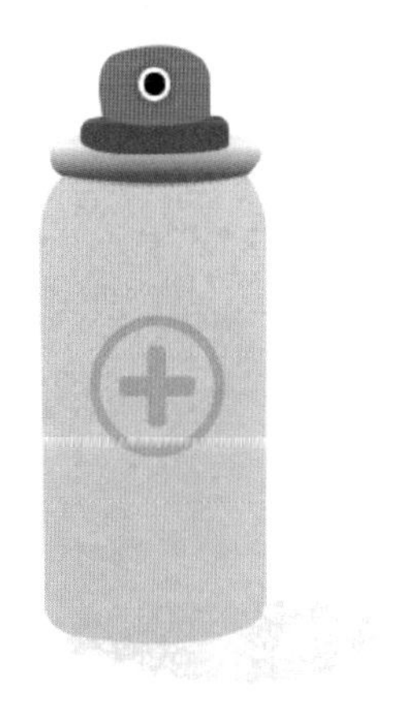

영국 해양보전협회에 따르면, 2017년 실시한 전국 해변 청소 기간에 수거된 생리대, 탐폰, 탐폰 삽입기 등 하수 오물의 양이 늘었음을 확인했다. 영국 해안 1km당 평균 23개의 생리대와 9개의 탐폰 삽입기가 발견되었다.

생리대

선진국에 사는 여성은 상품화된 생리용품이 없던 시절의 여성의 삶을 상상하기 어렵다. 하지만 아직도 생리 중에 직장이나 학교에 가는 생활을 꿈같은 일로 여기는 여성이 수백만에 이른다. 생리용품이 발명되기 전까지 여성들은 생리 기간에 풀이나 나뭇잎, 양털, 목화, 모피를 사용해 생리를 처리하거나 생리 오두막에서 격리된 채 지내야 했다.

위생적인 생리대가 처음 등장한 곳은 1880년대 후반 프랑스였다. 당시 부상당한 병사들을 돌보던 간호사들이 흡수성 높은 의료용 펄프 붕대를 생리혈 처리용으로 쓴 것이다. 이들의 창의적인 시도를 기반으로 최초의 판매용 생리대가 탄생했다. 생리대 양쪽 끝에 고리를 달고 그 고리를 허리에 두른 줄에 고정하는 구조였다. 하지만 값이 비싸고 제대로 고정이 되지 않아 효과가 떨어졌다. 이후 생리대 아랫면에 접착 띠가 추가되면서 성능과 디자인이 꾸준히 개선되어 요즘 쓰는 얇고 흡수력과 고정력이 좋은 생리대가 탄생했다.

탐폰은 더 근래의 발명품이다. 1929년에 미국의 의사 얼 하스가 탐폰 삽입기를 발명했고, 1931년 특허를 냈다. 요즘에는 삽입기를 쓰지 않는 제품도 있다.

선진국에서는 이처럼 개선된 생리용품을 사용하지만 여전히 많은 여성이 생리용품을 쓸 수 없어 낡은 헝겊 조각으로 생리혈을 처리한다. 이러한 현실은 여성 교육을 가로막는 주요한 장애물이기도 하다. 영국 일부 지역에서는 세금 때문에 생리용품의 가격이 높아지자 저소득 가정의 여성이 생리용품 구입 비용을 감당하지 못하는 '생리 빈곤'에 시달린다. 2018년 스코틀랜드 여학생 2,000여 명을 대상으로 한 설문조사 결과, 4명 중 1명이 생리용품 확보에 어려움을 겪는 것으로 확인되었고, 이를 계기로 스코틀랜드 내 모든 여학생에게 생리용품을 무상 제공하는 법률이 제정되었다.

지구에 미치는 영향

대부분이 일회용인 생리용품은 많은 쓰레기를 만든다. 여러 번 사용이 가능한 생리컵이 개발되었지만 대중적 인기를 얻지 못했다. 효과적인 마케팅이 부족했거나 약간 까다로운 사용법이 문제였을 것이다. 한 명의 여성이 평생 쓰고 버리는 생리용품의 양은 125~150kg으로 추정된다. 탐폰이나 생리대를 변기에 버리면 하수관을 막고 강과 바다를 오염시킨다.

생리대는 환경에 유입되면 분해되기까지 500~800년이 넘게 걸릴 수 있다. 버려지는 탐폰, 생리대, 팬티라이너의 양은 연간 20만t 이상으로 대부분 플라스틱이다. 포장용 봉투와 얇은 속포장까지 합치면 버려지는 플라스틱의 양은 훨씬 늘어난다. 생리대 패드의 최대 90%가 플라스틱인데 결국 소각되거나, 매립지에서 수 세기 동안 묻혀 있거나, 미세플라스틱으로 잘게 쪼개져 강과 바다로 들어간다.

2006년 탐폰의 전주기 환경 영향을 분석 연구한 스웨덴 왕립공과대학에 의하면 탐폰의 탄소 배출량은 주로 삽입기의 플라스틱 원료에서 나온다. 따라서 삽입기 없는 탐폰을 써야 쓰레기와 온실가스를 줄일 수 있다.

이렇게 바꿔볼까?

- 일회용이 아닌 생리용품을 사용한다. 요즘에는 세탁해서 여러 번 사용할 수 있는 생리대가 다양한 색상과 디자인으로 나와 있다. 실리콘 소재의 생리컵도 여러 크기로 출시되어 인기를 얻고 있다. 세탁해서 재사용할 수 있는 생리 팬티(152쪽 참조)도 있다. 재사용 가능한 제품은 값이 비쌀 수 있지만 장기적으로는 비용이 절약된다. 예를 들어 생리컵 1개의 가격은 3~4만 원인데 적절하게 관리하면 최대 10년까지 쓸 수 있다. 반면, 10년치 탐폰 구입 비용은 무려 150만 원이다.
- 일회용 생리용품을 변기에 버리지 않는다. 변기에 버려도 된다고 광고하는 제품도 버리지 않는다. 하수 시스템이 이런 제품을 처리할 수 있게 설계되어 있지 않기 때문이다. 버려진 생리용품은 하수관을 막고 해양 환경을 오염시킨다. 반드시 쓰레기통에 버릴 것.
- 유기농 면으로 만든 탐폰과 생리대를 쓴다. 환경에 유입되는 살충제의 16%가 전통적인 방식의 면화 재배에 쓰인다. 살충제에 든 화학물질은 면화를 재배하고 수확하는 사람들의 건강을 해친다.
- 향이 첨가된 제품은 화학물질이 더 들어 있어 환경을 더 많이 오염시킬 뿐 아니라 피부에 자극을 줄 가능성도 높다.

✎ 전 세계적으로 탐폰을 사용하는 여성은 1억 명으로 추정된다. 여성 한 명이 일평생 쓰는 생리대나 탐폰은 약 1만~1만 6,000개로, 평균적으로 연간 15만 원을 일회용 생리대 구입에 지출한다.

빨아 쓰는 생리 팬티

빨아 쓰는 생리 팬티의 발명으로 여성의 삶에 변화가 일어나고 있다. 생리용품 없이 견뎌온 수백만 여성들에게 위생적인 용품 이용의 기회를 제공하고, 또 생리와 관련한 쓰레기를 줄여주기 때문이다.

빨아 쓰는 생리 팬티는 세탁할 수 있는 재료로 만들어져 재사용할 수 있다. 생리량이 적거나 보통일 때, 그리고 탐폰 4개를 써야 할 정도로 많을 때도 사용할 수 있도록 흡수성 높게 만들어졌다. 이 제품 하나만 착용해도 되고 생리량이 많을 때는 생리컵과 함께 사용해도 되는데, 재질이 얇아서 착용감이 일반 팬티와 똑같다.

사용 후에는 생리혈을 헹궈내고 저온 모드로 세탁기에서 세탁한다. 섬유 유연제는 쓰지 않고 세탁 후에는 빨랫줄에 널어 말린다.

많은 여성이 탐폰과 생리대를 쓰다가 생리혈이 새어 나와 낭패를 본 경험이 있다. 빨아 쓰는 생리 팬티를 착용하면 생리혈이 샐 걱정을 덜 수 있고 일회용 생리용품을 쓸 필요가 없다. 여전히 많은 여성이 비용 부담 때문에 낡은 헝겊 조각을 생리대로 사용하고 있다. 빨아 쓰는 생리 팬티는 재사용이 가능해 비용 부담을 줄일 수 있을 뿐 아니라 위생적이다.

생리 팬티는 한 장에 약 5만 원이다. 이 팬티를 이용하면 매달 들어가던 탐폰과 생리대 구입 비용이 절약되므로 장기적으로는 더 싸다. 일회용 생리용품은 매달 평균 22개를 사야 하는데 그 비용이 평균 7,000~8,000원이다. 생리 팬티 두 장의 구입 비용이 1년치 일회용 생리용품의 비용과 비슷하지만, 빨아 쓰는 생리 팬티는 여러 해 동안 사용할 수 있다.

빨아 쓰는 생리 팬티를 생산하는 여러 회사들이 생리대를 살 형편이 안 되는 선진국과 개발 도상국의 여성들에게 위생적인 생리용품을 보급하는 조직과 제휴를 맺고 있다. 따라서 이 제품을 구입함으로써 다른 많은 여성에게 안전하고 위생적이며 재사용 가능한 생리용품을 이용할 기회를 열어줄 수 있다.

매일 전 세계에서 약 8,400만 개의 두루마리 휴지가 생산된다.

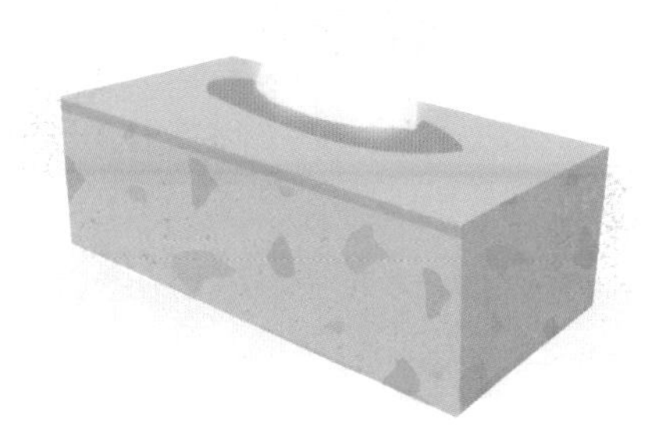

휴지와 티슈

우리는 화장실에 한 번 갈 때마다 대략 8~9장의 휴지를 사용하고, 하루에 평균 57장의 휴지를 사용한다.

종이로 만든 휴지를 최초로 고안한 것은 중국인이다. 휴지는 6세기부터 중국에서 널리 사용되었다. 하지만 전 세계적으로 대량생산되기 시작한 건 19세기 후반부터다. 그 이전에는 물, 나뭇잎, 신문지를 용변 뒤처리용으로 사용했고 아직도 많은 사람이 이런 도구를 이용한다. 1857년 미국인 조지프 가예티가 성글게 짠 부드러운 종이에 알로에 베라 성분을 첨가해 만든 최초의 휴지가 시장에 등장했다.

콧속에 들어차거나 흐르는 콧물을 코로 바람을 세게 뿜어 날리거나 손등으로 쓱 닦아내도 되지만 당연히 위생적이지 않다. 제1차 세계대전 때 면화 공급이 부족해지자 면 붕대를 만들기 어려워졌다. 그 대용품으로 면과 셀룰로오스를 섞어 개발한 '셀루코튼'(Cellu cotton)이 화장지의 기원이다. '킴벌리클라크'(Kimberly-Clark)사는 유럽의 전쟁터에서 쓰이던 셀루코튼 붕대에 착안해 미국에서 다양한 신제품을 개발했다. 화장지는 처음에는 화장을 지우는 용도로 여성들을 겨냥해 개발되었지만, 나중에는 '크리넥스'라는 다용도 제품으로 확장되었다. 요즘에는 휴지와 화장지가 감기와 독감 등 각종 질병의 확산을 예방하는 중요한 수단으로 여겨진다.

지구에 미치는 영향

종이는 나무에서 추출한 원료로 만든다. 나무는 이산화탄소를 흡수하고 저장해 기후변화 대응에 중요한 역할을 담당한다. 그러나 나무가 베어지면 이런 이점이 사라진다. 불법 벌목과 단일 수종 조림은 야생동물 서식지를 파괴해 환경에 더욱 부정적인 영향을 미친다. 킴벌리클라크가 실시한 전주기 환경영향평가에 의하면, 화장지의 가장 큰 환경 발자국은 제지용 펄프 제조 과정에 쓰이는 에너지와 물이다. 그런데 대나무 원료를 사용한 화장지는 일반 나무 원료를 사용한 화장지보다 환경 발자국을 적게 남긴다. 종이 제조 과정에서의 수질 오염과 에너지 사용, 완제품 운송 과정의 에너지 사용 역시 탄소 발자국을 키우는 중요한 요인이다(64~65쪽 참조). 하지만 재생에너지를 이용하면 탄소 발자국이 줄어든다.

전 세계 화장지 생산에 쓰이는 종이의 35%가 재활용 종이로 충당되는데, 수요에 비해 공급이 부족하다. 게다가 목재 섬유는 3~5회만 재활용할 수 있으므로 수요를 충당하려면 추가로 나무를 베어야 한다.

휴지와 화장지는 일회용품이라 쓰레기 문제를 일으킨다. 매립지로 들어가면 분해되는 과정에서 강력한 온실가스인 메탄을 배출하는데, 버려지는 쓰레기의 양이 엄청나다. 포장재도 문제다. 두루마리 휴지는 대부분 얇은 플라스틱 필름 포장재에, 화장지는 판지 상자나 플라스틱 비닐팩 포장재에 들어 있다.

지속 가능한 화장지

호주의 사회적 기업 '후 기브스 어 크랩'(Who Gives a Crap)은 100% 재활용 종이나 대나무 원료로 만들고, 플라스틱 포장재 대신 종이 포장재를 쓰는 친환경 화장지를 판매한다. 그리고 수익의 50%는 위생적인 화장실을 사용하지 못하는 23억 명의 사람들을 위한 화장실 개선 활동에 기부한다.

이렇게 바꿔볼까?

- 부드러운 면 손수건을 쓰면 휴지 뭉치로 산을 쌓을 필요가 없다. 사용 후 따뜻한 물로 세탁하면 여러 번 사용할 수 있다.
- 무표백·FSC 인증·재활용 종이 화장지를 구입한다. 그리고 개별 비닐 포장재나 플라스틱 포장재 대신 종이 포장재가 사용된 화장지를 찾아본다. 두루마리 화장지는 큰 걸 살수록 쓰레기가 줄어든다.
- 성장 속도가 빠르고 지속 가능한 원료인 대나무로 만든 화장지를 사용한다.
- 더러워진 화장지는 가정용 퇴비통에 넣거나 일반 쓰레기로 버린다.

16세기에 유럽에서 머릿수건으로 사용하던 천 '커치프'(kerchief)가 손과 얼굴 그리고 코를 닦는 용도로 쓰이면서 자연스럽게 이름도 '행커치프'(handkerchief)로 바뀌었다.
영국, 아일랜드, 뉴질랜드, 호주의 하수 시스템은 화장지를 처리할 수 있게 설계돼 휴지를 변기에 넣어도 괜찮다. 그러나 더러워진 휴지 변기 투입이 금물인 나라들도 있으니 국외 여행 중에는 뒤처리도 신중하게!

출생부터 기저귀를 뗄 때까지 아기는 일회용 기저귀 4,000~6,000개를 쓴다.
재사용 가능한 기저귀라면 20~30개로 충분하다.

기저귀

아기를 낳는 것만으로도 충분히 혼란스러운데, 요즘 예비 부모들은 어떤 기저귀가 아기와 환경을 위한 최고의 선택인지 꼼꼼히 살펴야 한다. 기저귀는 큰 사업 분야이기 때문에 제품의 편리성, 비용 절감 효과, 친환경 인증을 장점으로 부각하고자 제조사들은 심혈을 기울인다.

오랫동안 사람들은 나뭇잎, 동물의 털, 이끼, 리넨, 양털로 아기의 용변을 처리했다. 그리고 아기를 천으로 꽁꽁 감싸 아기가 용변으로 범벅이 되는 걸 예사롭게 여겼다. 어떤 지역에서는 아무런 도구도 사용하지 않고 밖에서 용변을 처리하게 하거나, 엉덩이 부분에 덮개가 달린 옷을 입혔다. 엄마들은 아기의 동작과 표정으로 도움이 필요할 때를 파악했다.

1800년대 후반 유럽에서는 면이나 리넨으로 만든 정사각형 천 기저귀를 아기 엉덩이에 두르고 안전핀으로 고정해서 썼는데 용변이 새어 나와 낭패를 보는 경우가 많았고, 여성들은 더 나은 해법을 원했다. 1946년 미국 인디애나주 출신의 매리언 도너번이 샤워 커튼을 이용해 '보터'(boater)라는 아기용품을 만들었는데, 기저귀 밑에 깔아 쓰는 일종의 방수포였다. 영국에서는 밸러리 헌터 고든이라는 사람이 흡수성을 높인 '패디'(Paddi)라는 제품을 개발했다. 이 제품은 셀룰로오스 패드의 한 면을 비닐 플라스틱 커버로 감싸고 커버에 똑딱단추를 달아 여닫을 수 있는 구조였다.

1950년대 저렴한 가격의 일회용 일체형 기저귀 생산이 늘어났지만 소비자의 호응은 높지 않았다. 당시 미국인들의 일회용 기저귀 이용률은 겨우 1%로, 대부분 세탁이 가능하고 재사용할 수 있는 면 기저귀를 쓰고 있었다. 1961년 프록터앤갬블사가 특허를 낸 '팸퍼스'(Pampers) 기저귀가 출시되면서부터 일회용 기저귀 시장은 전환기를 맞았다.

1970년 미국의 일회용 기저귀 사용량은 연간

31만 7,000t으로 미국 생활 쓰레기의 0.3%를 차지했다. 그런데 불과 10년 만에 175만t으로 늘어 미국 생활 쓰레기의 1.4%를 차지했다.

요즘 영국에서는 일회용 기저귀가 매년 약 30억 개씩(하루 약 800만 개) 사용된다. 아기를 키우는 부모들은 여러 종류의 기저귀 가운데 하나를 선택할 수 있다. 일회용 기저귀, 플라스틱 원료를 쓰지 않는 기저귀, 생분해되는 기저귀, 재사용할 수 있는 기저귀도 있다. 무엇이 지구를 위한 가장 좋은 선택일까?

지구에 미치는 영향

일회용 기저귀는 서로 다른 원료로 만든 몇 개 층으로 되어 있다. 수분 흡수를 위해 나무에서 추출한 펄프와 피부 짓무름을 예방하는 폴리프로필렌 안감, 용변이 새는 것을 막는 폴리에틸렌 겉감, 플라스틱과 접착제로 만든 고정 테이프를 사용한다.

재사용 가능한 천 기저귀는 면으로 만들어져 찍찍이로 고정된다. 여기에 아기 피부를 보호하고 용변을 흡수하는 일회용 패드나 재사용 가능한 패드를 넣으면 오물을 쉽게 처리할 수 있다.

일회용 기저귀의 환경 발자국과 탄소 발자국 60% 이상이 펄프 생산에 쓰이는 물과 목재, 플라스틱 제조에 쓰이는 석유, 완제품 생산에 쓰이는 에너지에서 나온다. 가장 큰 환경 영향은 펄프를 추출하기 위해 나무를 베어내면서 발생하는 온실가스 배출이다. 두 번째는 기저귀 생애주기의 마지막 단계, 즉 쓰레기가 되어 매립되거나 소각되는 단계에서 발생한다. 일회용 기저귀는 다량의 플라스틱이 들어 있어 생분해되지 않기 때문에 시골 지역과 해변, 해양에서 주로 발견되는 쓰레기다.

플라스틱을 사용하지 않아 생분해가 되는 기저귀도 있지만 이것 역시 목재 펄프 등의 원료와 에너지를 소모하므로 여전히 제조 과정에서 환경에 영향을 미친다. 이 기저귀도 버려지면 매립되거나 소각되는데, 매립지에서 서서히 분해되면서 기후변화를 촉진하는 메탄가스를 방출한다. 따라서 이런 기저귀도 한 번 쓰고 버려진다면 플라스틱을 사용하는 일회용 기저귀보다 나을 것이 없다. 쓰고 난 기저귀를 퇴비화하자는 건 일리 있는 주장인 듯 싶지만, 인간의 배설물에 존재하는 병원균을 생각하면 권장할 만한 일이 아니다. 산업형 퇴비화 시설은 어떤 종류의 기저귀도 받지 않는다.

재사용 가능한 기저귀의 탄소 발자국은 주로 면 재배와 기저귀 제조 과정에서 나오고, 그다음으로는 쓰고 난 기저귀를 세탁할 때 쓰는 에너지에서 나온다. 따라서 재사용 가능한 기저귀를 세탁할 때는 찬물을 이용하고 빨랫줄에 널어 탄소 발자국을 줄여야 한다. 세탁할 때 쓰는 물과 세제도 환경에 영향을 미친다. 그러나 쓰레기 발생량과 원료 소비량을 줄이는 천 기저귀의 이점은 이러한 단점을 상쇄하고도 남는다.

천 기저귀의 가장 큰 장점은 일회용이 아니라는 것이다. 아기가 태어날 때부터 기저귀를 뗄 때까지 20~30개만 있으면 되고, 다른 아기에게 물려줄 수도 있다. 세탁과 관리가 부담스럽다면 기저귀 세탁 서비스나 대여 서비스를 이용할 수도 있고, 구입 비용이 부담된다면 중고를 사면 된다. 아기는 쑥쑥 자라므로 서너 달마다 더 큰 기저귀로 바꿔줘야 해서 이용 기간이 고작 서너 달이며, 요즘에는 예전보다 기저귀를 위생적으로 관리하기 쉬워서 중고로 사거나 대여하더라도 사용하는 데 아무 문제가 없다.

재사용 기저귀의 비용은 기저귀를 떼기 전까지 사용하는 일회용 기저귀 비용의 1/3 수준이다. 천 기저귀 사용자 5명 중 4명은 여행할 때나 기저귀 세탁이 여의치 않을 때만 일회용 기저귀를 사용한다.

재사용 가능한 기저귀는 옛날 사람들이 쓰던 면 기저귀와 기저귀 고정용 핀에서부터 많은 발전을 거쳐왔다. 요즘에는 패드형 기저귀, 일체형 기저귀, 기저귀 커버 등의 제품이 있다. 재사용 가능한 기저귀는 여전히 면으로 만드는데 유기농 면 기저귀의 사용량이 점점 늘고 있다. 대나무와 플리스 소재로 만든 것도 나와 있다. 구피프렌드 세탁망(115쪽 참조)을 사용하면 플리스 소재의 기저귀를 세탁할 때 떨어져 나오는 미세섬유를 걸러낼 수 있어 좋다.

종이로 만든 기저귀 패드(화장지와 비슷하다)는 기저귀에 덧대었다가 용변이 묻으면 걷어내 변기에 버릴 수 있다. 퇴비화가 가능하고 변기에 넣으면 물에 녹아 씻겨 내려간다. 정화조 상태가 걱정된다면 쓰레기통에 버리는 게 좋다.

이렇게 바꿔볼까?

- 일회용 기저귀 대신 재사용 가능한 천 기저귀를 사용한다. 아기가 생후 몇 주가 될 때까지는 일회용 기저귀를 사용하다가 조금 더

크면 천 기저귀를 사용하는 사람도 있다. 여러 번 쓰다 보면 익숙해지고 갈아주는 요령이 생긴다.
- 여러 종류의 천 기저귀에 대한 정보를 수집하고, 몇 가지를 빌려 써보면서 자신에게 적합한 종류를 찾는다. 기저귀 패드도 종류가 다양하니 아기의 발달단계에 따라, 또 일상용이나 외출용 등 용도에 맞는 것을 찾는다.
- 천 기저귀를 세탁한 뒤 빨랫줄에 널어 말리면 탄소 발자국을 많이 줄일 수 있다.
- 아기가 생후 3개월 미만이거나 피부 질환이 있다면 살균을 위해 기저귀를 60°C 온수에서 세탁한다. 아기가 좀 크고 나면 오염이 심하지 않은 기저귀는 40°C에서 세탁한다. 기저귀 제조사의 권장 사항을 확인한다.
- 재사용 가능한 기저귀의 세탁이 부담된다면 기저귀 대여·수거·세탁 서비스를 제공하는 업체를 이용한다. 아기가 자라면 더 큰 기저귀로 바꿔주는 곳도 있다.
- 기저귀 처리용 비닐봉지는 사용하지 않는다. 일회용품인 데다 재활용이 불가능한 플라스틱이다. 기저귀만 쓰레기통에 넣는다.

정원과 차고

휘발유 연료를 쓰는 잔디깎이 기계를 1년에 25번 사용하면
자동차 11대를 1시간 동안 운전할 때와 비슷한 양의 대기오염 물질이 발생한다.

잔디깎이

잔디 깎기를 마음 뿌듯한 의식으로 여기는 사람도 있고, 따분한 일거리로 여기는 사람도 있다. 어쨌거나 잔디 깎는 소리와 상큼한 냄새에서 여름과 화창한 날씨를 떠올리는 사람이 많다.

예전에는 낫으로 잔디를 깎았다. 그래서 균일한 높이로 잔디를 깎는 건 고도로 숙련된 전문가의 기술이었다. 1827년 영국 글로스터셔 출신의 엔지니어 에드윈 버딩이 수동식 원통형 잔디깎이 기계를 발명하면서 잔디 깎기 작업에 혁신이 일어났다.

지구에 미치는 영향

2011년 미국 환경보호청이 의뢰해 진행된 한 연구에 따르면, 휘발유를 연료로 사용하는 잔디 관리 장비(잔디깎이와 예초기)가 배출하는 배기가스가 미국 내 비도로용 휘발유 연소에서 비롯하는 배기가스의 24~45%를 차지했다. 기후변화를 촉진하는 이산화탄소와 유해 대기오염 물질로 알려진 휘발성 유기화합물(VOC)이 배기가스에 들어있다.

연 25회 사용 기준으로 휘발유 잔디깎이는 1년에 40kg CO_2e의 온실가스와 24kg의 VOC, 그리고 이산화질소나 일산화탄소 등 기타 대기오염 물질을 배출한다. 잔디깎이의 환경 발자국의 절반은 기계를 만들 때 발생하고 나머지는 기계를 사용할 때 발생한다. 따라서 잔디깎이를 적게 사용하면 환경 발자국을 크게 줄일 수 있다.

휘발유 잔디깎이는 수질오염과 토양오염도 일으킨다. 미국 환경보호청에 의하면 미국 내에서 연간 6,400만ℓ의 휘발유가 잔디깎이와 기타 정원 관리 장비에 연료를 채울 때 새어 나온다. 1989년 알래스카에서 발생한 '엑슨 밸디즈 유조선 사고' 때 유출된 것보다 많은 양이다. 이렇게 새어 나온 휘발유는 풀과 토양에 있는 지렁이, 곤충, 미생물 같은 생명체를 죽일 뿐 아니라, 공기 중으로 휘발되고 비에 희석되어 흙 속으로 들

어가기 때문에 회수되는 데 여러 주가 걸린다.

잔디깎이는 휘발유 엔진식 외에도 수동식, 전기식, 자동식 등 여러 종류가 있다.

탄소 발자국이 가장 낮은 것은 수동식 기계로, 사람이 일하면서 쓰는 열량이 유일하게 소모되는 에너지다. 작은 정원을 관리하기 좋은 전기식과 자동식 잔디깎이는 휘발유 엔진식 잔디깎이보다 작동법이 간단하고 탄소 발자국을 적게 남기는데 재생에너지 전력을 사용하면 탄소 발자국이 더 줄어든다.

자동식 잔디깎이는 자동으로 작동하므로 기계가 잔디를 깎는 동안 다른 일을 할 수 있다. 베어낸 잔디를 모으는 기능은 없지만 미세한 크기로 분쇄해 잔디 위에 얇게 뿌려주어 퇴비 효과를 낸다. 또 자동식 잔디깎이로 잔디를 자주 깎으면 베어낸 잔디의 양이 많지 않아 신발에 묻어 들어온 잔디 찌꺼기로 집 안이 엉망이 될 염려도 없다. 태양 에너지를 이용하는 자동식 잔디깎이가 아마도 잔디깎이의 미래가 될 것이다.

이렇게 바꿔볼까?

- 잔디깎이를 새로 사야 한다면 수동식이나 전기식을 선택한다. 낡은 잔디 깎이는 새 주인을 찾아주거나 재활용한다.
- 리페어 카페(193쪽 참조)나 엔진 수리점에서 엔진을 유지 관리하는 방법과 기계를 오래 쓰는 요령을 배운다.
- 예초기, 낙엽 청소기, 잔디깎이를 이웃과 공유하거나 필요한 이웃에게 빌려준다. 물건을 줄이면 환경에 미치는 영향도 줄어든다.
- 사용 빈도를 줄여 에너지 소모를 줄인다.
- 마당 한쪽에 자연 생태 구역을 남겨둔다. 관리해야 할 잔디의 양이 줄 뿐 아니라 생물 다양성 보호에 도움이 되고 꿀벌 등 중요한 꽃가루 매개 곤충에게는 먹이 공급처가 된다.
- 쓰지 않는 잔디깎이는 재활용한다. 여러 부품과 재료로 만들어진 것이라 적절한 재활용 시설에 가져가면 분해를 거쳐 재활용할 수 있다. 수동식이나 휘발유 엔진식 잔디깎이를 재활용 센터의 고철 수거함에 넣으면 금속 부분이 회수되어 재사용된다. 전기식 잔디깎이는 전기·전자 폐기물 수거소에 가져간다.

아동문학가 로알드 달은 많은 어린이의 사랑을 받은 책들을
1.8m x 2.1m 크기의 정원 창고에서 무릎에 양털 담요를 덮고서 썼다.
그는 그곳을 '작은 둥지'라고 불렀다.

정원 창고

정원에 딸려 있는 정원 창고는 누구나 탐내는 아지트다. 정원용 장비를 보관하거나 도예 같은 취미 생활 공간으로 이용된다.

요즘에는 정원 창고를 작업 공간이나 요가실로 쓰기도 하고 필요한 사람에게 임대해주기도 한다. 영국인 3명 중 2명이 정원 창고를 갖고 있고, 영국인의 62%는 정원 창고가 없거나 정원이 너무 좁아 창고를 들일 수 없는 집은 구입하기 꺼려질 거라고 대답했다.

지구에 미치는 영향

나무로 만든 창고의 환경 발자국은 주로 목재 원료에서 나온다. 세계자연보호기금(WWF)에 의하면 매년 10만km²의 숲이 잘려나간다. 1분에 축구장 27개에 해당하는 면적의 숲이 사라진다는 이야기다. 이미 세계 열대우림의 절반이 사라졌고 이로 인해 야생동물과 인근 주민의 생계가 심각한 타격을 입었으며 탄소 저장량에도 큰 변화가 일고 있다. 대규모 삼림 파괴는 기후변화를 심화시키는 요인이기도 하다. 삼림 파괴, 농업, 토지 이용 변화로 인한 온실가스 배출량은 전 세계 온실가스 배출량의 1/4에 육박한다. 지속 가능한 방식으로 관리되는 숲에서 나온 FSC 인증 목재를 써서 창고를 지으면 환경 발자국을 줄일 수 있다.

목제 창고는 정기적으로 칠을 해줘야 한다. 페인트 등의 목재 관리 제품은 공기 중으로 휘발하는 성질이 있어 페인트나 목재 도장이 빨리 건조되도록 돕는 용제를 사용한다. 휘발성 유기화합물(VOC)이라는 이름의 일부 용제는 기체를 뿜어내는데, 이 기체를 흡입하면 심한 자극과 두통, 호흡곤란, 중추신경계 손상 등을 일으킬 수 있다. 유독성이 있으니 페인트와 바니시는 폐기할 때 특별히 신경을 써야 한다(174-175쪽 참조).

고밀도 폴리에틸렌(HDPE)이나 폴리염화비닐

(PVC)로 만든 플라스틱 창고는 내구성이 좋고 물과 자외선에도 강하다. 시판 중인 대부분의 플라스틱 창고는 새로운 원료와 에너지를 투입해 생산하는 플라스틱으로 만드는데, 100% 재활용 플라스틱으로도 충분히 창고를 만들 수 있다.

저밀도 폴리에틸렌, HDPE, 자동차 범퍼, 쓰레기통, 포장 용기 등 폴리프로필렌을 포함한 모든 종류의 폐플라스틱을 분쇄하고 혼합해 고온에서 녹인 뒤 성형하면 '합성 목재'가 만들어진다. 이런 합성 목재는 울타리, 정원 가구, 창고에 사용되는데 별다른 유지 관리가 필요치 않다는 이점이 있다.

수명이 다한 창고는 신경 써서 폐기한다. 철제 창고에 쓰인 철은 값도 나가고 재활용이 가능하니 고철상에게 가져다준다. 안 쓰는 목제 창고를 그냥 버리면 쓰레기 매립지로 보내지고 그곳에서 분해되면서 기후변화를 촉진한다. 그러니 새 목제 창고를 구입할 때는 낡은 목제 창고를 수거하는 서비스를 제공하는 제조사를 이용한다.

품질이 좋은 플라스틱 창고는 20년에서 40년은 거뜬히 사용이 가능하고, 수명이 다하면 재활용을 거쳐 다른 제품으로 부활할 수 있다. 하지만 아직은 이런 대형 플라스틱 폐기물을 수집하고 재활용하는 시설이 마련되어 있지 않다.

이렇게 바꿔볼까?

- 이미 사용하고 있는 창고를 아끼고 돌보는 것이야말로 가장 친환경적인 방법이다. 새로 창고를 장만해야 한다면 어떤 창고가 자신의 형편에 맞는지, 창고를 유지 관리할 능력과 의지가 얼마나 있는지 냉철하게 생각한다. 목제 창고 관리에 자신이 없다면 철제나 재활용 플라스틱제 창고를 고르는 게 낫다.
- 목제 창고를 살 때는 FSC 인증이 있는 것을 산다(67쪽 참조).
- 영국의 '해양 복원 프로젝트'(Ocean Recovery Project)는 해변에 밀려온 플라스틱 쓰레기를 수거해 '해양 폐기물 플라스틱 펠릿'을 만든다. 이 펠릿은 정원 가구, 울타리, 창고를 만드는 데 안성맞춤이다.
- 더 이상 사용하지 않는 목제 창고와 철제 창고는 반드시 재활용한다. 만약 플라스틱제 창고를 구입할 예정이라면 수십 년 뒤에라도 재활용이 가능한 제품인지 확인한다. 대중적 인식이 높아지면 결국 생산자와 정부는 재활용 계획을 세울 것이다.
- 창고를 칠할 때는 VOC 함량이 낮은 페인트를 사용하고, 쓰지 않는 페인트는 반드시 올바른 방법으로 폐기한다(175-176쪽 참조).

✎ 2015년 페인트 회사인 큐프리놀이 실시한 설문 조사에 의하면 창고를 소유한 사람 중 5%가 창고를 작업 공간으로 사용했는데, 2017년에는 이 비율이 13.8%로 늘어났다.

'이탄을 쓰지 않음' 라벨이 붙은 것을 제외하면
보통의 다목적용 퇴비는 이탄 함량이 70%~100%에 이른다.

정원 및 화분용 퇴비

식물을 가꾸는 집이라면 비가 들이치지 않는 곳에 퇴비 한 자루쯤은 놓아두었을 것이다. 그런데 이 퇴비는 어디서 왔을까?

식물을 잘 키우려면 영양분을 반드시 보충해줘야 한다. 대부분의 정원용 퇴비는 이탄 습지에서 캐내 물과 영양분을 머금고 있는 이탄으로 만드는데, 아쉽지만 이탄은 재생 불가능한 자원이다.

'이탄 습지'는 '초원'처럼 낭만적이고 자연적인 이미지를 떠올리게 하는 단어가 아니다. 하지만 이탄 습지는 단순히 물에 잠긴 땅이 아니라, 놀라운 생물 다양성을 보전하고 있는 독특한 환경이다. 영국의 이탄 습지에는 유럽 내 모든 숲에 저장된 것보다 더 많은 탄소가 묻혀 있다. 이탄 습지에는 물이끼가 자라는데, 물이끼는 해마다 2~12cm 정도 자라면서 수천 년이 넘는 세월 동안 겹겹이 쌓여 최대 6m 깊이의 이탄층을 형성한다.

세계 최대의 이탄 수출국은 캐나다, 독일, 라트비아, 네덜란드, 그리고 아일랜드다. 아일랜드는 영국에서 사용되는 이탄 퇴비 대부분을 공급한다. '아일랜드 이탄 습지 보존 위원회'에 따르면 현재 50여 개의 회사가 아일랜드의 고층습원에서 이탄 퇴비를 채취한다. 하지만 규제가 거의 시행되고 있지 않아 2014~2019년 사이에 이탄 퇴비 채취를 위해 물을 뽑아낸 고층습원의 면적이 60만m^2가 넘는다고 한다. 습지에서 물이 빠지면 야생생물의 서식지가 파괴되고 기후변화가 촉진된다.

지구에 미치는 영향

이탄 습지는 야생생물을 키우고 탄소를 저장하는 중요한 환경이다. 그런데 우리는 기껏 정원 퇴비용으로 쓰려고 귀한 습지를 망치고 있다.

이탄 습지는 놀라울 정도로 많은 탄소를 저장

하고 있다. 15cm 두께의 이탄층에는 같은 넓이의 열대우림보다 많은 탄소가 저장되어 있다. 이탄 습지는 지구 표면적의 3%에 불과하지만 중요한 탄소 흡수원이다. 전 세계 유기 토양 탄소의 최소 1/3을 저장하고 있고 가만히 놔두면 탄소를 영원히 저장해 대기로 유출되는 것을 막아준다. 그런데 퇴비용이나 연료용 이탄을 얻기 위해 습지에서 물을 빼내는 순간 저장된 탄소에 공기가 닿으면서 분해 과정이 시작돼 이산화탄소가 대기로 방출된다. 즉 파괴된 이탄 습지는 탄소 저장소가 아니라 온실가스 배출원이 된다. 인간 활동으로 발생하는 세계 이산화탄소 배출량의 약 6%가 파괴된 이탄 습지에서 나온다.

또한 이탄 습지는 초식성 끈끈이주걱, 황새풀, 도롱뇽, 나비 등 생물 다양성의 원천이다. 이탄 채취를 위해 습지에서 물을 빼면 이 특별한 생물들의 서식지가 사라진다. 이탄 습지가 파괴되면서 이미 멸종 위기에 놓인 마도요 등의 도요새가 빠르게 줄어들고 있다. 1980년대 이후로 아일랜드에서는 마도요 개체수가 97% 감소했고, 영국에서도 최근 25년 사이 마도요 개체수가 50% 이상 감소했다.

습지는 물을 흡수해 머금고 있다가 서서히 배출하는 특성이 있어 물을 정화하고 홍수를 예방한다. 습지를 보전하면 기후변화로 점점 심해질 폭풍우와 홍수를 예방할 수 있고, 수질도 개선할 수 있다. 지구의 회복력을 되살리기 위해서는 건강한 습지를 보존하고 파괴된 습지에 다시 물을 공급해야 한다.

이렇게 바꿔볼까?

- 이탄이 든 정원용 퇴비는 사지 않는다. 성분 표시를 자세히 살펴 '이탄을 쓰지 않음' 표시가 된 퇴비를 찾는다. '이탄을 쓰지 않음' 표시가 없다면, 아무리 '친환경', '유기농' 표시가 있어도 현혹되어서는 안 된다. 이탄을 쓰지 않은 퇴비는 나무껍질, 야자나무(코코넛), 생분해성 폐기물, 종이, 부엽토, 톱밥 등의 원료에 영양분과 토양 보습제를 첨가해 만든다.
- 이탄 대신 음식물 쓰레기를 이용해 만든 퇴비를 쓴다.
- 직접 퇴비를 만들어 쓴다.

어떤 비료를 사용할까

합성 비료를 과다하게 사용하면 물이 오염되고 토양이 황폐화되며 지구온난화가 촉진된다. 집에서 만든 정원용 퇴비나 지렁이 사육장에서 얻은 액비나 두엄, 해초 등의 대안을 이용하면 토양을 개선하고 식물에 영양분을 제공할 수 있다.

직접 만든 퇴비의 장점

집에서 좋은 퇴비를 만들기 위해서는 꾸준한 연구와 연습으로 기술을 연마해야 한다. 퇴비 만드는 법은 온라인이나 원예 강좌 또는 동호회 활동을 통해 배울 수 있다.

돈이 절약된다

집에서 퇴비를 만들면 정원용이나 원예용 퇴비를 구입할 필요가 없다. 쓰레기통에 넣는 내용물이 줄어드니 쓰레기 처리 비용도 줄어든다. 퇴비나 지렁이 사육장에서 나오는 분변토나 액비가 충분하면 합성 비료를 쓸 필요가 없다.

환경에 유익하다

음식물 쓰레기를 퇴비로 만들면 매립지로 가는 쓰레기의 양이 줄고 기후변화를 촉진시키는 메탄가스 배출량도 줄어든다. 직접 만든 퇴비를 사용하면 귀중한 습지가 보전되어 탄소 저장 능력과 야생생물의 서식지가 유지되며, 물을 정화하고 홍수를 예방할 수 있다. 그리고 직접 만든 퇴비를 채소밭에 뿌리면 유기물만 추가되므로 유해한 화학물질의 잔류 걱정을 덜 수 있다.

좋은 퇴비를 만드는 5가지 원칙

1. 녹색 재료와 갈색 재료의 적절한 균형 채소 쓰레기와 정원 쓰레기 같은 녹색 재료만 쓰면 수분이 너무 많아서 분해가 일어나지 않는다. 짚, 낙엽, 톱밥, 파쇄된 종이 등의 갈색 재료를 섞어주어야 적절한 균형을 맞출 수 있다.

2. 수분 모든 생물은 수분이 있어야 생명을 유지한다. 온갖 물질을 분해해 양분을 얻는 퇴비 속 미생물은 수분 없이 살 수 없다. 퇴비 더미에 자주 물을 주고 퇴비가 마르지 않도록 덮개를 덮어 수분 증발을 막아준다.

3. 공기 미생물이 살아가려면 물 이외에 공기도 필요하다. 공기가 잘 통하지 않으면 분해가 일어나지 않으니, 갈색 재료를 충분히 넣어주고 퇴비를 자주 뒤적여준다.

4. 퇴비 더미의 크기 퇴비 더미가 커야 퇴비에서 고열이 발생한다. 작은 퇴비 더미나 가정용 퇴비통에서는 산업형 퇴비 더미만큼 고열이 발생하지 않는다. 따라서 가정용 퇴비통에서는 생분해 가능한 품목이나 포장재가 분해되기 어렵다.

5. 재료의 크기 퇴비 재료의 크기가 작아야 분해가 빨리 진행된다. 나무는 잘게 쪼개고 종이와 넓은 잎은 가늘게 썬다. 가지치기한 나뭇가지도 잘게 부러뜨려 퇴비통에 넣는다.

아일랜드 이탄 지대의 47%가 이탄 채취 활동으로 파괴되었고, 퇴비용 이탄의 주요 공급원인 고층습원의 92%는 불모지가 되었다. 이탄 습지의 복원은 산림 복원보다 어렵다. 아일랜드에서 멸종 위기에 처한 새의 절반가량이 이탄 지대에 서식한다.

영국 인구의 약 40%인 2,700만 명이 정원을 가꾸거나 식물을 키운다.
한 사람이 1년에 화분을 2개씩 구입하면 매년 5,400만 개의 화분이 늘어난다.

모종 트레이와 화분

정원에 다양한 식물을 기르고 텃밭을 가꾸거나 야생 생태 공간을 마련하면 사람과 환경 모두에게 좋다. 탄소를 저장하고 식품을 생산하며 야생생물의 활동 공간이 되니 말이다. 그런데 잔뜩 쌓여가는 플라스틱 화분과 모종 트레이를 어찌 해야 할까?

화분은 대부분 플라스틱 재료로 만든다. 게다가 화원에서 산 식물을 옮길 때 쓰는 용도로 생산된 화분은 한 번 쓰고 나면 그냥 버려져 엄청난 쓰레기를 만든다.

지구에 미치는 영향

플라스틱 화분은 고밀도 폴리에틸렌이나 폴리프로필렌 재료로 만드는데 둘 다 재활용이 가능하다. 하지만 이물질이 묻은 채로 수거될 우려가 있어 일부 재활용품 품목에서 제외되기도 한다.

최근에는 플라스틱 모종 트레이와 화분 대신 퇴비화가 가능한 화분의 사용이 늘고 있다. 문제는 이런 화분을 만드는 재료가 대부분 이탄이라는 점이다(164-165쪽 참조).

이렇게 바꿔볼까?

- 집에 있는 화분을 재사용하고 쓰지 않는 화분은 필요한 사람에게 준다.
- 플라스틱 화분은 이물질을 완전히 제거해 재활용하거나, 화분을 수거하는 서비스를 제공하는 화원에 가져다준다.
- 두루마리 화장지 속심이나 신문지를 이용해 모종용 화분을 만들어 쓴다.

2017년 옥스퍼드 이코노믹스가 실시한 연구에 따르면 영국에서는 매년 22,000km^{2}의 농지에 글리포세이트가 뿌려진다.

제초제

집 주변이나 정원, 잔디밭을 깔끔하게 단장하는 사람들은 도로변과 도로 포장 틈새에 잡초가 돋아나는 이른 봄부터 제초제를 사용한다.

제초제 포장에는 보통 '잡초 99% 제거' '잡초 뿌리까지 제거' 등의 문구 옆에 '어린이와 애완동물에게 안전함' '토양 오염 우려 없음'이란 문구가 쓰여 있다. 과연 이게 무슨 말일까.

제초제는 여러 방식으로 작동하고 다양한 용도(잔디용·테라스 식물용 제초제)로 쓰인다. 황산제일철 등의 성분을 쓰는 호르몬계 제초제는 잎이 넓은 잡초를 골라 제거하는 데 효과적이다. 잔디에 이 제초제를 쓰면 잔디는 죽지 않고 민들레만 죽는다. 반면 접촉식 제초제는 특정 식물만 선택해 제거할 수 없고 모든 식물의 잎을 말려 죽인다. 침투성 제초제는 식물의 잎에 흡수되어 뿌리까지 침투하므로 다년생 식물 제거에 효과적이다. 대부분의 침투성 제초제는 유해성 논란이 끊이지 않는 글리포세이트(오른쪽 박스 참조)라는 화학물질로 만든다.

지구에 미치는 영향

잡초는 '사람들이 원치 않는 곳에서 자라는 식물'이고 작물과 경쟁 관계다. 그러나 잡초는 중요한 역할을 한다. 벌을 비롯한 곤충은 잡초 같은 야생식물이 있어야 먹고산다.

곤충은 전 세계 작물 약 75%의 수분을 매개할 뿐 아니라 토양을 비옥하게 하고 해충의 개체수를 조절한다. 식량원이 사라지면 곤충도 사라진다. 원예와 농업에 사용되는 살충제 역시 곤충의 개체수 감소 원인이다.

제초제를 오랫동안 반복해 사용하면 잡초는 내성이 생길 수 있고, 따라서 새로운 성분의 제초제를 개발하거나 사용량을 늘려야 한다. 저항성을 키우는 자연의 능력이 인간의 혁신을 앞지를 수 있는지 일대 경쟁이 벌어지고 있다.

최근에는 제초제가 건강에 장기적으로 영향

을 미칠 수 있다는 우려 때문에 제초제와 제초제 회사가 뉴스에 자주 등장한다. 세계 각지에서 글리포세이트 사용을 금지해야 한다는 여론이 높아지고 있다.

이 글을 쓰는 지금 스리랑카, 콜롬비아, 엘살바도르, 베트남이 글리포세이트 사용을 금지했고, 벨기에와 네덜란드는 비상업적 사용을 금지했으며, 프랑스는 금지 조치를 내리겠다고 약속했다. 아일랜드와 영국 전역의 지자체는 글리포세이트 금지 조치를 도입했거나 도입을 고려하고 있다. 2017년 유럽연합은 회원국 사이에 글리포세이트의 안전성에 관한 이견이 생기자 5년 시한을 정해 글리포세이트 사용 허가를 연장했다.

죽음의 화학물질

1974년 미국에서 처음 사용된 글리포세이트는 세계에서 가장 널리 사용되는 제초제다. 전 세계에서 판매되는 제초제의 25%가량이 이 성분을 사용한다. 유럽연합, 미국, 호주, 뉴질랜드 등지에서도 사용이 허용되며, 농민들은 글리포세이트를 쓰지 않으면 작물 수확량이 최대 10%까지 떨어질 수 있다고 주장한다.

이렇게 바꿔볼까?

- 제초제를 구입하지도 사용하지도 않는다. 도로와 진입로에 잡초가 자라는 걸 두고 볼 수 없어서 제초제를 사용하는 완벽주의자라면, 잡초가 야생생물과 인류를 위해서 어떤 일을 하는지 곰곰이 생각해본다. 잡초는 식량 자원의 번식과 성장에 반드시 필요한 화분 매개 곤충의 먹이다.
- 토양 표면에 톱밥이나 짚을 덮어 잡초가 무성해지는 걸 억제하는 멀칭 방식을 사용한다. 봄철 도로변 잡초에 끓는 소금물을 붓거나 도로변에 암염을 뿌리면 잡초가 억제된다. 식초를 뿌리면 잡초뿐 아니라 모든 식물이 죽을 수 있으니 주의할 것.
- 손, 호미, 괭이로 잡초를 뽑는다. 아이들과 함께하는 야외 활동으로도 손색없다.
- 잔디가 너무 짧으면 잡초와의 경쟁에서 질 수 있으니 너무 짧게 깍지 않는다.
- 페리윙클 등 낮은 높이로 자라는 덩굴성 식물을 심으면 토양 바로 위로 퍼져나가 땅을 덮어 잡초의 성장을 막을 수 있다.
- '무경운' 원예를 한다. 흙을 파낸 구멍에 식물을 심는 게 아니라 흙 위에 퇴비나 멀칭용 재료, 해초, 짚을 덮어두었다가 거기에 식물을 심는다. 잡초가 줄고 토양이 비옥해져서 수확량이 늘어날 뿐 아니라 더 많은 탄소를 저장한다.

✎ 전 세계적으로 곤충 종의 40%가 급격한 개체 수 감소를 보이고 있다. 벌, 개미, 딱정벌레 종류의 멸종 속도는 포유류, 조류, 파충류의 멸종 속도와 비교해 8배나 빠르다.

무선 전동 드릴은 영국에서 가장 많이 팔리는 전동 공구 중 하나로 매년 수백만 대씩 팔린다.
하지만 대부분의 사람들이 1년에 두어 시간만 드릴을 사용한다.

전동 드릴

전동 드릴이 있으면 액자를 걸고 선반을 설치하고 가구를 조립하기가 훨씬 쉽고 빨라진다. 전동 드릴은 원래 산업용으로 만들어졌는데, 직원들이 회사의 전동 드릴을 집으로 가져가 사용하는 걸 본 관리자들이 가정 내 DIY 작업용 도구로서의 판매 가능성을 알아보게 되었다.

최초의 휴대용 전동 드릴은 1895년 독일 슈투트가르트에서 빌헬름 파인과 카를 파인 형제가 개발했는데, 이들이 세운 회사 '파인'(Fein)은 지금도 전동 공구를 생산하고 있다. 1961년 공구 전문 회사 '블랙앤데커'(BLACK+DECKER)에서 니켈 카드뮴 배터리를 사용하는 최초의 무선 전동 드릴이 출시됐다. 2005년에는 미국 회사 밀워키에서 리튬 이온 배터리를 사용하는 무선 드릴이 나왔다. 요즘 나오는 대부분의 드릴은 에너지 효율이 제일 좋은 리튬 이온 배터리를 사용한다.

또한 전동 드릴에 부착해 쓸 수 있는 사포, 와이어 절단기, 브러시, 윤활유 주입기 등 다양한 부품도 있다. 골고루 갖추고 싶은 마음이 있겠지만 그 유혹을 이겨내기를. 그런 물건들은 구매 직후 한 번 사용하고 나면 공구함에 자리만 차지하고 두 번 다시 쓰지 않는 경우가 대부분이다.

지구에 미치는 영향

드릴을 생산하려면 원료와 에너지가 필요하다. 폐기물과 지속 가능성 문제를 다루는 영국의 환경단체 '랩'(WRAP)에 의하면, 가정용 드릴이 환경에 미치는 영향의 91%가 원료와 가공 단계에서 발생한다. 사용 중 발생하는 영향은 고작 2%다. 그러나 드릴을 오래 쓸 수 있게 튼튼하게 만들면 드릴 생산량과 판매량이 줄어들어 환경 발자국을 줄일 수 있다.

요즘 나오는 가정용 드릴과 저가형 드릴은 부품을 구하기가 어려워 수리가 쉽지 않다. 가격대가 높은 드릴을 구입하면 부품을 구할 수 있어서 수리해 오래 쓸 수 있다. 드릴에 들어가는 배터리 가격이 드릴 구입가의 거의 40%(약 8만 원)인 탓에 배터리 수명이 다하면 소비자는 새 드릴을 구입하는 선택을 하기 쉽다.

최근에는 대부분의 드릴이 배터리로 작동되므로 배터리 재사용은 드릴의 환경 발자국을 줄이는 중요한 항목이다. 리튬 이온 배터리 재활용 기술은 아직 초기 단계인데 채굴 가능한 리튬 매장량이 350여 년 뒤에는 고갈된다는 추정이 나왔다. 현재로선 재활용 리튬이 버진 리튬보다 최대 5배 더 비싸서 제조업체들은 재활용 리튬의 사용을 꺼린다.

그러나 배터리의 재사용이 가능하다는 걸 입증하는 회사들도 있다. 영국 기업 아셀러론은 차량, 노트북, 전동 공구에서 나온 폐배터리를 가정용 에너지 저장 장치(예를 들면 지붕형 태양광 전지판에 연결해서 쓰는 배터리)로 재활용한다. 이 회사는 자사가 수거한 배터리 중 약 70%를 다른 용도로 바꾸어 쓸 수 있다고 주장한다.

리튬 이온 배터리는 외부 케이스 손상으로 내용물이 유출되면 환경에 유해하므로 매립지에 버리면 안 된다. 영국, 유럽연합, 미국, 호주, 뉴질랜드의 배터리 재활용 프로그램은 유해 폐기물이 환경에 유입되는 것을 막고, 유해성 있는 희소 자원을 재사용하기 위해 재활용 배터리를 수거한다.

이렇게 바꿔볼까?

- 드릴을 아주 가끔씩 사용한다면 사지 말고 친구나 이웃에게 빌려 쓴다. 드릴을 대여할 수 있는 공유 사이트도 있다.
- 호환해 쓸 수 있는 배터리 팩을 적용한 드릴을 사 필요한 배터리 수를 줄인다.
- 고장 난 드릴을 수리할 수 있는지 리페어 카페(193쪽 참조)에 확인한다. 수리에 필요한 부품을 온라인에서 구입할 수도 있다.
- 오래됐거나 사용하지 않는 드릴의 부품은 다른 사람이 쓸 수 있도록 온라인으로 판매한다.
- 사용하지 않는 드릴과 배터리는 재활용을 위해 공공 재활용 수거소나 전기 제품 판매점에 가져다준다.
- 조립식 가구를 조립하거나 나사못을 조이거나 푸는 등의 작업에는 전동 드릴 대신 품질 좋은 드라이버를 사용한다.

수리해서 사용하자

영국의 사회적 기업 '리스타트 프로젝트'(Restart Project)는 고장 난 전자 제품을 수리해 더 오래 쓸 수 있도록 교육하는 강의를 운영한다. 이 회사의 분석에 의하면 소비자의 손에 들어와 버려지기 전까지 드릴의 평균 이용 시간은 고작 10분이다. 따라서 수리해서 쓸 수 있는 좋은 품질의 드릴을 사고, 자주 사용하지 않는 도구는 공유하도록 한다. 합리적일 뿐 아니라 폐기물 발생도 줄일 수 있다.

전기 드릴의 수요를 이끈 핵심 요인은 1950년대의 전기 보급이었다. 1970년대와 80년대는 주택 소유 증가의 시기였다. 영국에서는 1950년대 초에는 수요가 없었던 전기 드릴의 매출이 2000년에 2억 5,000만 파운드를 넘어섰다.

캘리포니아와 하와이 사이의 거대 해양 쓰레기섬을 이루는 플라스틱 중 52%가
플라스틱 소재의 밧줄과 어망으로 추정된다.

밧줄과 끈

끈과 밧줄은 정원이나 산에서, 또는 선박이나 집에서 짐을 꾸릴 때 매우 유용하다.

밧줄은 수천 년 전부터 물건을 당기거나, 끌거나, 위로 들어 올리거나, 고정하는 데 사용되었다. 사람들은 풀과 파피루스, 갈대를 꼬아 만든 밧줄을 이용해 바위를 옮기고 통나무를 들어 올리고 지붕 골조를 연결했다. 옛날에는 밧줄과 끈을 수작업으로 만들었는데, 1850년경부터는 대마, 황마, 사이잘삼 등의 천연 원료를 기계에 투입해 밧줄을 생산하는 공장이 등장했다. 1950년대에는 합성 재료를 이용해 더 강하고 가벼운 밧줄, 다양한 색상으로 염색이 가능한 밧줄이 탄생했다.

합성 밧줄은 암벽 등반가에게 중요한 도구로 천연 밧줄보다 가볍고 튼튼할 뿐 아니라 약간의 탄성도 있다. 또 물을 머금지 않고 마모에도 잘 견디며 물에 뜨는 종류도 있어서 물과 관련된 활동에도 많이 쓰인다. 그러나 미끄러울 수 있고 햇빛에 노출되면 약해지는 밧줄도 있다.

천연 밧줄은 물을 흡수하므로 물에 젖으면 무거워지고 습기와 물기가 있는 환경에서는 합성 밧줄보다 빨리 약해진다.

지구에 미치는 영향

천연 밧줄과 끈의 재료로 대마, 사이잘삼, 아마, 면화, 황마 등의 식물성 원료가 주로 사용된다. 식물은 성장 과정에서 이산화탄소를 흡수하고 재생 가능한 자원이며 생분해도 가능하다. 그러나 식물의 성장을 위해서는 땅과 물이 필요하고 대부분의 산업 작물을 재배할 때 제초제와 살충제를 사용한다. 그럼에도 천연 밧줄은 합성 밧줄보다 훨씬 적은 환경 발자국을 남긴다.

나일론이나 폴리프로필렌 등의 합성 소재로 만든 밧줄과 끈은 석유에서 뽑아낸 것이고, 플라스틱 섬유는 제조 과정에서 많은 에너지를 소모하므로 결과적으로

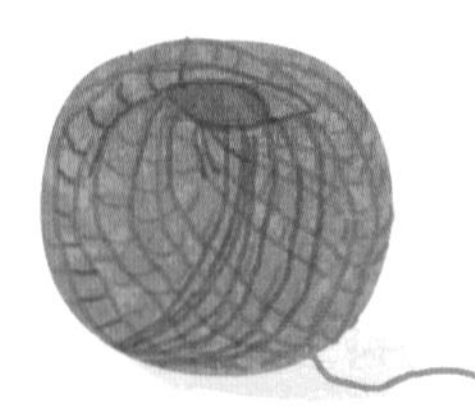

탄소를 배출한다. 합성 밧줄은 강도와 내구성 때문에 널리 사용되는데, 버려진 낡은 밧줄이 문제가 되는 것은 바로 이런 특성 때문이다. 바다와 바닷가에서 발견되는 가장 흔한 쓰레기는 대부분 어업용으로 쓰이다 버려진 합성 밧줄이다. 합성 밧줄은 생분해되지 않고 재활용하기도 어려우며 사용 중에도 플라스틱 섬유가 떨어져 나와 물이나 공기로 들어간다(140-141쪽 참조). 밧줄로 만든 낡은 어망과 낡은 낚싯줄은 폐기하기 어려워 매립되거나 소각된다.

다행스럽게도 최근에는 다양한 해법이 등장하고 있다. 예를 들면, 어업인들의 폐어망 재활용 참여를 촉진하는 프로그램이나 안전한 폐기를 위해 바닷속에 방치된 폐어망을 수거하는 다이버들의 활동이 있다.

낡은 어망과 밧줄을 수거하고 세척해 재활용 섬유를 추출하는 회사들도 있다. 그렇게 추출한 섬유를 이용해 밧줄, 수영복(216쪽 참조), 스케이트보드 등 다양한 제품을 만든다.

낡은 등반용 밧줄은 줄넘기 줄이나 반려견 산책 줄 등의 다양한 용도로도 안성맞춤이다.

이렇게 바꿔볼까?

- 천연섬유로 만든 밧줄과 끈을 이용한다. 천연섬유로 만든 끈은 오븐에 넣어도 녹지 않고 음식에 색이나 유해 물질이 스며들지 않아 요리용으로 적합하다. 물론 퇴비화도 가능하다. 면 끈이 요리에 가장 적합하고, 황마 끈은 원예, 물건 포장, 어린이 공예까지 다양한 용도로 사용된다. 식물 기반 플라스틱(PLA라고 함)으로 만든 원예용 끈은 산업형 퇴비화 설비에서는 퇴비화가 가능하지만 가정용 퇴비통에서는 안 된다.
- 등반이나 수상 활동에 사용할 밧줄은 재활용 재료와 독성 없는 염료로 만든 것을 사용한다. 폐기된 밧줄 활용 프로그램 등 지속 가능한 사업을 지향하는 제조사의 제품을 찾아보는 것도 좋다.
- 자투리 밧줄과 낡은 밧줄을 이용해 만든 깔개, 러그, 바구니, 컵 받침, 열쇠고리를 사용하면 쓰레기를 줄이는 데 기여할 수 있다.
- 쓰지 않는 합성 밧줄과 끈은 일반 쓰레기통에 버리거나 다른 용도로 사용할 방안을 찾는다.

해양 쓰레기 수거

칠레의 재활용 기업 '부레오'(Bureo)는 칠레 해안 마을에서 사용하지 않는 어망과 밧줄을 수십, 세척, 가공해 플라스틱 펠릿으로 만든다. 이 펠릿은 선글라스, 스케이트보드, 쌓기 놀이용 블록 등의 재료로 사용된다.

전 세계적으로 연간 약 64만t의 어업용 밧줄과 그물이 유실되어 수생 환경으로 들어간다. 이런 쓰레기는 바닷새, 거북이, 해양 포유류에게 가장 큰 위협이 된다. 자칫하면 밧줄이나 그물에 몸이 얽혀 부상을 입거나 목숨을 잃을 수 있기 때문이다.

영국에서는 5,000만 ℓ(올림픽 규격의 수영장 20개를 채울 수 있는 양)의 페인트가 매년 폐기된다. 한 가구당 쓰나 남은 페인트 통이 17개 이상 있다는 이야기다.

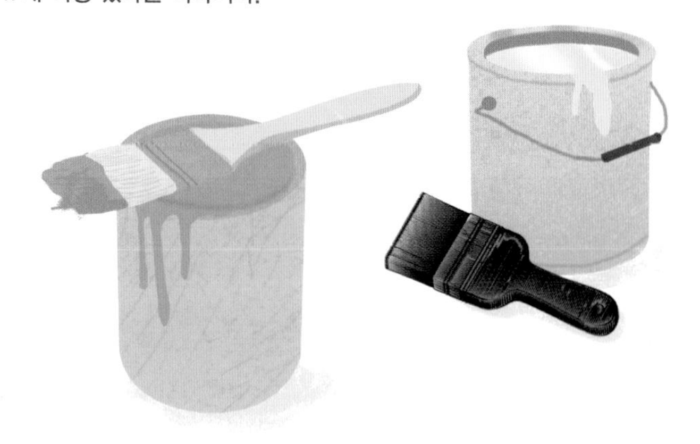

페인트

페인트는 건물의 외관을 개선하고 자외선과 습기로부터 외벽을 보호하고 실내 공간을 아름답게 꾸밀 수 있어 주택의 개조와 DIY 활동에 자주 쓰인다.

사용하고 남은 페인트는 다음에 쓸 생각으로 창고나 계단 밑, 차고에 넣어두는 게 일반적이다. 하지만 대개는 다시 쓰이지 않는다.

사람들은 기원전 10만 년부터 광물, 곤충, 점토에 물과 달걀 그리고 오일을 섞어 만든 재료로 동굴과 사원에 그림을 그렸다. 요즘 사용하는 페인트 역시 다음 세 가지 주요 성분을 이용한다.

1. **색상을 내는 안료** 광물이나 식물, 콜타르와 석유, 석유화학제품에서 얻는다.

2. **페인트 입자를 표면에 부착시키는 바인더** 아마씨유 등의 천연 성분의 오일이나 아크릴 중합체가 들어 있는 합성수지 원료로 만든다.

3. **페인트 용액을 빨리 건조시키는 용제** 테레빈유, 백유, 변성알코올 등 대부분의 용제가 석유화학 물질이다.

이 밖에도 페인트 통 안에는 박테리아와 곰팡이 증식을 방지하는 살생물제, 페인트의 원활한 도포를 돕는 계면활성제, 페인트의 건조를 돕는 건조제 등 각종 유해성 있는 첨가제가 들어 있다.

그럼에도 페인트는 건물과 가구의 수명을 연장해주고 우리가 아끼는 소유물을 온전한 상태로 유지해주는 중요한 물질이다.

지구에 미치는 영향

페인트에 사용되는 일부 첨가제에는 환경과 건강에 유해한 카드뮴, 납, 비소, 아연 등의 중금속이 들어 있다. 유럽연합이나 미국 등의 선진국에서는 페인트에 사용되는 중금속 함량을 규제하지만, 개발도상국에서 생산되는 페인트에는 납과 카드뮴이 위험한 수준으로 들어 있다.

페인트에 흔히 들어가는 아크릴, 폴리비닐알코올(PVA), 비닐 등 각종 플라스틱은 석유에서 만들어진다. 플라스틱을 사용한 페인트는 탄성과 내구성 그리고 항균성이 있지만 생분해가 되지 않는다.

페인트는 유해 폐기물로 분류된다. 영국의 지자체 폐기물 처리 시설도 페인트 용액을 수거하지 않는다. 매립지 반입이 금지되고 재활용도 불가능하다. 아일랜드에서는 가정이나 소규모 사업체가 부적절하게 폐기하는 페인트 등의 유해 폐기물이 한 해 약 3만t에 이른다.

페인트, 바니시, 목재용 페인트에는 모두 용제가 들어 있다. 이런 휘발성 유기화합물(VOC)은 건강에 해로운 가스를 방출하고 공기 중에서 다른 입자와 반응해 오존을 생성한다. 오존은 스모그를 형성하는 주요 물질로, 장시간 노출되거나 환기가 잘되지 않는 실내에서 노출될 경우 천식과 폐 손상을 일으킬 수 있다.

이렇게 바꿔볼까?

- 필요한 양을 미리 정확히 계산해서 구입한다. 전문가에게 조언을 얻거나 페인트를 칠하려는 곳의 평면도를 페인트 가게 직원에게 보여주고 얼마나 필요한지 물어본다.
- 페인트는 잘 보관하면 최대 10년까지 변질되지 않는다. 페인트가 마르지 않도록 뚜껑을 잘 덮어 뜨겁지도 차갑지도 않은 곳에 보관한다. 따라서 정원 창고는 적합한 보관 장소가 아니다.
- 페인트를 남기지 않고 모두 사용한다. 보완이 필요할 때를 대비해 보관하는 것 말고는 친구나 이웃에게 주거나 공공 사업에 기부한다(176쪽 참조). 조금씩 남은 에멀션 페인트를 모아 섞으면 밑칠용 페인트로 쓰기에 손색이 없다.
- 포장재에서 휘발성 유기화합물 함량을 나타내는 지구 모양 VOC 표시를 확인한다. 천연 페인트를 쓴다. 아마씨유 같은 천연 오일을 원료로 쓰고, VOC나 플라스틱도 쓰지 않으며(No 비닐, No 아크릴), 천연 안료만 사용해 만드는 다양한 색상의 품질 좋은 천연 페인트가 나와 있다.
- 더러워진 페인트용 붓과 롤러는 용기에 담가 세척하고 낡은 헝겊으로 남은 물기나 희석용 휘발유를 흡수시켜 쓰레기통에 버린다. 이렇게 하면 페인트 찌꺼기가 섞인 물이나 휘발유가 배수구에 흘러드는 걸 막을 수 있다. 다음 날에도 붓과 롤러를 사용할 예정이라면 굳이 세척하지 않고 말라붙지 않도록 낡은 비닐봉지에 잘 넣어둔다.
- 남은 페인트를 폐기할 때는 페인트 경화제나 톱밥, 모래, 흙을 섞고 뚜껑을 연 채로 마를 때까지 놓아둔다. 페인트가 단단히 굳으면 지자체에 문의하여 페인트 폐기물 수거소에 가져간다.

용제가 든 페인트, 페인트 희석제, 휘발유는 모두 유해 폐기물이니 쓰레기통에 절대로 넣어서는 안 된다.

그린 업 페인트

페인트는 유해 물질을 함유하고 있으므로 폐기물 발생을 예방하고 남은 페인트가 적절한 용도로 쓰이도록 하는 시스템 구축이 중요하다. 세계 곳곳에서 남은 페인트를 활용하는 프로젝트가 마련되고 있다.

커뮤니티 리페인트

페인트 재사용을 지원하는 영국의 비영리단체 '커뮤니티 리페인트'(Community RePaint)는 남은 페인트를 수거한 뒤 필요한 사람들이나 공공사업에 전달한다. 해당 웹사이트에 들어가서 페인트가 필요한 사람, 혹은 페인트를 기부할 사람으로 등록하면 된다. 이 네트워크는 65개 이상의 프로그램으로 구성되어 있는데, 2018년 한 해 동안 31만 7,600ℓ 이상의 페인트를 전달했다. 사람들의 공간과 삶에 생기를 불어넣는다는 하나의 목표 아래 다양한 프로그램이 진행되고 있다.

페인트백

호주의 비영리단체 '페인트백'(Paintback)은 페인트 업계가 사용되지 않는 페인트와 포장재를 매립지나 자연환경에 버리는 걸 막기 위해 2016년 설립한 조직으로, 책임 있는 폐기와 혁신적인 재사용을 위한 시스템을 운영하고 있다. 페인트백은 페인트 1ℓ당 200원의 폐기 요금을 거두어 조성한 재원으로 운영된다.

더 이상 필요하지 않은 페인트를 페인트백 수거소에 갖다주면 처리 시설로 옮겨 포장 용기와 페인트 폐기물 용액을 분리한다. 용기는 재활용하고 페인트에 함유된 용제를 회수하고 고형물과 액상물을 매립지에 투입되는 폐기물의 양을 줄일 수 있다.

영국의 평균적인 자동차 운전자는 평생 차를 소유하고 운행하는 데 2억 8,000만원을 지출한다.
전기차 판매량은 2018년 200만 대에서 2020년 400만 대, 2025년 1,200만 대,
2030년에는 2,100만 대로 증가할 것으로 예측된다.

자동차

휘발유와 디젤 자동차가 환경에 나쁘다는 것은 과학적으로 입증된 사실이다. 그렇다고 전부 전기차로 대체하는 것이 해답은 아니다.

자체 동력의 교통수단에 대한 상상이 처음 기록되었던 때는 스스로 움직이는 삼륜차 이야기를 다룬 『일리아드』가 등장한 고대 그리스 시대였다.

자동차의 기원에 대해서는 많은 이야기가 있다. 세계 각지에서 수많은 발명가가 바람과 증기의 힘을 이용한 교통수단을 발명하기 위해 실험을 했고 그 성과는 천차만별이었다. 1700년대 후반부터 1900년대 초반까지는 증기가 중요한 동력으로 쓰였고, 1900년대에 들어서는 전기 자동차가 세력을 넓혀갔다.

20세기 초 미국에서는 자동차 중 40%가 증기를, 38%가 전기를, 22%가 휘발유를 이용했다. 전기 자동차는 증기 자동차보다 소음과 오염 물질 배출이 적으면서 속도도 빨랐다. 단점이라면 전기가 설치된 건물이 거의 없어서 충전 시설이 부족했다는 것이다. 축전지가 발명되고 전력망이 확대되면서 전기 자동차는 성장세로 들어섰고 1912년 자동차 시장을 주도했다. 당시 20개 회사가 전기 자동차를 생산했으며 미국에만 33,842대의 전기 자동차가 등록되어 있었다.

그런데 어째서 전기 자동차의 인기가 수그러들었을까? 이유는 간단했다. 주행거리에서 휘발유 자동차를 따라가지 못했다. 그리고 초기 전기 자동차의 성장에 기여했던 축전지의 발명 덕분에 전동 스타터가 개발되면서 휘발유 자동차에 시동을 거는 것이 더 쉬워졌다. 1920년부터 휘발유 자동차가 시장을 석권하게 되었고 오늘날까지 인기를 누리고 있다. 그러나 다행스럽게도 이런 상황은 서서히 변해가고 있다.

지구에 미치는 영향

전기를 쓰든 휘발유를 쓰든 디젤을 쓰든 모든

자동차는 환경 발자국을 남긴다. 자동차 생산 과정에서 원료와 에너지를 사용하기 때문이다.

휘발유와 디젤을 사용하는 자동차는 화석연료가 연소될 때 나오는 에너지로 움직이므로 60% 이상의 탄소 발자국이 자동차 운행 중 발생한다. 반면 자동차 제조 과정에서 발생하는 탄소 발자국은 20% 미만이다. 자동차와 엔진의 크기, 연료 사용량, 자동차 연식 역시 탄소 배출량에 영향을 미친다.

휘발유 자동차는 디젤 자동차보다 이산화탄소를 더 많이 배출하지만, 디젤 자동차는 질소 산화물과 미세먼지 등의 대기오염 물질을 더 많이 배출한다. 2018년 신형 디젤 자동차 61대를 실험한 연구 결과, 그중 80%가 산화질소에 대한 법적 안전기준을 초과했다. 대기오염을 일으키는 이런 배기가스 때문에 런던 시민 200만 명이 법정 기준치를 초과하는 대기오염에 노출되고 있다.

2019년 런던 일부 지역에서 청정한 공기를 위한 '초저 배출 구역'이 설치되면서 디젤 자동차의 신규 판매는 빠르게 위축되고 휘발유 자동차와 전기 자동차 판매가 호조를 보이고 있다. 2021년 초저 배출 구역이 추가로 확장되었다.

전기 자동차와 디젤·휘발유 자동차의 환경 영향을 비교하는 뜨거운 논쟁이 일고 있다. 자동차의 전주기 분석에 따르면, 전기 자동차는 생산 단계(자동차 및 배터리 제조)에서는 휘발유 또는 디젤 자동차보다 탄소 배출량이 많지만 주행 단계에서의 배출량은 더 적다. 이 분석은 현재 전력 공급 상황(원자력, 천연가스, 석유, 석탄, 재생에너지원의 전력이 혼합된 상황)에서 전기를 사용하는 전기 자동차를 기준으로 한 것이다. 종합해 보면 전기 자동차의 환경 발자국은 휘발유 및 디젤 자동차보다 20~27% 적다. 재생에너지원을 이용해 생산된 전기를 쓴다면 전기 자동차의 환경 발자국을 더 줄일 수 있다.

전기 자동차에 사용되는 리튬 이온 배터리에 대해서도 많은 연구가 진행되고 있다. 전기차 폐기 및 재활용 과정에서 발생하는 탄소 배출량의 14~23%, 전기차의 전주기 환경 발자국의 13~22%가 배터리에서 나온다.

리튬 이온 배터리 하나로 달릴 수 있는 전기차의 주행거리는 약 18만 246km로 배터리 수명이 다하면 교체해야 한다. 배터리에는 리튬과 코발트가 들어 있는데, 2050년이면 공급이 부족해질 것으로 보인다. 세계에 공급되는 코발트는 대부분 콩고민주공화국 등 정치적으로 불안한 나라에서 생산되며, 강제적인 아동노동 문제와도 관련되어 있다.

리튬은 코발트보다는 매장량이 많은 것으로 알려져 있는데 볼리비아, 칠레, 아르헨티나가 주요 생산국이다. 각 지역의 정치적 긴장이 향후 자원의 이용 가능성에 대한 우려를 야기한다. 또한 가지 예상되는 문제는 코발트 심해 채굴로 인한 환경 영향이다.

배터리 원료의 공급 부족 가능성과 폐배터리의 환경오염 우려 때문에 배터리 재활용에 대한 관심이 높아지고 있다. 자동차용으로는 쓸 수 없게 된 배터리도 최대 70~80%의 축전 성능을 유지할 수 있어 풍력 에너지나 태양광 에너지를 저장하는 용도로 쓸 수 있다.

축전 성능이 바닥이 난 배터리도 재활용할 수 있다. 2019년에는 수명이 다한 리튬 이온 배터리의 약 58%가 재활용되었다. 재생에너지 저장용 배터리 수요가 증가하고 원료 가격이 상승함에 따라 배터리의 재활용률과 재사용률은 꾸준히 높아질 것이다.

요즘엔 버스와 화물차 연료로 식품과 농업 폐기물의 혐기성 소화 과정에서 생산되는 바이오가스를 사용하기도 하는데, 폐기물 문제를 해결하면서 동시에 대체 연료를 공급하는 일석이조의 방법이다.

영국 대부분의 자동차가 평일에 평균 96%의 시간 동안 주차돼 있다. 실제 운행 시간은 이처럼 적은데도 자동차를 보유하는 데 큰돈을 지출하는 건 합리적이지 않다. 2016년 영국에서 자동차의 평균 유지 비용을 비교한 결과 소형차는 연간 390만 원, 대형차는 1,500만 원으로 나타났다. 어떤 자동차든 보유 비용은 계속 높은 수준을 유지할 것이다. 전기 자동차는 일반 자동차보다 유지 비용이 훨씬 적게 들지만 구입 비용이 상당히 높다. 게다가 평균적으로 자동차 실제 운행 시간이 대단히 짧다는 점을 고려하면 전기 자동차 역시 보유 비용이 상당히 높다는 이야기다.

휘발유 또는 디젤 자동차를 전부 전기나 바이오가스 혹은 수소 자동차로 교체하는 것을 미래 목표로 삼아서는 안 된다. 자동차 수를 줄이고 대중교통을 개선하고 자동차 공유 시설(181쪽 참조)의 접근성을 넓히는 것이 근본적인 목표가 되어야 한다.

자동차 없는 일요일

콜롬비아의 수도 보고타에서는 매주 일요일 121km 구간의 도로에서 자동차 통행이 금지된다. 차 없는 거리에 걷거나 자전거를 타는 사람, 스케이트 타는 사람이 넘쳐나고 도심은 축제 분위기가 넘치는 평화로운 천국으로 변한다.

이렇게 바꿔볼까?

- 차량 공유 플랫폼을 이용한다. 도시에 거주한다면 자동차를 소유하기보다 차량 공유 서비스를 이용하는 편이 효율적일 수 있다. 가장 친환경적인 방법은 차를 소유하지 않는 것이다(181쪽 참조).
- 꼭 필요한 경우가 아니면 운전하지 않고 걷는 습관을 들인다. 운동도 되고 신선한 공기도 마실 수 있으니 일석이조다.

- 출퇴근이나 통학 시, 방과 후 활동이나 생일 파티, 취미 활동 등을 하러 갈 때 카풀을 이용한다. 주행 차량이 줄어 교통 혼잡과 배기가스 배출도 준다.
- 자동차를 신경 써서 유지 관리하면 배기가스 배출이 줄고 효율이 향상되어 수명이 더 오래간다.
- 차를 구입할 예정이라면 전기 자동차 구입을 고려한다. 근거리 운행을 자주 한다면 중고 전기 자동차도 별 어려움 없이 사용할 수 있다. 충전식 전기차를 구입할 계획이라면 가정용 전기차 충전기 설치를 지원하는 정부 보조금을 신청한다. 또한 100% 재생에너지 전력 사업자의 전기를 사용하고, 심야에 자동차를 충전해 요금 혜택을 받는 심야 전력을 신청한다. 태양광 전지판을 설치하면 전기차 충전에 쓸 수 있다.
- 전기 자동차 기술의 개선 사항을 꼼꼼히 살핀다. 장거리 운행을 자주 해서 주행거리 제한이 있는 전기차가 꺼려진다면 더 꼼꼼히 살펴보자. 전기 자동차의 1회 충전 후 주행거리가 꾸준히 개선되고 있고, 전기차 보급을 장려하는 정부의 인센티브 정책도 강화되고 있다. 주행거리와 충전 인프라가 걱정이라면 하이브리드 자동차가 합리적인 대안일 수 있다.

미래의 자동차는?

전기 자동차는 휘발유나 디젤 자동차보다 대기오염 물질을 훨씬 적게 배출한다. 온실가스를 배출하지 않는 재생에너지 전기로 전기차를 충전하면 전기차의 온실가스 배출량은 제로가 될 것이다.
수소 자동차는 생산 비용과 연료 비용을 낮추면 크게 성장할 것이다. 설탕과 곡물에서 추출한 에탄올 등의 바이오연료 역시 한몫을 차지할 것이고, 해조류나 농업 폐기물 원료에서 추출한 미래의 바이오연료가 탄생할 수도 있다.

0.8km 이하의 거리를 갈 때 자동차를 이용하는 비율이 8%인데, 3.2~4.8km를 갈 때는 무려 76%다. 그런데 이 거리는 자전거로도 쉽게 이동할 수 있다.
교통 체증이 심한 도로에서 주행하는 자동차는 교통 체증이 전혀 없는 도로에서 주행하는 자동차보다 3배 많은 배기가스를 배출한다. 따라서 교통 관리 시스템과 도시 계획이 이를 고려해 설계돼야 한다.
자동차가 일으키는 오염은 배기가스뿐만이 아니다. 타이어와 브레이크 패드가 마모되면서 나오는 미립자 역시 공기를 오염시킨다.

집카(ZIPCAR)

1990년대 후반 미국 매사추세츠주 케임브리지의 어느 공원에서 안처 다니엘슨과 로빈 체이스는 뛰어노는 자녀들 곁에서 이야기를 나누다가 독신 가구의 자동차 수요를 줄일 수 있는 차량 공유 사업을 떠올렸다.

2000년 5월 두 사람은 자동차 한 대로 집카 사업을 시작했고 4개월 만에 600명이 넘는 고객을 확보했다. 집카의 성공 비결은 사용자 커뮤니티 구축에 있었다. 이들은 차량 공유의 환경적인 이점이나 교통 체증 완화 효과보다는, 서비스의 편리성과 품질에 중점을 둔 목표와 메시지를 전파해 차량 공유 서비스를 매력적이고 재미있는 경험으로 만들었다.

집카는 세계적인 차량 공유 네트워크로 2016년 기준 100만 명의 회원을 보유하고 있으며 세계 각지의 500개 도시와 마을에서 운영되고 있다.

집카에 회원 등록을 마치면 시간 단위나 일일 단위로 차량을 예약할 수 있다. 모든 절차는 멤버십 카드와 온라인 플랫폼, 앱을 통해 관리된다. 차가 있는 곳으로 가서 카드로 문을 열고 시동을 걸어 운전하면 된다. 인근 거리나 기차역, 공항, 대학에 주차된 자동차를 이용하기 때문에 본인의 차를 쓰듯 편리하게 이용할 수 있다.

서비스 이용료는 시간 단위나 일일 단위로 계산되는데 연료비, 보험료, 주차료, 유지 보수 비용이 포함된다. 이 서비스를 이용하면 본인의 차를 소유하고 유지하는 것보다 한 달 기준으로 최대 85만 원을 절약할 수 있다고 한다.

2017년 기준 전 세계 반려견의 수는 약 9억 마리로,
그중 미국의 반려견 수가 약 9,000만 마리다.

반려견 배변 봉투

반려견은 우리 삶의 질을 개선하는 데 여러모로 도움을 준다. 마음의 피로를 덜고 몸을 움직여서 심혈관 건강을 개선하는 효과도 있다. 뒤따라다니며 청소해야 하는 게 유일한 단점이랄까. 영국에서는 하루에 1,000t의 반려견 배설물이 발생하는데, 이 엄청난 양의 배설물을 사람들이 치워야 한다.

반려견 보호자들은 자신의 반려견이 공공장소에서 배출한 배설물을 수거할 책임이 있다. 공중 보건 연구자들은 반려견 배설물 내의 병원균이 사람에게 감염되어 심각한 결과를 초래할 수 있다고 강조한다. 반려견 배설물의 수거 및 처리는 보호자의 에티켓이다. 사람들은 손에 배설물을 묻히지 않으려고 대부분 배변 봉투를 사용한다.

지구에 미치는 영향

반려견 배설물은 시간이 지나면 자연적으로 분해되는 생분해성 물질이다. 배설물을 비닐봉지에 넣으면 공중 보건 측면에서는 유익하지만 비닐 쓰레기 문제가 생긴다. 생분해 가능한 쓰레기를 굳이 분해되는 데 수백 년 걸리는 플라스틱 비닐로 감싸놓으니 말이다. 게다가 비닐봉지에 담긴 배설물은 그냥 바닥에 버려진 배설물보다 환경적으로나 미관상으로 훨씬 심각한 문제를 빚을 수 있다. 수거를 위해 나무에 매달아놓았다가 잊힌 채 방치된 배변 봉투는 가축과 야생생물의 질식사를 야기할 수 있다.

지구에 해가 되지 않는 원료나 생분해성 원료로 만들었다고 홍보하는 배변 봉투도 있지만 실제로는 대부분 1년 안에 분해되지 않으며 일부는 수백 년이 걸려야 분해되는 원료를 쓰기도 한다. 퇴비화가 가능한 배변 봉투도 있지만 반려견 배설물은 가정용 퇴비통이나 산업형 퇴비화 설비에 넣을 수 없다. 병원균의 잔류 가능성 때문에 작물 재배용 퇴비로 쓸 수 없기 때문이다. 따라서 퇴비화가 가능한 배변 봉투 사용은 해법이

될 수 없다.

전직 엔지니어 이언 하퍼는 반려견 배설물을 이용해 빛을 밝히는 바이오가스 가로등을 발명했다. 그가 개발한 바이오가스 가로등은 영국 우스터셔주 맬번 힐스에 설치돼 있는데, 이곳을 산책 중 반려견 배설물을 치워야 한다면 무상으로 제공되는 종이봉투에 담아 가로등에 설치된 미생물 소화조에 투입하면 된다. 이 소형 혐기성 소화조 안에서 배설물이 분해되면서 메탄이 만들어져 저장소에 보관된다. 해가 지면 메탄을 이용해 만든 전기로 가로등에 불이 켜지는데, 배변 봉투 10개로 가로등 램프에 2시간 동안 불을 밝힐 수 있다.

이렇게 바꿔볼까?

- 반려견 배설물 처리 전용 퇴비통을 사용한다. 배설물을 분해하는 일종의 미니 정화조로 정원 흙에 묻어 두고 분해가 빨리 될 수 있게 물, 효소, 박테리아를 혼합한 특수 용액을 추가하면 생성된 액체가 흙으로 스며들게 되어 있다.
- 반려견의 배설물을 땅에 묻을 때는 정원의 배수구나 수원에서 멀리 떨어진 곳의 땅을 최소 1m 깊이로 파서 처리한다.
- '퇴비화 가능' 또는 '생분해성'이라는 표시가 있어도 배변 봉투의 퇴비화 처리는 안전하지 않다. 배설물 역시 정원에 쓸 퇴비통에 넣으면 안 된다. 퇴비화를 거쳐도 기생충은 죽지 않기 때문이다.
- 정원에 떨어진 반려견 배설물은 배변 봉투 대신 삽이나 흙손으로 떠서 바로 쓰레기통에 넣으면 비닐봉지 쓰레기를 줄일 수 있다.

반려동물 장난감과 장비

반려동물은 신체 기능에 따른 직접적인 폐기물뿐 아니라 음식(185쪽 참조), 장난감, 침구를 통해서도 폐기물을 만들어낸다. 개집, 산책용 줄, 옷, 공놀이용 피칭머신과 액세서리 역시 반려동물 양육의 환경 발자국을 키우는 요인이다. 특히 재활용이 불가능한 플라스틱으로 만든 것이 많아서 결국 플라스틱 쓰레기가 된다. 반려동물 장난감에 상당한 양의 납, 비소, 염소, 브롬 등 각종 독성 물질이 들어 있다는 연구 결과도 있다.

굳이 플라스틱 장난감이 아니어도 더 이상 쓰지 않는 물건을 재사용하면 훌륭한 반려견 놀이용품을 마련할 수 있다. 사슴뿔, 펠트 공, 밧줄, 낡은 가죽 신발이나 옷, 시트, 수건을 엮어 만든 공도 훌륭한 놀잇감이 된다.

각종 반려동물 용품은 중고로 구할 것을 권한다. 온라인 사이트를 이용하면 개집, 고양이 화장실 등 거의 모든 중고품을 구입·판매·교환할 수 있다. 반려동물 양육비도 만만치 않으니 낡은 수건, 담요, 쿠션을 반려 동물의 침구로 재사용한다.

영국에서는 4명 중 1명이 개를 키우는데, 개체수로 따지면 약 900만 마리다. 호주는 개를 키우는 가구 비율이 세계 최고로 10가구 중 4가구가 개를 키운다.

재활용 종이로 만든 고양이 모래는 점토로 만든 모래보다 흡수력이 3배나 높고 독성이 없으며 먼지도 나지 않는다.

고양이 모래

고양이는 실외 공간이 없는 아파트나 정원이 좁은 집에서도 키울 수 있다. 고양이 모래 덕분이다.

지구에 미치는 영향

고양이 모래는 점토나 실리카로 만든다. 소듐 벤토나이트 점토가 흔히 쓰이는데 수분을 흡수하면 덩어리가 져서 그 부분만 걷어낼 수 있다. 전 세계 벤토나이트의 약 70%가 미국 와이오밍주의 노천 광산에서 나온다. 그런데 점토를 얻기 위해 겉흙을 걷어내므로 야생생물의 서식지가 파괴되고 자연경관이 훼손되고 있다.

실리카는 모래에 함유된 석영에서 얻는데 흡착성이 좋아 고양이 소변과 대변 처리에 유용하다. 하지만 실리카 먼지는 고양이는 물론 사람의 호흡기에도 문제를 일으킬 수 있다. 다 쓴 모래에 박테리아와 기생충이 있을 수 있으니 반드시 쓰레기통에 버려야 하는데, 고양이 모래는 재활용도 분해도 되지 않아 매립지에 그대로 남는다.

이렇게 바꿔볼까?

- 신문지, 톱밥, 대팻밥, 오렌지 껍질, 옥수수 속대, 밀 껍질, 대나무, 땅콩 껍데기 등 지속 가능한 원료로 만든 고양이 모래를 쓰면 쓰레기도 줄이고 실리카 등 귀중한 천연자원의 수요도 줄일 수 있다.
- 고양이 배설물은 톡소플라스마 기생충 알 때문에 변기에 넣거나 퇴비로 만들면 안 된다. 이 기생충 알은 단단한 껍질에 싸여 있어 하수 처리 시설에서도 죽지 않고, 강이나 바다로 들어가 수달 등의 야생동물을 감염시킬 수 있다. 고양이 배설물 속 기생충은 퇴비화 과정을 거쳐도 죽지 않으므로 고양이 배설물을 퇴비로 쓰면 톡소플라스마가 사람과 다른 동물에게 옮겨갈 수 있다. 임산부와 면역력이 낮은 사람에게 특히 위험하다.

토지, 물, 화석 연료, 인산염, 살충제 사용 등 육류 생산에 따른 환경 발자국 중 약 1/4이 반려동물의 사료에서 나온다. 네덜란드의 곤충 사육 기업 '프로틱스'(Protix)는 음식물 쓰레기를 이용해 6일 만에 20m²의 공간에서 반려동물과 가축의 사료 원료로 쓰이는 곤충 1t을 생산한다.

반려동물 사료

옛날에는 개와 고양이에게 먹다 남은 음식이나 식품 부산물 등을 먹이로 주었다. 요즘엔 알레르기 등 점점 늘어나는 각종 질환 때문에 반려동물 전용 사료의 사용이 늘고 있다.

좋은 품질의 단백질이 든 사료를 원하는 반려동물 보호자들이 늘고 있다. 요즘엔 전 세계 육류와 생선 생산량의 약 20%가 반려동물 사료로 쓰인다.

지구에 미치는 영향

전 세계적으로 반려동물을 키우는 사람이 늘어나면서 사료 수요가 늘고 육류와 생선의 수요 역시 늘고 있다. 가축 사육이 늘어나면 온실가스 배출량도 늘어난다. 반려동물 사료용 어류 수요는 과도한 남획의 원인이 되고, 저렴한 가격을 원하는 소비자의 요구 때문에 어업 노동자들이 열악한 노동환경을 감수해야 하는 상황이 빚어지고 있다.

또한 사료를 지나치게 많이 먹이는 보호자들 때문에 반려동물의 비만 및 각종 질환이 늘고 의료비 지출 역시 늘고 있다. 세계적으로 비만을 앓고 있는 반려동물 비율은 22~44%다. 사료를 지나치게 많이 주면 오히려 기대 수명이 최대 2년까지 줄어들 수 있다.

이렇게 바꿔볼까?

- 사료의 적정량을 수의사에게 문의하고 과식하지 않게 한다.
- 지속 가능한 반려동물 사료를 알아본다. 네덜란드 기업 '요라'(Yora)는 곤충 단백질 40%에 귀리, 감자를 섞어 반려동물 사료를 만드는데, 음식물 쓰레기와 채소를 써서 키우는 동애등에 유충을 사용한다.
- 개와 고양이도 균형 잡힌 영양분 섭취가 필요하다. 식물성 사료로 바꾸려 한다면 먼저 수의사와 상의한다.

직장과 학교

영국에서는 일회용 커피 컵이 하루에 700만 개, 한 해에 25억 개 사용된다.
아일랜드에서는 한 시간마다 2만 2,000개의 테이크아웃 커피 컵이 버려진다.

테이크아웃 컵

요즘엔 들고 다니며 마시는 커피가 인기다. 우리 할머니 세대에는 플라스틱 컵에 마시는 커피를 상상할 수 없었다. 아직도 품질 좋은 도자기 찻잔이나 받침 딸린 우아한 찻잔 대신 테이크아웃 컵을 쓰는 걸 좋지 않게 여기는 사람이 많다.

일회용 커피 컵이 쓰이기 시작한 것은 폴리스티렌 컵이 발명된 1960년대부터다.

지구에 미치는 영향

테이크아웃 커피 컵은 아주 잠깐 쓰고 버려지는 게 문제다. '종이컵'이라는 이름 때문에 착각하기 쉬운데, 실제로는 발수를 위해 종이에 코팅된 폴리에틸렌 때문에 일반 재활용 시설에서는 처리할 수 없어 대부분 재활용되지 않고 쓰레기통에 버려져 매립장이나 소각장으로 간다.

우유나 커피가 묻어 있는 플라스틱 뚜껑은 깨끗이 씻어 재활용한다. 영국에서는 일회용 플라스틱 커피 컵 400개 중 1개만 재활용된다는 통계도 있다.

환경에 버려진 커피 컵의 종이 부분은 분해되지만 플라스틱 코팅재는 미세플라스틱으로 분해되어 야생생물의 소화기로 들어가고, 결국 우리가 먹는 음식과 물에 침투해 우리 몸으로 들어올 수 있다. 생분해되지 않는 일회용 컵이 환경에 악영향을 미칠 수 있다는 인식이 확산되면서 2015년 전후로 재사용과 퇴비화가 가능한 컵을 사용하려는 움직임이 부상했다.

2009년 호주 멜버른에서는 '킵 컵스'(Keep Cups)라는 이름의 최초의 다회용 테이크아웃 커피 컵이 판매되었다. 다회용 커피 컵을 하루에 한 번 사용하면 한 해 동안 일회용 컵 365개가 버려지는 걸 막을 수 있고, 하루에 두 번 사용하면 한 해 동안 일회용 컵 쓰레기 730개를 줄일 수 있다.

쓰레기 문제뿐 아니라 일회용 컵을 생산하는

데 필요한 원료도 문제다. 나무에서 뽑아내는 종이와 석유에서 뽑아내는 플라스틱, 유연성과 탄력성을 높이기 위한 화학물질 첨가제 때문이다. 또한 제조할 때 소비되는 에너지로 인한 탄소 배출과 베어지는 나무로 인해 더 많이 배출되는 탄소도 문제다. 재사용 가능한 컵은 일반 종이컵이나 퇴비화가 가능한 컵보다 훨씬 적은 탄소 발자국을 남긴다. 일회용 컵 대신 다회용 컵을 365일 사용하면 같은 기간 나무 다섯 그루가 흡수하는 탄소의 양만큼을 줄일 수 있다.

퇴비화가 가능한 컵의 사용이 늘고 있지만 이것도 한 번 쓰고 버리는 용도로 만들어져서 완전한 해법이 아니다. 게다가 퇴비화 전용 수거함이 충분히 설치되어 있지 않아 대부분 일반 쓰레기로 처리된다.

이렇게 바꿔볼까?

- 일회용품 없이 테이크아웃 커피를 즐기는 나만의 방식을 만든다. 유리, 대나무, 플라스틱, 스테인리스 스틸 중 어떤 소재로 만들어진 컵도 상관없다. 많이 사용할수록 나의 탄소 발자국과 내가 버리는 쓰레기가 줄어든다. 뜨거운 커피를 좋아한다면 단열 기능이 있는 컵을 고르고, 이동이 잦다면 뚜껑이 있거나 접을 수 있는 실리콘 컵이 좋다.
- 가능한 차분히 앉아 일반 컵이나 재사용 가능한 컵으로 커피를 즐긴다.
- 퇴비화가 가능한 컵이라도 재활용이 불가능하기 때문에 재활용품 수거함에 넣지 않는다.
- 일반 테이크아웃 커피 컵의 플라스틱 뚜껑은 깨끗이 씻어 재활용한다.

호주의 모든 사람이 일회용 컵 대신 재사용 가능한 컵으로 바꾸면 보잉 747 항공기가 10만 시간 운항할 때 발생하는 만큼의 탄소 배출량을 줄일 수 있다.

세계 인구 80억 명 중 49.5억 명 이상(63%)이 인터넷을 사용한다.
2017년에는 13억 명이 개인용 컴퓨터를 소유했다.

컴퓨터

컴퓨터와 인터넷을 이용해 사람들과 소통하고, 사업하고, 공부하고, 또 학위를 따고, 필요한 정보를 얻어 자신의 권리를 보호하는 현명한 결정을 내릴 수도 있다.

경제협력개발기구(OECD)에 의하면 2017년 기준 영국 가구의 91.7%가 컴퓨터를 소유하고 있다. 다른 여러 나라 상황도 비슷하다. 컴퓨터를 소유한 가구 비율이 아일랜드 83.8%, 호주 82.4%, 뉴질랜드 78%다. 그러나 2015년 미국의 여론조사기관 '퓨 리서치 센터'(Pew Research Center)의 연구를 통해 선진국과 개발도상국 사이의 컴퓨터 소유 불평등이 드러났다. 당시 개인용 컴퓨터를 소유한 인구 비율이 미국은 80%인데 인도네시아는 13%, 우간다는 3%에 불과했다.

전산 작업에 컴퓨터가 처음 활용된 1940년대 이후 1970~1980년대에 데스크톱 컴퓨터가 등장하면서 개인용 컴퓨터가 급속히 보급되었고 사람들의 삶을 변화시켰다. 빠른 속도의 컴퓨터 기술의 혁신은 최신 모델과 최고 기술을 이용해야 한다는 압박감을 사람들에게 주었다. 태블릿과 스마트폰이 컴퓨터 시장의 일부를 대체하면서 최근 매출 감소를 겪긴 했지만 컴퓨터는 많은 사람의 관심을 받는 사업이다. 2019년 1분기에만 5,800만 대 이상의 데스크톱 및 노트북 컴퓨터가 생산되었는데, 컴퓨터 평균 수명이 3~5년이라는 점을 고려해도 상당히 많은 생산량이다.

지구에 미치는 영향

컴퓨터와 관련된 환경 영향 대부분이 제조 과정에서 발생한다. 컴퓨터 크기는 점점 작아지고 있지만 여전히 제조 과정에서 자체 무게의 10배가 넘는 화학물질과 금속을 소모한다. 구리, 납, 금 등의 금속이 컴퓨터의 다양한 부품에 쓰이는데 납은 땜납이나 방사선 차폐용, 금은 핀 도금용, 구리는 도체로 사용된다. 알루미늄, 마그네슘, 실리콘, 아연, 코발트, 니켈, 철 역시 하드디스크를 만드는 데 흔히 쓰이는 원료다.

회로 기판과 스위치에는 수은 등의 중금속이, 배터리와 칩에는 카드뮴이 쓰인다. 컴퓨터 부품 제조 과정에서 매우 희귀한 재료가 사용되기도 한다. 금과 백금보다 희귀한 루테늄은 고성능 하드디스크 제조에 쓰이고 하프늄은 프로세서의 원료로 쓰인다. 하지만 지금과 같은 속도로 소비되면 10년 안에 완전히 고갈될지도 모른다.

또 다른 원료인 콜탄은 타르와 비슷한 광물인데 높은 전하량을 유지하기 위해 내열재로 사용된다. 콜탄은 노트북이나 핸드폰 등 전자 제품의 축전기 제조에 사용되는데, 전 세계 콜탄 매장량 중 80%를 보유한 콩고민주공화국에서 어린이들이 적은 임금과 위험한 노동환경에서 채굴을 하고 있다. 많은 콜탄 광산을 반군이 장악하고 있고 광산 수익금은 콩고 사람들의 복지 향상을 위해서가 아닌 전쟁 자금으로 쓰이고 있다.

컴퓨터는 전원을 연결하고 사용하는 과정에서도 에너지를 소모한다. 지금 내가 사용중인 노트북의 탄소 발자국은 286kg CO_2e인데, 이 정도면 자동차로 1,128km를 주행할 때 배출되는 양과 맞먹는다. 전체 탄소 발자국의 76.2%가 제조 과정에서, 20%가 사용 과정에서, 3.6%가 운송 과정에서, 그리고 0.2%가 폐기 후 회수 및 재활용 과정에서 발생한다.

컴퓨터 제조는 에너지 집약적인 산업이므로 제조사가 에너지 사용량과 탄소 발자국을 줄이기 위해 노력하는 것이 중요하다.

각 가정에 설치된 컴퓨터의 한 해 전력 사용량은 평균 746kW로 냉장고의 한 해 전력 사용량(500kW)보다 많다. 사용하지 않을 때도 컴퓨터 전원을 켜두면 탄소 발자국과 에너지 요금이 늘어난다(95쪽 참조). 일반적으로 데스크톱 컴퓨터의 에너지 사용량이 노트북 컴퓨터보다 많고, 노트북 컴퓨터는 태블릿 컴퓨터보다 많다.

컴퓨터는 신품 구입 후 1~2년만 지나도 구식 모델로 분류되어 최신 모델을 구입하려는 소비자의 욕구를 자극해 전기·전자 폐기물 문제를 더 심화시킨다. 낡은 컴퓨터는 컴퓨터에 든 물질의 유해성을 최소화하고 귀중한 성분과 원료를 재사용할 수 있도록 신중하게 처리해야 한다.

유엔에 의하면 2016년 기준 전 세계에서 4,470만t의 전기·전자 폐기물이 발생했고 이 가운데 적절한 경로를 통해 재활용된 비율은 20%에 불과했다. 이를 1인당으로 환산하면 2016년 1인당 전기·전자 폐기물 발생량이 6.1kg이다. 유럽은 1인당 전기·전자 폐기물 발생량이 평균 16.6kg으로 두 번째 많은 대륙이지만, 전기·전자 폐기물 관련 법규와 인센티브가 마련되어 있어 수거율이 35%로 가장 높다.

북미와 남미 대륙의 1인당 전기·전자 폐기물 발생량은 11.6kg인데, 안전한 폐기와 재활용을 위한 전기·전자 폐기물 수거율은 17%에 불과하다. 안전한 폐기와 재활용을 위한 시설과 규정이 없는 개발도상국으로 전기·전자 폐기물을 수출하는 문제는 여전히 큰 논란거리다.

컴퓨터의 재활용은 환경오염을 예방하고 자원을 최대한 활용하는 일석이조의 효과를 낸다. 미국 환경보호청에 따르면 노트북 100만 대를 재활용할 때 절약되는 에너지는 미국 3,657가구에 1년간 전력을 공급할 수 있는 양이다. 2014년 멕시코에서 실시된 연구에 의하면 재활용 원료를 사용하면 새 원료를 사용할 때보다 온실가스 배출량이 1/10로 줄고 독성 물질도 1/3로 줄어든다.

컴퓨터 제조에 사용되는 중금속은 신경계 손상, 폐 질환, 신장 손상, 암 발생 등의 건강 문제를 일으킨다. 사용되는 플라스틱의 양도 점점 늘고 있는데, 프탈레이트(30-31쪽 참조) 등 플라스틱에 첨가되는 화학물질의 유해성도 문제지만 컴퓨터가 쓰레기가 될 때 발생하는 플라스틱으로 인한 환경문제가 더 중요하다.

이렇게 바꿔볼까?

- 컴퓨터를 15분 동안 사용하지 않으면 자동으로 전원이 차단되는 자동 전원 차단 모드를 설정해 에너지 낭비를 막는다.
- 사용하지 않을 때는 전원을 꺼둔다. 멀티탭을 사용하면 컴퓨터와 주변 기기를 한꺼번에 끌 수 있어 편리하다.
- 컴퓨터 사용 중 소모되는 에너지의 대부분이 화면을 유지하는 데 사용된다. 사용하지 않을 때는 화면을 끄고, 사용할 때도 화면 밝기를 적절한 수준으로 낮춘다.
- 고장 난 컴퓨터는 수리해서 쓴다. 새 제품을 사기 전에 수리가 가능한지 확인한다.
- 전자 제품은 반드시 재활용한다. 쓰레기통에 버리는 건 절대 금물. 쓰지 않는 컴퓨터는 재활용 센터의 전자 제품 수거소나 수거 서비스를 제공하는 소매점으로 가져간다.
- 쓰지 않는 컴퓨터가 있다면 필요한 사람에게 준다.
- '스텝 이니셔티브'(STEP Initiative) 같은 컴퓨터 재활용 수거 장소를 알아본다. 컴퓨터를 판매하거나 재활용을 한다면 반드시 하드 드라이브의 모든 파일을 삭제한다.
- 새 컴퓨터를 구입하기 전에 컴퓨터의 제조 방법과 이산화탄소 절감 목표, 재생에너지 사용, 낡은 컴퓨터 수거, 유해 폐기물 관리, 재활용 및 재사용과 관련한 계획을 얼마나 투명하게 밝히는지 확인한다(256-257쪽 참조). 또 에너지 효율성과 탄소 발자국을 모델별로 비교해 선택에 참고한다.

미국 환경보호청에 따르면 컴퓨터 모니터에는 인체에 유해한 물질인 납이 최대 3.6kg까지 들어 있을 수 있다.

노트북은 유해 물질과 전력 사용량이 상대적으로 작아서 지구에 주는 충격이 데스크톱보다 작다.

나이지리아의 한 연구에 따르면 2015~2016년 나이리지아가 수입한 중고 전자 장비의 약 77%가 유럽연합 회원국에서 왔다.

리페어 카페(Repair Cafés)

세계 각지의 제조업체가 '계획된 노후화' 전략을 사용한다. 소비자에게 새 모델을 팔 기회를 늘리기 위해 제품이 금세 고장 나거나 유행에 뒤처지도록 계획해 설계하는 전략이다. 세탁기의 평균 기대 수명이 11년인데 8년쯤 쓰다 고장이 나면 제조사 대부분은 새것으로 교체하라고 권장한다.

네덜란드의 리페어 카페 10곳의 운영에 대한 연구에서 715건의 수리 사례 중 가장 많은 품목은 자전거, 진공청소기, 전기 주전자였다. 수리 성공률은 평균 70%였다.

쓰던 것을 버리고 새것을 장만하라고 부추기는 제조사의 전략과 날로 심각해지는 전기·전자 폐기물에 대응하기 위해 영국, 아일랜드, 뉴질랜드, 호주, 미국 등에서 리페어 카페 운동이 시작됐다.

2009년 네덜란드의 마르틴 포스트마가 시작한 리페어 카페는 무상 이용이 가능한 만남의 장소다. 가정에서 사용하다 망가진 물건을 가져가면 전문 기술을 가진 자원봉사자의 도움으로 용품을 수리할 수 있으며, 수리에 필요한 모든 도구와 재료도 준비되어 있다. 모두 자원봉사자인 전문 기술자들은 옷, 가구, 전기제품, 자전거, 장난감, 그릇까지 모든 품목의 수리를 돕는다.

리페어 카페는 가정용품을 오래 쓸 수 있도록 물건 수리법을 공유할 뿐 아니라, 폐기물과 탄소 배출을 줄인다. 물건을 오래 쓸수록 새 제품 생산에 투입되는 에너지와 원료의 수요가 줄어들기 때문이다. 리페어 카페는 지역사회 주민들이 교류하며 지속 가능성을 위해 노력하는 구심점이 될 수 있다.

영국 더블린의 한 리페어 카페에 사람들이 수리하려고 가져온 물건의 절반 이상이 휴대전화와 태블릿 그리고 컴퓨터였다.

미국 환경보호청의 추산에 따르면 미국에서는 매년 16억 개의 펜이 버려진다.
버려진 펜은 해변 쓰레기 중 상당한 비율을 차지하는데, 오랜 세월 바닷물과 햇빛에 접촉하면서
미세플라스틱으로 분해되어 생태계 먹이사슬에 들어올 수 있다.

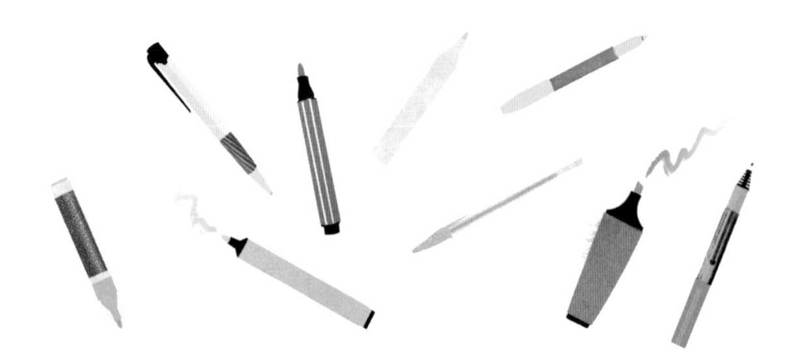

펜

요즘은 깃펜과 잉크를 쓰던 시대와 비교할 수 없을 만큼 편리한 필기도구를 쓴다. 하지만 대부분 플라스틱으로 만들어져 한 번 쓰고 버리는 일회용품이다. 게다가 서랍 속에 잠들어 있는 펜은 얼마나 많은가.

'빅 펜'(BIC pen)은 1950년대 처음 출시된 일회용 볼펜으로 플라스틱 케이스와 꼭지, 잉크가 든 플라스틱 튜브, 거칠게 깎인 텅스텐 카바이드 볼, 황동으로 된 촉으로 구성되어 있다. 이처럼 제각각 다른 재료가 혼합된 탓에 재활용이 어렵다.

지구에 미치는 영향

가격이 저렴해 쉽게 사고 버려져 쓰레기가 된다는 점이 펜의 가장 큰 문제다. 문구회사 '빅'(BIC)은 2005년에 1,000억 번째 일회용 볼펜을 판매했는데, 그만큼 많은 플라스틱을 팔았다는 이야기다.

일회용 펜은 석유에서 뽑아낸 원료와 프탈레이트 등 첨가제로 만든다(30-31쪽 참조). 잉크에 든 용제는 건강에 해로울 뿐 아니라 햇빛에 노출되면 대기오염 물질을 생성한다.

이렇게 바꿔볼까?

- 리필해서 쓸 수 있는 좋은 품질의 펜을 사용한다. 요즘엔 볼펜도, 만년필도, 화이트보드펜도, 형광펜도 리필할 수 있는 제품이 나온다. 펜을 살 때 리필용 잉크도 함께 구입한다.
- 연필을 사용한다. 못 쓰는 신문과 종이, 청바지를 재활용한 재료로 만든 연필도 있다. 나무로 만든 연필은 FSC 인증 목재를 썼는지 확인한다.
- '잉크가 필요 없는' 금속 펜을 쓴다. 금속촉을 종이에 대고 그으면 연필로 그은 것 같은 회색 선이 남는데 번지거나 지워지지 않는다.
- 무상으로 제공되는 펜은 받지 않는다.

쓸모를 만드는 창의적인 시도

많은 기업이 사용하고 남은 포장재와 재고품, 자투리, 과잉 생산품을 보관할 공간이 없다는 이유로 폐기 처분한다.

이 물건들은 용도를 바꾸면 충분히 쓸모를 찾을 수 있다. 예를 들어, 무대 소품이나 설치 미술 작품으로 변신하기도 하고 어머니의 날 선물로 드릴 공예품으로도 재탄생하기도 한다. 하지만 이 물건들이 쓰레기로 버려지면 매립지에 쌓이거나 소각장에서 불태워진다. 비영리 단체 '리크리에이트'(ReCreate)는 이러한 문제 의식에서 탄생했다.

리크리에이트는 판촉용 펜과 연필, 방직용 실이 감겨 있던 원통형 플라스틱 속심, 커피 포장재 제작 후 남겨진 알루미늄 포일 자투리 등 제조사에서 쓸모 없다고 여기는 물건들을 받아와서 학교, 가정, 지역사회 내 그룹 활동에서 창의적인 활동을 위한 재료로 쓸 수 있도록 제공한다.

영국 더블린에 있는 리크리에이트의 창고에는 화분, 단추, 병, 펜, 페인트, 풀, 끈 등 창의적인 활동을 위한 보석들이 가득 차 있다.

리크리에이트의 회원이 되면 누구나 물건을 이용하고 교육 활동에 참여하고 조언을 받을 수 있다. 리크리에이트는 취약계층이나 학교를 위한 교육 활동을 조직하고, 이들에게 무상으로 문구와 공예용품을 제공한다.

이들의 목표는 매립지나 소각장의 쓰레기가 될 뻔한 물건들을 구해내서 사람들의 호기심과 창의성, 환경보호 의식을 고취하는 것이다.

전 세계적으로 프린터의 잉크 카트리지가 하루 100만 개씩 버려진다.
영국에서만 한 해에 5,500만 개의 토너 및 잉크 카트리지가 버려진다.

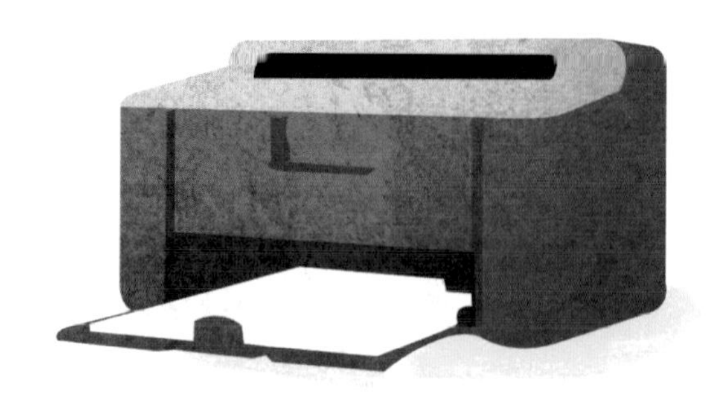

프린터와 잉크

집이나 사무실에서 컴퓨터에 연결해 자료를 인쇄할 수 있는 프린터 덕분에 탑승권이나 영화 티켓, 사진과 은행 거래 명세서까지 직접 인쇄하는 등 일대 혁명이 일어났다.

최초의 컴퓨터 프린터는 1938년에 개발되었고, 1971년에 건식 인쇄기(나중에 '제록스'라는 이름으로 불렸다)가 컴퓨터에 연결되면서 레이저 인쇄의 시대가 열렸다. 하지만 가정에서 이용할 수 있을 만큼 가격이 저렴하고 크기가 작은 프린터가 등장한 것은 그로부터 수십 년이 지나서였다.

2018년 영국인의 인터넷 이용과 관련한 설문조사에 따르면, 성인의 약 40%가 데스크톱 컴퓨터를 소유하는 것으로 나타났다. 컴퓨터를 가진 사람들이 모두 프린터를 가지고 있지는 않은데, 그들 가운데 절반만 가지고 있다 해도 세상에는 아주 많은 프린터가 있고(영국만 따져도 약 2,900만 대다), 그 많은 프린터가 작동하려면 엄청나게 많은 전기와 잉크가 소모된다.

가정과 사무실에서 사용하는 프린터는 크게 잉크젯과 레이저, 두 종류다. 잉크젯 프린터는 카트리지에 들어 있는 잉크를 일련의 소형 분사기(제트)로 뿜어내 종이에 작은 점을 찍는데, 이 수많은 점이 합쳐져 이미지나 단어를 만든다. 레이저 프린터는 컴퓨터나 태블릿의 데이터를 전자 회로를 이용해 처리한 뒤 레이저 빔을 종이 위에 쏘아 정전기 패턴을 생성하고, 이 정전기가 토너(교체 가능한 카트리지에 들어 있다)를 끌어당겨 종이 표면에 부착한다.

지구에 미치는 영향

프린터의 환경 발자국은 프린터와 잉크 카트리지의 제조·운송·사용·폐기 과정에서 발생한다. 2012년 잉크젯 프린터의 전주기 환경 영향 평가 연구에 따르면, 가장 큰 환경 발자국은 인쇄 과정에서 나오고 그다음으로 프린터의 제조 과정, 그다음이 전력 소비에서 나온다. 잉크젯 카트리지의 환경 발자국은 주로 수거, 재활용, 폐기 같은 수명 종료 단계에서 나온다.

잉크젯 프린터는 잉크 용액과 안료가 든 잉크 카트리지를 사용하고, 레이저 프린터는 미세 분말이 든 토너 카트리지를 사용하는데 이 분말의 주성분은 고운 가루 형태의 폴리에스터다. 잉크는 대부분 물, 에틸렌글리콜, 알코올 등을 주요 성분으로 사용하므로 독성이 없다. 하지만 유색 안료, 수지, 블랙 카본, 미량의 중금속(납, 카드뮴, 수은, 육가크롬 등)은 피부나 눈에 자극을 줄 수 있으며, 적절한 폐기 절차를 따르지 않으면 컴퓨터와 잉크 카트리지에서 이런 물질이 새어 나와 환경을 오염시킨다.

레이저 프린터용 토너 카트리지 하나를 새로 만들 때 소모되는 에너지는 4.8kg CO_2(일반 자동차로 약 160시간 주행할 때 발생하는 배출량)의 탄소를 배출하는데, 재활용 또는 재생 카트리지는 약 2.4kg CO_2의 탄소를 배출한다. 즉, 재사용 가능한 상태로 정비되어 리필된 재생 카트리지는 에너지와 자원을 절약하고 소비자의 비용 부담까지 덜어주는 최선의 선택이다. 전 세계에서 판매되는 카트리지의 약 20%가 재생 카트리지다.

물론 프린터는 사용할 때도 에너지를 소모한다. 화석연료를 써서 생산한 전기라면 프린터로 인쇄를 할 때 당연히 온실가스가 배출된다. 레이저 프린터는 사용 과정에서 소량의 오존, 빠른 건조를 돕는 휘발성 유기화합물, 미세 입자를 방출한다. 환기가 잘 되지 않는 좁은 방에 높은 농도로 미세 입자가 축적될 경우 인체 건강에 영향을 미칠 수 있다. 아직도 미국 환경보호청은 이 미세 입자를 유해 물질로 분류하지 않고 골칫거리로만 분류하고 있다.

날마다 무려 100만 개의 레이저 및 잉크젯 카트리지가 버려지는데, 그 가운데 상당수가 매립지에 버려진다. 매립지에 버려진 카트리지는 수백 년에 걸쳐 서서히 분해되면서 자연환경으로 화학물질을 방출한다. 잉크젯이나 레이저 프린터 카트리지에 사용된 재료 중 97%는 재활용할 수 있고, 이것을 재활용하면 새 카트리지 제조에 투입해야 하는 새 원료와 에너지를 그만큼 절약할 수 있다. 그런데 현재 전 세계적으로 토너 카트리지의 재활용률이 약 30%에 그친다고 하니 그야말로 엄청난 낭비다.

수명이 다한 프린터는 점점 심각해지는 전 세계 전기·전자 폐기물 문제를 키우는 원인이다 (78-81쪽 참조). 하지만 못 쓰는 프린터를 수거해 재활용하거나 재생하면 다시 사용할 수 있다.

최근까지 수명이 다한 프린터는 재활용을 위해 개발도상국으로 보내졌다. 그러나 합리적인 규정과 관리 감독이 없으면 매립지나 소각장으로 간다. 요즘은 유럽연합과 호주, 뉴질랜드 등 여러 나라에서 관련 규정이 강화되어 프린터를 포함한 전자 폐기물에 대한 재활용 서비스가 시행되고, 많은 제조사가 다 쓴 토너와 잉크 카트리지 수거 서비스를 제공하고 있다.

이렇게 바꿔볼까?

- 꼭 필요할 때만 인쇄를 한다. 에너지와 종이, 잉크, 돈 그리고 탄소 배출량을 줄일 수 있는 방법이다.
- 인쇄 기본 설정을 양면 출력, 여러 쪽 모아 찍기로 선택하고, 컬러 인쇄가 기본 설정으로 되어 있지 않은지 확인한다. 잉크 절약 또는 회색 모드를 선택해 잉크 사용량을 줄이고, '인쇄 미리 보기' 기능을 이용해 실수로 인한 낭비를 방지한다.
- 잉크 카트리지를 리필해서 사용하면 쓰레기가 줄고 비용도 절약된다.
- 다 쓴 토너와 잉크 카트리지는 반드시 재활용한다. 일부 제조사와 소매점, 자선 단체가 다 쓴 카트리지 수거 서비스를 제공한다. 제조사 웹사이트를 확인하거나 구매처에 문의할 것.
- 프린터를 사용하지 않을 때는 전원을 꺼둔다. 대기 모드로 두면 에너지가 낭비되고 전기 요금과 탄소 발자국이 늘어난다(64-65쪽, 95쪽 참조).
- 프린터를 살 때 에너지소비효율 1등급인 잉크젯 프린터를 선택한다. 잉크젯이 레이저젯 프린터보다 에너지 효율과 비용 효율이 더 높다. 구매 전에 제조사 정보를 충분히 검토해 에너지 효율이 높은지, 수명이 다한 카트리지와 프린터의 수거 서비스를 제공하는지, 제조할 때 재활용 재료를 사용하는지, 유해 물질이 없는 잉크를 생산하는지 확인한다.
- 사용자가 잉크통에 직접 잉크를 보충할 수 있는 잉크젯 프린터도 있다. 카트리지가 아예 필요하지 않으며 잉크통(일부 제조사는 '에코 탱크'라고 부른다)이 비면 다시 잉크를 채우면 된다. 또 잉크 잔량을 쉽게 확인할 수 있어서 중요한 문서를 인쇄하려는 순간 잉크가 떨어지는 사고를 피할 수 있다는 것도 장점이다. 제조사 주장에 의하면 카트리지형 프린터보다 잉크 보충이 가능한 프린터가 잉크를 80% 절약할 수 있다.
- 직장에서는 인쇄 관리 방안을 마련한다. 예를 들어 에너지 효율이 높은 프린터를 배치하고, 양면 인쇄 및 흑백 인쇄 등 인쇄 관련 규칙을 정한다.
- 망가졌거나 쓰지 않는 프린터는 재활용될 수 있도록 소매점이나 전기·전자 폐기물 수거소에 가져다준다. 수거 서비스를 제공하는 제조사도 있으니 확인할 것.

재활용 플라스틱으로의 이동

HP는 최근 자사 잉크 카트리지의 80% 이상과 레이젯 토너 카트리지의 100%를 재활용 재료로 만들고 있다고 발표했다. 그리고 22만 7,000kg 이상의 해양 플라스틱을 사용해 정품 잉크 카트리지를 만들었다.
델(Dell)은 해양 플라스틱을 재활용한 재료로 컴퓨터 제품 포장재를 만들고 있다. 성형 공법으로 만드는 포장용 플라스틱 트레이는 해양 플라스틱(25%)과 재활용 플라스틱(75%)만을 써서 만드는데, 이 트레이 역시 재활용이 가능하다.

미국의 평균적인 사무 노동자는 연간 최대 1만 장의 프린터 용지를 사용하는데,
A4 용지 1장을 만드는 데 들어가는 물이 많게는 13ℓ에 이른다.

컴퓨터 인쇄용지

"인쇄 전에 잠깐 생각을 해봅시다." "인쇄하기 전에 먼저 환경을 생각해주세요." 이메일을 열어보면 종종 하단에 이런 메모가 있다. 그런데 사람들은 실제로 그 내용을 마음에 새길까? 몇 년 전만 해도 사무실에서 종이가 사라지는 세상이 곧 실현될 것처럼 보였다. 그러나 아직도 사람들은 이메일이나 웹사이트에서 얻은 정보를 종이에 인쇄한다. 인쇄용지 사용량은 줄어드는 게 아니라 오히려 늘고 있다.

종이 사용량은 업종에 따라 크게 차이가 난다. 법률 회사라면 수많은 문서를 인쇄하겠지만, 소프트웨어 회사는 종이를 거의 쓰지 않는다.

사람들은 아주 오랜 옛날부터 종이를 사용했다. 태곳적에는 석판이 글을 기록하는 데 쓰이다가 파피루스에 자리를 내주었다. 기원전 3000년 메소포타미아에서 글을 기록하는 용도로 파피루스가 처음 쓰였다. 중국 사람들은 기원전 1,500년부터 얇은 대나무 띠에 글을 썼는데, 이 대나무 띠가 최초의 종이의 토대가 된 것으로 짐작된다. 중국 역사에 따르면 서기 105년에 한나라 환관 채륜이 종이를 발명했다고 한다. 오늘날 세계 종이 생산량의 거의 절반이 중국, 미국, 일본에서 나오고, 북미 지역이 세계에서 가장 많은 종이를 사용한다.

지구에 미치는 영향

종이의 원료는 재생 가능한 자원(나무)이지만 종이의 환경 발자국은 상당히 크다. 세계자연보호기금(WWF)은 전 세계 목재의 40%가 제지 산업에 쓰인다고 추정한다. 목재의 원료인 나무는 숲에서 자라는데, 숲은 지구 육지의 31%를 덮고 있으며 공기와 물을 정화하고 탄소를 저장할 뿐 아니라 16억 인구에게 생계 수단을 제공한다. 숲은 매년 약 26억t의 이산화탄소를 흡수한다. 인류가 에너지를 얻기 위해 화석연료를 태울 때 나오는 이산화탄소 배출량의 약 1/3을 숲이 흡수한다는 이야기다. 이처럼 숲은 인간 활동이 빚

어내는 오염 물질의 최악의 영향으로부터 우리를 지켜주는 소중한 존재다.

그런데 1분마다 축구장 27개를 합친 면적의 숲이 잘려나가고 있다. 나무 한 그루가 쓰러질 때마다 탄소 저장고 하나가 사라지고 그 과정에서 탄소 배출이 일어나 기후변화를 촉진한다. 전 세계 온실가스 배출량의 25%가 농지를 만들고 도시를 건설하고 확장하기 위해 숲을 잘라내고 땅을 정비할 때 발생한다. 이 배출량의 절반이 산림 파괴와 황폐화 때문에 나온다. 한편, 제지 산업은 1t의 완제품을 생산할 때 가장 많은 물을 사용하는 사업이다. 제조 방식에 따라 다르지만 종이 1t을 만드는 데 적게는 30만ℓ에서 많게는 260만ℓ의 물이 들어간다.

종이를 만드는 데는 물뿐 아니라 화학물질도 사용된다. 나무가 자라는 숲에서는 살충제가 쓰이고 목재에서 섬유를 추출하는 펄프화 과정에서는 200여 종류의 화학물질이 쓰인다. 제지 산업은 세계 4위의 지표수 오염 유발 산업이다. 종이 표백에 사용되는 염소가 강이나 개울로 흘러들어가면 수생생물에 피해를 입힐 수 있다.

또 종이 제조는 많은 에너지를 소모하고 온실가스를 배출한다. 영국의 산업 온실가스 배출량의 6%가 제지와 펄프 제조 부문에서 발생하는데, 이 가운데 대부분이 기계를 가동하고 전기를 생산할 때 나온다. 제조 공정의 효율성 향상과 재생에너지로의 전환이 이루어진다면 온실가스 배출량을 크게 줄일 수 있다. 유럽연합은 효율성 향상과 청정에너지 사용을 통해 유럽의 펄프·제지 산업이 2050년 온실가스 배출량을 2015년 배출량의 63% 수준으로 줄일 수 있다고 예측한다.

종이 재활용은 많은 이점이 있다. 일단 나무를 보호하고 쓰레기를 줄인다. 종이 1t을 재활용하면 17~24그루의 나무를 살릴 수 있고 불필요한 매립과 소각을 줄일 수 있다. 그리고 에너지도 절약된다. 종이를 재활용하면 새 원료로 종이를 만들 때보다 에너지 사용량이 27~70% 줄어들고 물 사용량도 30~40% 줄어든다. 즉, 종이를 재활용하면 대기오염을 73%, 수질오염을 35% 줄일 수 있고, 폐지를 수집·분리·재가공하는 일자리도 창출된다.

하지만 현재 전 세계 종이 재활용률은 37%에 그친다. 우리 스스로 쓰레기를 줄이고 숲을 보호할 기회를 놓치고 있는 셈이다. 종이는 5~8회까지 반복해서 재활용해도 품질이 저하되지 않는다.

종이는 어떻게 만드나

종이는 펄프화를 거쳐 생산된다. 목재에서 얻은 섬유를 물(나무 한 그루에 약 189ℓ의 물이 필요한데 여기에 펄프화를 촉진하는 화학물질도 첨가한다)과 혼합해 현탁한 액체를 만들고, 물을 뽑아내 펄프를 형성한다. 표백 종이는 펄프 단계에서 표백 처리 후 압착하고 건조해 만든다. 요즘에는 천연 종이, 재생 종이, FSC 인증 종이, 표백 종이, 무표백 종이 등 다양한 종이가 생산되는데, 모두 레이저와 잉크젯 프린터 용지로 사용할 수 있다.

이렇게 바꿔볼까?

- 꼭 필요한 경우에만 인쇄를 한다(196-198쪽

참조).

- 종이를 살 때 '소비 후 재활용 100%' 표시가 붙은 무표백 재생지를 선택한다. 이 표시는 제조 과정에서 나오는 폐기물이 아니라 소비자가 사용했던 종이로 만들었다는 뜻이다. 이런 종이는 이미 사용된 종이에서 잉크를 제거하는 공정을 거치고 다시 표백하지 않았기 때문에 표백 종이만큼 하얗지 않다.
- 메모지나 아이들 활동 용도로 이면지를 활용한다.
- 편지 봉투에 비닐 투명창이 있다면 떼어낸 후 재활용한다. 재생종이도 재활용이 가능하다.
- 사무실에 종이 전용 수거함을 따로 두어 재활용할 종이가 다른 쓰레기에 오염되지 않게 한다.
- 종이 파쇄기에 잘게 잘린 종이도 재활용할 수 있다. 집이나 직장에서 문서 파쇄 서비스를 이용한다면 그 회사가 파쇄된 종이를 재활용하는지 확인한다.
- 염소로 표백을 하지 않은 FSC 인증 종이를 쓴다. ECF(펄프 표백에 염소를 전혀 사용하지 않는 무염소 표백) 또는 TCF(펄프화나 제지 과정에서 염소를 전혀 사용하지 않는 완전 무염소 표백) 등의 표시가 쓰인다.

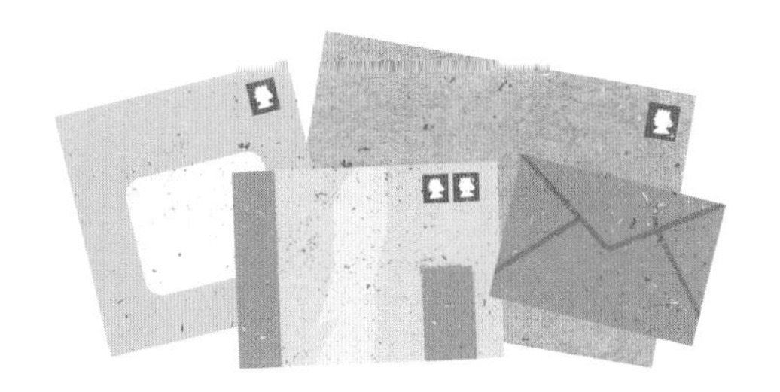

편지 봉투

편지 봉투는 종이로 만들어져 재활용이 가능하다. 그러나 비닐 뽁뽁이가 완충재로 들어 있는 봉투는 재활용이 불가능하다. 온라인 쇼핑의 배송에 자주 사용되는 비닐 봉투도 대개 재활용이 안 된다.

공적인 서한을 넣는 용도로 널리 쓰이는 비닐 투명창이 있는 봉투가 제일 헷갈리는데, 비닐 투명창은 재활용되지 않으므로 떼어내 쓰레기통에 넣고 나머지 종이 부분만 재활용함에 넣어야 한다.

봉투에 텍스트를 인쇄한 라벨을 붙이는 것보다 봉투 종이에 직접 텍스트를 인쇄하면 쓰레기가 준다. 하지만 완충재를 넣은 봉투에 라벨을 붙여 사용하면 나중에 라벨을 제거한 뒤 다시 사용할 수 있다.

편지 봉투는 비닐 투명창이 없는 재생지 봉투를 선택한다. 재활용 가능한 종이 완충재를 사용한 봉투도 있다. 보호 필름을 벗겨내 사용하는 접착 스티커가 붙어 있는 봉투도 있는데, 이 필름은 재활용되지 않아 불필요한 쓰레기가 된다. 기왕이면 봉투 몸체에 직접 접착제가 발라져 있는 제품을 선택한다.

✎ 2014년 전 세계 산업에서 사용된 에너지의 5.6%가 펄프·종이·인쇄 부문에서 사용되었다. 탄소를 흡수하고 기후변화에 대한 해결책을 제공하기 위해 전 세계적으로 복원 및 재조림이 가능한 땅의 넓이는 약 2,000만 km^2에 이른다.

2019년 스코틀랜드의 한 학교가 영국 최초로 반짝이 사용을 금지했고, 영국 유치원의 1/4이 환경보호를 위해 반짝이 사용 금지를 환영했다.

반짝이, 풀, 스티커, 크레용

내가 어렸을 때는 풀, 크레용, 물감뿐 아니라, 시리얼 상자, 화장지 속심 등 주변에서 모은 다양한 것을 미술 시간에 재료로 사용했다. 요즘에는 반짝이, 스티커, 플라스틱 눈알, 폼 입체 도형 등 많은 공예용품을 사서 쓰는 게 유행이다.

기원전 4만 년에서 1만 년 사이에도 사람들은 동굴 벽화에 빛을 반사해 반짝이는 효과를 주려고 황철석과 비슷한 운모 조각을 사용했다.

1934년 헨리 러치맨이 플라스틱 반짝이를 발명했다. 그후 사람들은 연하장, 아이섀도, 포장지, 매니큐어 등에서 반짝이의 무궁무진한 용도를 찾아냈다. 요즘엔 펜, 크레용, 풀에도 반짝이가 들어 있다.

지구에 미치는 영향

반짝이는 여러 층의 플라스틱, 착색제, 알루미늄, 이산화티타늄, 산화철 등의 빛을 반사하는 재료로 만든다. 미세플라스틱이라서 배수구로 흘러들어가면 하수 처리 시설에서 걸러지지 않은 채 환경으로 유입되어 야생생물을 위협한다.

반짝이는 너무 가벼워서 공기 중에 떠다닐 수 있고 재활용 공장에서 기계에 달라붙어 문제를 일으킬 뿐 아니라, 종이의 재활용 과정에 유입되면 크기가 너무 작아 제거하기 어려워 펄프를 오염시킨다.

집에서 직접 만든 카드나 그림에 반짝이를 붙이려면 풀을 써야 한다. 그런데 풀을 제조할 때 사용되는 용제는 대기를 오염시킨다. 따라서 용제의 함량이 낮거나 용제를 전혀 사용하지 않는 풀을 쓰는 게 건강에도 좋고 환경에도 좋다.

반짝이나 플라스틱 코팅이 있는 스티커를 만들 때도 풀과 접착제가 사용된다. 스티커는 재활용이 불가능하고, 스티커를 떼어낸 종이나 스티커북도 재활용이 불가능하다.

아이가 있는 집이라면 대부분 크레용이 가득

들어 있는 서랍이나 상자가 있다. 크레용은 어린 아이에게는 그림 그리는 좋은 도구지만 지구의 입장에서는 결코 그렇지 않다. 크레용은 파라핀 왁스(석유의 부산물)에 염료와 각종 첨가제(반짝이 등)를 섞어 만든다. 파라핀 왁스는 생분해되지 않으며 각종 화학물질 첨가제는 오염을 일으킬 수 있다. 아이들이 집과 학교에서 쓰는 크레용, 그리고 음식점이나 파티에서 놀이용품으로 받아온 크레용을 합치면 아마도 엄청난 양일 것이다.

요즘에는 플라스틱 튜브 아랫부분을 돌리면 밀려나오는 크레용도 있다. 사용하기엔 편하지만 쓰레기가 훨씬 많이 생긴다. 단단한 플라스틱 튜브는 재활용이 불가능하다. 크레용 잔여물뿐 아니라 크레용을 밀어 올리는 금속 스프링이 들어 있기 때문이다.

이렇게 바꿔볼까?

- 카드를 만들거나 공예 활동을 할 때 반짝이 대신 소금, 쌀, 콩을 사용한다.
- 생분해가 가능한 반짝이를 구입한다 '플라스틱 프리'라고 표시되어 있어도 모두 100% 플라스틱 프리인 것은 아니다. 플라스틱이 조금만 섞여도 생분해되지 않으니 꼼꼼히 살펴보고 구입한다. 독립적인 기관이 점검하고 인증한 생분해성 제품인지 확인해야 하는데, 라벨이나 제조사 웹사이트에서 확인할 수 있다. 운모는 반짝이를 대체할 수 있는 천연자원이지만 채굴 과정에서 인권침해가 자주 일어나는 탓에 윤리적인 기업들은 요즘에는 운모를 사용하지 않는다.
- 용제를 쓰지 않는 풀을 사용한다. 다 사용한 포장 용기와 막대형 풀 뚜껑에 풀이 묻어 있어서 일반적인 방식으로는 재활용이 불가능하다. 테라사이클은 풀 포장 용기를 처리하는 특수한 재활용 설비를 가지고 있으니 가까운 수거소를 찾아본다.
- 파라핀 왁스를 쓰지 않고 식물성 오일과 밀랍으로 만든 크레용을 구입한다.
- 플라스틱 튜브에 든 크레용 제품은 사용하지 않는다.
- 사용하지 않는 크레용은 기증한다.
- 스티커, 플라스틱 눈알, 폼 입체도형, 구슬을 되도록 사용하지 않는다.

크레용에 새 생명을

미국의 크레용 이니셔티브(Crayon Initiative)는 음식점, 학교, 가정에서 쓰지 않는 크레용과 몽당 크레용을 수거한 뒤 녹여 새 크레용을 만든다. 크레용 쓰레기의 발생을 줄이고 새 생명을 얻은 크레용을 어린이 병원의 미술 공예 활동에 기부한다.

미국에서는 하루 1,200만 개 이상의 크레용이 만들어지고, 한 해 약 2만~3만 4,000kg의 부러진 크레용이 매립지에 버려진다.
2018년 영국의 61개 음악 축제가 행사에서 반짝이 사용을 금지했다.

'슬라임 만드는 방법'은 2017년 '방법'이란 단어가 포함된 검색어 중 최고 인기 검색어였고, 구글은 2017년을 '슬라임의 해'로 지정했다.

슬라임

아이들은 슬라임을 좋아한다. 만들기 재미있을 뿐 아니라 슬라임을 주무르고 잡아 떼고 합치는 활동을 하다 보면 모든 연령대의 아이들이 집중하느라 차분해진다. 온라인에는 '슬라임 만드는 방법' 동영상이 수천 개 있는데, 조회수 수십만을 기록한 동영상도 많다.

어느 슬라임 전문가는 유튜브 구독자 수가 65만 7,000명이 넘는다. 2018년 유튜브에는 슬라임과 관련한 영상이 약 2,900만 개나 있었다. 2018년 영국의 완구 회사 '아르고스'(Argos)가 생산한 문구·공예 제품의 1/4이 슬라임이었다.

슬라임은 PVA 접착제(폴리머)와 슬라임 액티베이터, 예를 들어 세탁 세제에 쓰이는 붕사나 콘택트 렌즈 용액 등이 반응할 때 만들어지는 신축성 있는 물질이다. 이 재료에 여러 성분을 추가해 다양한 특징을 낼 수 있다. 면도 크림을 넣으면 보송보송한 질감이 나고 보디로션을 넣으면 부드럽고 매끄러운 질감이 난다. 원하는 색소와 재료를 추가해도 된다. 반짝이도 좋고, 플라스틱 구슬, 페인트, 스펀지, 아이섀도, 매니큐어 등 추가할 수 있는 재료는 무궁무진하다.

지구에 미치는 영향

대부분의 사람들이 슬라임을 섞을 때 나는 쩍쩍, 딱딱 소리를 들으며 원하는 질감의 슬라임을 만드는 활동 자체에 재미를 느낀다. 그래서 엄청나게 많은 슬라임을 만들고 하루이틀 놀잇감으로 가지고 놀다가 버린다.

문제는 슬라임이 플라스틱이라서 생분해되지 않고 재활용도 할 수 없다는 데 있다. 쓰고 난 슬라임을 싱크대 배수구로 흘려 넣으면 시간이 흐르면서 쪼개지고 다시 쪼개져 아주 작은 크기의 마이크로플라스틱과 나노플라스틱이 된다.

PVA 접착제는 폴리비닐아세테이트로 만드는데, 단성이 좋고 먹지 않는 한 무해하다고 알려진 수용성 물질이다. 슬라임 액티베이터로 쓰이는 붕사(붕산나트륨이라고도 한다)는 세제로 개발된 것으로 피부를 자극할 수 있다. 유아기 어린이는 붕사를 먹지 않도록 세심하게 살펴야 한다. 붕사를 만지거나 흡입하는 등 반복적으로 노출되는 것도 좋지 않다.

슬라임에 추가되는 재료(반짝이, 플라스틱 구슬 등) 역시 플라스틱 쓰레기를 늘리는 요인이다 (202-203쪽 참조).

이렇게 바꿔볼까?

- 플라스틱을 재료로 쓰는 슬라임은 더 이상 사용하지 않도록 하고, 슬라임이 왜 건강과 환경에 좋지 않은지 아이들에게 알려준다.
- 슬라임을 만들 때 PVA와 붕사 대신 옥수수 가루, 식용색소, 물을 사용한다. 옥수수 가루에 샴푸나 세제를 섞는 방법도 있다. 이런 재료로도 찐득하고 쭉쭉 늘어나는 질감을 즐기며 재미난 손놀이를 할 수 있다.
- 먹을 수 있는 슬라임을 만들어본다.

슬라임 만들기

교사들이나 놀이 치료사들은 주무르고 치대는 슬라임 만들기가 심리 치료에 좋은 활동이라고 생각한다. 플라스틱을 쓰지 않는 슬라임, 먹을 수 있는 슬라임을 만드는 방법을 소개한다.

| 플라스틱을 쓰지 않는 슬라임 |

재료 옥수수 가루/물/식용색소(원하는 경우)/크고 우묵한 그릇과 숟가락

만드는 법 옥수수 가루를 그릇에 담는다. 식용색소를 물에 소량만 넣어 섞는다. 색소를 너무 많이 넣으면 손에 물이 드니 주의한다. 옥수수 가루와 물을 2:1 비율로 혼합해 섞어준다. 원하는 질감의 반죽을 위해 몇 차례 실험을 거쳐야 한다. 반죽이 덩어리지기 시작하면 물이나 옥수수 가루를 추가해 원하는 농도로 만든다.

용기에 담아 냉장고에 넣어두면 며칠은 보관할 수 있고, 냉장고에서 꺼내 물을 약간 섞어주면 다시 탱탱해진다.

| 먹을 수 있는 슬라임 |

재료 젤리 또는 마시멜로/식용색소(원하는 경우)/슈거 파우더/슈거 스프링클

만드는 법 마시멜로 또는 젤리를 전자레인지에 약 30초간 돌리거나 끓는 물이 담긴 냄비에 중탕해 녹인다. 색소를 넣어 저어준 후 슈거 파우더를 원하는 농도의 반죽이 나올 때까지 한 숟갈씩 추가한다. 반죽을 만질 때는 충분히 식었는지 확인한다.

질감과 시각적인 효과를 내고 싶다면 슈거 스프링클이나 식용 케이크 장식을 섞어도 좋다.

경고: 어떤 재료로 만든 슬라임이건 절대로 가구에 붙지 않게 하라!

여가 시간

요가 매트 1장을 만드는 데 석유 화학물질 23kg과 물 925ℓ가 소모된다.

요가 매트

바쁘고 성공한 삶을 사는 사람들에게 분주한 일상을 어떻게 관리하느냐고 물으면 종종 요가라는 대답이 나온다. 요가는 긴장을 풀어주고 마음을 차분하게 하며 자연과 조화를 이루는 느낌을 준다. 활력과 건강을 유지하면서 지구에도 바람직한 영향을 미치는 활동이다.

요즘 널리 유행하고 있는 요가는 수천 년 전 인도에서 시작되었다. 인더스 계곡에서 요가 자세를 하고 있는 사람들의 조각상이 발견되었는데, 이 조각상의 제작 연대는 기원전 3000년으로 추정된다. 요가는 신체와 정신의 수련 그리고 명상 훈련을 혼합한 것으로 다양한 훈련법이 개발되어 있다. 과거의 요가는 앉거나 선 자세로 하는 수련 방식이 많았지만, 현대의 요가는 다양한 신체 자세를 포함하고 있어서 수련에 사용하는 매트의 중요성이 갈수록 강조되고 있다.

지구에 미치는 영향

자연과의 합일을 지향하는 정신 수련이 환경에 나쁜 영향을 미칠 수 있다니 어째 앞뒤가 맞지 않는 이야기 같지만, 요가 매트의 재료는 대부분 폴리염화비닐(PVC), 즉 플라스틱이다.

PVC 매트는 저렴하고 내구성과 점착성이 좋아서 요가 자세를 취할 때 발이 미끄러지지 않는다. 그리고 완충재가 들어 있어 사용자의 신체를 보호하고 편안함을 준다. 말아 보관하기도 쉽고 깨끗이 닦아낼 수도 있다. PVC 매트의 가격은 보통 3만 원가량인데, 코르크나 천연고무 매트는 15만 원이 넘기도 한다.

PVC 매트는 많은 장점을 지녔지만 결국 플라스틱이다. PVC는 본래 파이프를 만들 때 쓰이는 단단하고 잘 휘지 않는 재료인데, 말랑말랑하고 잘 휘어지는 형태로 만들기 위해 프탈레이트 등의 첨가제를 사용한다(30-31쪽 참조). PVC는 빛과 열에 노출되면 분해되기 쉬운데, 이런 약점을 보완하기 위해 납, 바륨, 칼슘, 카드뮴 등 금속 재료로 만든 안정제를 첨가한다. 요가 매트에 추가되는 잠재적인 오염 물질이다.

안정성과 유연성을 높이기 위한 첨가제 때문에 요가 매트는 재활용이 쉽지 않다. 재사용하거나 다른 용도로 바꿔 쓰지 않는 한 매립지나 소각장으로 가게 된다. 생분해되지 않으며 불에 태우면 다이옥신을 대기로 방출하고, 매립지에 버려진 후에는 유독성 침출수를 배출하므로 신경써서 관리해야 한다.

업사이클링 요가 매트

미국의 업사이클링 기업 '슈가'(Suga)는 여러 서핑샵을 통해 사용하지 못하는 서핑 슈트를 수거한 뒤 이를 재활용해 요가 매트를 만든다. 소비자가 구입한 매트가 손상되거나 교체가 필요한 상태가 되면 회사는 새 매트를 무상으로 제공하고 낡은 매트를 수거한다. 아일랜드 회사인 '업사이클 무브먼트'(The Upcycle Movement) 역시 낡은 슈트를 수집하고 재활용해 요가 매트를 묶는 끈과 가방을 생산한다.

이렇게 바꿔볼까?

- 쓰고 있는 요가 매트를 잘 관리해 가능한 오래 쓴다. PVC 매트는 내구성이 좋아서 잘 보관하면 수십 년이 지나도 변형되지 않는다.
- 새 요가 매트를 사야 한다면 PVC 재료를 쓰지 않은 매트를 산다. 천연고무 매트는 점착성이 좋다(단, 천연고무 알레르기가 있다면 피한다). 천연고무가 지속 가능하게 관리되는 숲에서 생산된 것인지도 확인한다. 면, 코르크, 황마 등 다양한 재료로 만든 매트가 있어 선택의 폭이 넓으니 각 제품의 내구성과 점착성, 편안함과 지속 가능성을 비교하면서 지구에 어떤 영향을 미치는지 평가해 결정한다.
- 사용하지 않는 요가 매트는 필요한 사람에게 준다. 매립지나 소각장에 투입되는 순간을 최대한 늦추는 게 가장 좋은 매트 사용법이다.
- 서핑샵에서 수집한 낡은 슈트 같은 재활용 재료로 만든 요가 매트를 산다. 낡은 서핑 슈트를 이용해 요가 매트를 묶는 끈을 만드는 회사도 있다.

전 세계 요가 인구는 20억인데, 그중 절반이 매트를 사용한다면 전 세계 요가 매트의 수는 무려 10억 개다.
2017년 영국 랭커스터 대학교가 시행한 한 연구에 의하면, '요가'는 '페이스북' '트위터'와 함께 영국에서 가장 인기 있는 단어 15개 중 하나였다.
낡은 요가 매트는 캠핑용 매트나 찬 음료를 보관하는 보냉용 포장재 또는 콘서트와 축제때 들고 가는 휴대용 깔개 등 다른 용도로도 쓸 수 있다.

2017년 남성의 63%, 여성의 58%가 스포츠 활동을 했는데 그중 15%가 달리기를 했다.
전 세계적으로 하루 3,400만 켤레씩 연간 250억 켤레의 러닝화가 판매된다.
달리기용품 가운데 자원 소비와 환경 발자국에 가장 큰 비중을 차지하는 것이 러닝화다.

달리기용품

거의 모든 스포츠가 그렇듯이 요즘에는 달리기를 하려면 장비를 갖춰야 한다. 러닝화, 러닝 양말, 러닝 반바지, 발한성이 뛰어난 상의, 야간 달리기에 필요한 반사판, 달리기 시간 측정용 시계, 음악 재생과 달리기 기록 측정 기능이 있는 스마트폰까지. 문제는 이 모든 장비가 환경 발자국을 남긴다는 점이다.

달리기를 하는 사람들 대부분이 최신 장비를 사용한다. 뽐내려는 마음 때문이 아니라 걸음을 효과적으로 지탱하고 부상을 예방할 수 있는 운동화를 착용해 발과 몸을 보호하기 위함이다. 또한 지속적인 마찰로 피부가 쓸리는 것을 막아주는 신축성 있는 의류를 착용해야 한다.

요즘은 운동복에 합성섬유가 쓰이는데 수분을 흡수하고 마찰을 줄이며 땀 냄새를 억제한다. 그리고 신축성을 극대화하고 몸에 잘 맞도록 고안되어 있다. 천연섬유는 습기를 머금거나 물에 젖으면 무거워지고 피부 쓸림과 발진을 일으킬 수 있어 운동복 재질로 일반적으로 선호되지 않는다. 하지만 새로운 혁신이 이뤄지면 천연섬유 역시 좋은 성능을 발휘할 수 있을 것이다.

지구에 미치는 영향

2008년 잡지 『러너스 월드』(*Runners World*)는 마라톤에 참가하는 일반인의 탄소 발자국을 계산했다. 양말, 반바지, 티셔츠의 탄소 발자국과 달리기용품을 세탁·건조하는 데 드는 에너지, 마라톤 시합 장소와 운동 장소로 이동하는 데 드는 에너지 등 모든 것을 종합할 때, 한 사람의 총 탄소 발자국은 2,472kg CO_2e이었다(평균적인 자동차로 9,727km를 주행할 때 발생하는 탄소 발자국과 맞먹는다).

2012년 「워싱턴 포스트」(*Washington Post*)는 한 단계 더 나아가 마라톤 주자가 섭취한 음식과 관련한 CO_2 배출량과 호흡으로 내쉰 CO_2를 측정해 탄소 발자국을 계산했다. 연구 결과 느리게 달릴 때 탄소 발자국이 줄어들었다.

일반적인 러닝화 한 켤레를 제조할 때의 온실가스 배출량은 14kg CO_2e이다. 이는 평균적인 자동차로 55km를 주행할 때 발생하는 온실가스와 같은 양이다. 러닝화나 운동화는 다양한 재료를 혼합해 만들므로 재활용이 불가능하고 석유자원을 소비하기 때문에 생분해되지 않는다. 달리기를 열정적으로 하는 사람들은 1년에 최소 3 켤레의 러닝화를 소모한다. 오래 사용할 수 있는 러닝화를 구입한다면 환경 발자국을 크게 줄일 수 있다.

합성 직물인 운동복을 세탁할 때 플라스틱 미세섬유가 하수처리 설비로 들어가 종국에는 강과 바다로 흘러든다. 탈취 기능이 있는 의류에는 박테리아와 냄새를 제거하는 은 나노 입자가 포함되어 있는데 세탁할 때 떨어져 나올 수 있다. 그리고 환경에 쌓였다가 먹이사슬로 들어와서 인체 건강에 위협이 될 수 있다. 현재 측정된 은 나노의 함량 수준으로는 만성질환을 일으킬 가능성이 낮지만, 과학자들은 장기적인 노출에 따른 피해를 방지하기 위해 지속적인 모니터링을 실시하고 있다.

이렇게 바꿔볼까?

- 쓰지 않거나 자신에게 맞지 않는 달리기용품은 필요한 사람에게 준다. 이미 갖고 있는 것이 가장 지속 가능한 용품이다.
- 합성섬유 대신 오래 쓸 수 있고 지속 가능한 직물(대나무와 유기농 면을 혼합한)과 재활용 원료로 만든 친환경적인 제품을 산다. 낡은 제품을 수거해가는 서비스를 제공하는 회사도 있다. '선드라이드'(Sundried)라는 브랜드는 쓰고 난 커피 가루와 재활용 플라스틱을 이용해 고품질의 운동용품을 만든다.
- 이탈리아에 기반을 둔 브랜드 '테코'(Teko)는 달리기, 등산, 사이클, 스키용 양말을 만들 때 메리노 울, 플라스틱 음료수 병에서 얻은 재활용 폴리에스터, 폐어망에서 재활용한 합성섬유를 원료로 사용한다. 또한 독성이 없는 염료를 사용하고 포장도 최소화한다.
- 해양 플라스틱이나 재활용 플라스틱으로 만든 운동화를 산다.
- 세탁과 건조는 옷의 탄소 발자국을 늘린다. 사용한 용품을 실외에 두어 바람을 쐬어주고 되도록 세탁 횟수를 줄인다. 합성섬유 제품을 세탁할 때는 세탁기에서 미세섬유가 빠지지 않도록 구피 프렌드 세탁망(115쪽 참조)에 넣어 세탁한다.

쓰레기를 주우면서 달리는 플로깅

플로깅은 조깅을 하면서 쓰레기를 줍는 활동으로 스웨덴에서 처음 시작되었다. 달리기를 하면서 환경 정화에도 보탬이 되는 것이다. 혼자서도 할 수 있지만 플로깅 동호회나 행사를 찾아 사람들과 함께 할 수도 있다. 플로깅 열풍이 세계 전역으로 확산되고 있는데, 인스타그램에는 플로깅 게시물이 8만 3,000건 이상 있다.

세계 인구의 절반 이상이 자전거를 탈 줄 안다.
2050년에는 지구상에 50억 대의 자전거가 있을 것으로 추산된다.

자전거

자신의 힘으로 두 바퀴를 굴려 이동하는 활동은 매우 친환경적인 이동 방식이다(1위는 걷기, 2위가 자전거). 게다가 운동하느라 애쓰지 않아도 건강해진다. 일단 해보면 안다!

스포츠에 대한 관심이 늘어나고 도시 구조가 변화하면서 자동차나 대중교통 대신 자전거를 이용하는 시민들이 늘고 있다. 최근 자전거 수요 증가율은 연간 100%를 넘기고 있다.

현대의 자전거는 19세기 초 나무로 만든 크고 무거운 최초의 자전거 '페니 파딩'(큰 앞바퀴와 작은 뒷바퀴가 특징이다)에서 진화했다. 요즘 같은 형태의 자전거는 1885년 영국인 존 켐프 스탈리가 크기가 같은 바퀴 두 개와 이를 연결하는 체인을 이용하는 장치를 개발해 안전 자전거라고 이름 붙였던 때로 거슬러 올라간다.

요즘에는 몸에 달라붙은 운동복을 입은 사람들이 대열을 이룬 채 자전거를 타고 한적한 도로를 달리거나 도시 출퇴근길을 달리는 모습을 흔히 볼 수 있다.

지구에 미치는 영향

자전거로 이동하면 같은 거리를 자동차로 이동할 때보다 CO_2를 훨씬 적게 배출한다. 3.2km를 자동차로 이동할 때의 온실가스 배출량은 0.88kg CO_2인데, 자전거 이동의 온실가스 배출량은 고작 0.017kg CO_2이다. 하지만 자전거를 탈 때 사용하는 장비 역시 환경 발자국을 남긴다.

자전거는 알루미늄, 강철, 탄소섬유, 천연고무, 합성고무가 주원료고, 실리콘, 철, 구리, 망간, 마그네슘, 크롬, 아연, 티타늄, 나일론도 소량 들어간다. 알루미늄과 강철을 얻기 위해서는 보크사이트와 철광석을 채굴해야 하고, 원료의 추출과 가공까지 많은 자원과 에너지를 필요로 한다.

2019년 방글라데시에서 생산된 자전거의 전

주기 환경 영향을 분석한 한 연구에 따르면, 알루미늄 자전거가 환경 발자국이 가장 높고 그 다음이 강철 자전거였으며 탄소 섬유 자전거가 가장 적었다. 그런데 만약 대나무로 만든 자전거라면? 가나의 한 혁신가가 대나무를 이용해 가볍고 지속 가능한 자전거를 만들고 있다.

자전거의 탄소 발자국 중 67%는 원료 추출 준비와 제조 과정에서 발생하고 나머지는 조립 과정에서 5%, 사용 및 유지 보수(타이어 교체와 수리 포함) 과정에서 15%가 발생한다.

합성고무는 석유와 화학물질을 이용해 만들고 천연고무는 나무에서 얻는다. 자전거 타이어는 보통 합성고무와 강철로 만들기 때문에 전문 타이어 재활용 시설로 보내면 재활용이 가능하다. 재활용 고무를 사용하면 석유 사용량을 줄이고 타이어의 탄소 발자국도 줄일 수 있다. 합성고무로 만든 내부 튜브는 구멍이 나도 때워서 계속 사용할 수 있다.

자전거 헬멧은 폴리염화비닐(PVC)이나 폴리카보네이트 플라스틱으로 만든 외피와 충격 흡수용 폼으로 만든 내피로 이뤄진다. 충격 흡수용 폼은 스티로폼인데, 작은 플라스틱 펠릿을 부풀려 금형에 넣은 다음 증기를 주입해 필요한 모양으로 만든다. 스티로폼은 생분해되지 않으며 전문 설비에서만 재활용이 가능하다.

헬멧에 충격이 가해지면 헬멧의 폴리스티렌이 그 충격을 흡수한다. 하지만 원래의 모습으로 복원되지 않아 결국 새로 사야 하는데, 못 쓰게 된 헬멧은 재활용이 되지 않으니 쓰레기통에 버려야 한다.

이렇게 바꿔볼까?

- 자전거를 수시로 관리하면 오래 탈 수 있다. 타이어에 구멍이 나면 때워 쓴다.
- 타지 않는 자전거는 필요한 사람에게 넘긴다. 낡은 자전거를 수집하고 개조해 새 주인을 찾아주는 자전거 재생 프로젝트를 찾아본다.
- 못 쓰는 타이어는 재활용한다.
- 천연고무와 재생 합성고무로 만든 타이어를 산다.
- 새 자전거나 헬멧을 살 때 무슨 재료로 만들어졌는지 확인하고, 포장재를 최소화했거나 재활용 가능한 포장재를 쓴 제품을 찾는다. 지속 가능성을 지향하는 브랜드의 노력을 알아주자.
- 재활용 플라스틱과 해양 플라스틱을 쓰는 의류 제조사의 선례를 따르는 자전거용품 제조사를 찾아본다(211쪽, 216쪽 참조).

지속 가능한 자전거 헬멧

'에코헬멧'(EcoHelmet)은 안전성, 편의성, 지속 가능성을 모두 고려한 제품이다. 특히 자전거 대여소를 이용하지만 헬멧은 갖고 다니지 않는 사용자를 위해 설계된 제품이다. 방수 기능이 있는 재생지를 벌집 구조로 접어서 헬멧 모양으로 만들었다.
아직 시범 사용 단계지만 디자인상을 수상한 독창적인 디자인이 폴리스티렌 못지 않은 충격을 흡수할 수 있게 한다. 접어서 보관할 수 있으며 100% 재활용이 가능하다.

재활용 나일론 1만 t을 사용하면 7만 배럴의 원유를 절약하고, 온실가스 배출을 5만 7,000t CO_2e(1년 동안 6,826가구가 쓰는 전력을 생산할 때 나오는 배출량) 줄일 수 있다. 나일론을 재활용하면 새로운 원료로 만들 때보다 지구온난화 영향을 최대 80%까지 줄일 수 있다.

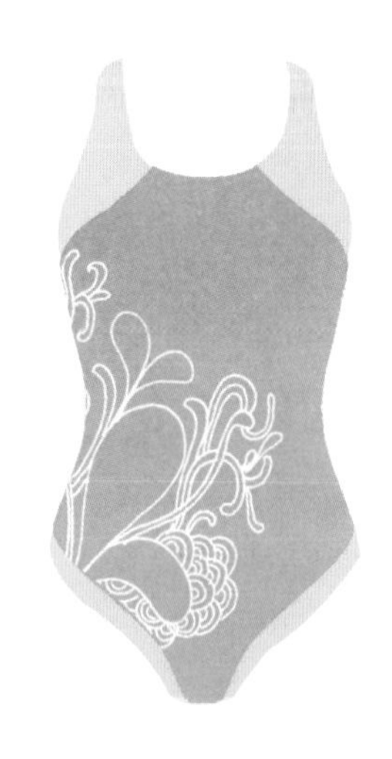

수영복

올림픽 경기에서 유체 저항을 줄이기 위해 수영 선수들이 입는 날렵한 수영복은 무슨 재료로 만들었을까. 과거의 수영복은 성능보다 단정한 외관에 중점을 두었지만 요즘은 수영하기 더 좋도록 개선된 성능을 자랑한다.

최초의 물놀이옷이 고안된 것은 19세기 후반이었다. 당시 여성용 물놀이옷의 주요 목적은 신체가 노출되지 않게 하는 데 있었다. 일반적으로 짧은 바지 위에 겹쳐 입는 드레스 모양의 옷이었는데, 물속에서도 뜨지 않도록 고안된 디자인(밑단에 무거운 재료를 넣기도 했다)과 젖어도 속이 비치지 않는 재료를 쓴 탓에 무겁고 거추장스러웠다. 1900년대 초 팔을 덮지 않아 운동에 적합한 디자인으로 개선된 남성용·여성용 수영복이 나오면서 수영이 스포츠로 발전할 수 있는 기회가 열렸다.

요즘 수영복은 나일론, 폴리에스터, 폴리부틸렌테레프탈레이트(PBT), 라이크라(엘라스테인이라고도 한다) 등의 합성 또는 플라스틱 직물을 이용해 만든다. 폴리에스터는 나일론보다 염소와 햇빛에 강하고, 라이크라는 몸에 꼭 맞아 착용감이 좋지만 염소 소독제 성분이 있는 수영장 물에 닿으면 약해진다. PBT는 표면에 독특한 패턴이 새겨진 폴리에스터로 바닷물과 수영장 물에 닿아도 성능이 저하되지 않을 뿐 아니라 신축성과 밀착성도 좋다. 한 해 약 6,500만t의 플라스틱 기반 섬유가 생산된다.

수영을 즐기는 사람이라면 수경과 수영모도 갖고 있을 것이다. 수경의 재료로는 고무, 실리콘, 폴리카보네이트 경질 플라스틱(렌즈의 재료) 등이 쓰인다. 수영모는 실리콘이나 합성섬유로 만든다.

지구에 미치는 영향

일광욕용이 아닌 수영용 수영복은 합성섬유

로 만든다. 재생 불가능한 자원인 석유에서 뽑아낸 원료로 만든 합성 수영복은 생분해되지 않는다. 수영모와 수경에 쓰이는 플라스틱 역시 마찬가지다.

수영복의 또 다른 문제는 세탁 과정에서 떨어져나오는 미세섬유가 포함된 오수가 강과 바다로 흘러들어 해양을 플라스틱으로 오염시킨다는 점이다.

폐어망과 페트병에서 뽑아낸 재활용 나일론으로 만든 수영복(216쪽 참조)은 버려지는 원료를 재사용한다는 이점이 있지만 어쨌든 합성섬유이므로 미세섬유 배출 문제를 여전히 안고 있다. 천연섬유를 소비하는 것이 대안이 될 수 있다.

서핑 선수 켈리 슬레이터가 공동 설립자로 참여한 회사 '아우터노운'(Outerknown)은 해양을 오염시키지 않는 천연 재료로 만든 차세대 수영복 개발에 나섰다. 이 회사가 출시한 세계 최초의 100% 메리노 울 수영 팬츠는 생분해되는 천연 재료로 만들어져 플라스틱 미세섬유를 배출하지 않는다. 보스숏 스타일 서핑용 팬츠인 '울라루'(Woolaroos)는 통기성이 좋아 빨리 마르고 불쾌한 냄새가 배지 않는다. 전통적인 천연 소재를 사용하고 새로운 기술을 적용해 실을 느슨하게 늘여 짠 것이라 화학물질 첨가제를 쓰지 않았는데도 내수성이 좋고 기계 세탁도 가능하다.

하지만 현재로선 수영모, 수경, 수영복 대부분이 재활용되지 않는다. 해양 스포츠를 즐기고 바다를 사랑하는 사람들이 착용하는 수영용품이 해양오염의 원천이 된다니 안타까운 일이다.

이렇게 바꿔볼까?

- 수영복을 새로 구입한다면 폐어망을 수거해 만든 재생 나일론이나 재활용 플라스틱으로 만든 수영복을 산다(216쪽 참조).
- 테라사이클 '아이웨어 제로'(Eyewear Zero) 수거 프로그램에 등록해서 사용하지 않는 고글(수경, 돋보기, 스키 고글도 가능하다)을 보내면 전문 재활용 설비에서 재활용된다.
- 수영복을 세탁망에 넣어 세탁하면, 미세섬유를 걸러내 하수로 배출되는 확률을 줄여준다(115쪽 참조).
- 수영복, 수경, 수영모를 착용한 후 깨끗한 물에 헹궈 말리면 오래 쓸 수 있다.
- 입지 않는 수영복은 수영용품 수거 서비스에 보내거나 자선단체에 갖다준다.
- 업사이클링한다. 낡은 수영복을 쿠션 충전재로 쓰거나 머리띠, 스트레스 해소용 놀이공으로 만든다.
- 천연고무로 만든 수영모는 플라스틱 재료의 수영모보다 재질이 두껍고 보온 효과가 좋다. 특히 머리에서 열이 빠져나가지 않게 하므로 바다 수영에 더 좋다고 한다.

바다에서 온 수영복

재활용 나일론, 이른바 '에코닐'을 이용해 다양한 수영 의류를 만드는 기업들이 늘고 있다. '오션포지티브'(OceanPositive)와 '바코토'(Bakoto)도 그런 기업이다.

바다에서 유실된 어망(유령 어망이라고도 한다)은 바닷물을 따라 이동하거나 해저에 가라앉아 해양생물을 옭아매 죽게 만든다. 에코닐은 이런 폐어망과 플라스틱 병, 카펫을 재활용해 만든 직물이다. '고스트 피싱 프로젝트'(Ghost Fishing Project)와 '고스트 넷 오스트레일리아'(Ghost Nets Australia) 등의 환경단체와 다이버들이 폐어망 수거에 참여하고 있다.

2018년에 바다에서 수거되어 재활용 나일론으로 재탄생한 폐어망의 양은 10만t이 넘었는데, 바다에서 유실되거나 버려진 어망 가운데 약 10%에 해당하는 양이다. 에코닐은 100% 재활용이 가능하며 에코닐을 사용하는 제조사들은 낡은 수영복을 수거해 다른 용도로 탄생시킬 방법을 찾고 있다.

오션포지티브와 '줄리엔'(Julienne)등 지속 가능한 수영복을 만드는 브랜드들은 제품 포장에도 관심을 쏟는다. 온라인으로 주문한 수영복은 플라스틱을 쓰지 않고 카사바 전분과 여러 재생 가능한 재료로 만든 포장 봉투에 담겨 배송된다. 이 봉투는 퇴비화가 가능할 뿐 아니라, 환경에 유입되어 동물이 섭취한다 해도 아무 문제가 없다.

이런 수영복 제조사들은 플라스틱 사용량을 줄이자는 메시지를 관련 업계에 전파하는 일에도 힘을 쏟는다. 예를 들어 오션포지티브는 해양 보호를 위해 사업 관행을 바꾸어야 한다며 다이빙과 관련된 활동을 하는 단체와 함께 '미션 2020'을 설립했다. 미션 2020의 첫 번째 활동은 2020년까지 관련 사업에서 일회용 플라스틱을 퇴출하겠다고 약속한 것이다.

갭(GAP) 그룹의 일원인 '애슬레타'(Athleta)사는 수영복의 85%를 재활용 재료로 만들고, 플라스틱 폐기물 7만2,264kg으로 재활용 나일론을 만들었다. 혹등고래 한 마리 무게의 2.4배에 이르는 폐기물을 매립지에서 구해낸 것이다.

영국에는 7,000개가 넘는 실내 체육관이 있고,
영국인 7명 중 1명이 회원이다.
실내 체육관에 있는 러닝 머신, 실내 자전거,
스테어 클라이머, 크로스 트레이너, 로잉 머신 등 모든
운동기구와 TV, 조명, 에어컨은 전기를 사용한다.

체육관 운동기구

많은 사람이 일주일에 몇 차례 실내 체육관을 이용하거나 집에서 러닝 머신 혹은 실내 자전거를 이용해 운동한다. 운동기구가 일상에 점점 깊숙이 들어오고 있다.

체육관, 신체 단련, 매력적인 신체상 등의 개념은 고대 그리스에서 처음 등장했다. 아테네의 아카데미와 리시움 등의 체육관은 사교와 훈련, 사회적 지위의 획득을 위한 남성들의 만남의 공간이었다.

1840년대에 프랑스인 히폴리트 트리아가 파리와 브뤼셀에 최초의 상업적 체육관을 열었다. 그리고 1897년에는 유명한 차력사였던 독일인 오이겐 산도프가 런던에 '신체문화연구소'라는 이름으로 체육관을 열었다. 신체 단련과 건장한 체격에 대한 산도프의 애착은 그가 곳곳에 세운 체육관과 함께 퍼져나갔다.

특히 선진국에서는 앉아서 시간을 보내는 생활 방식이 점점 늘어감에 따라 건강 전문가들이 신체 건강을 지키기 위한 활동의 중요성을 인식하고 적극 홍보했다.

지구에 미치는 영향

실내 체육관에 있는 러닝 머신, 로잉 머신, 실내 자전거, 일립티컬 트레이너 등 거의 모든 운동기구가 전기를 쓴다. TV, 선풍기, 에어컨, 음향 시스템, 조명도 전기를 소모한다. 실내 체육관의 에너지 사용량은 상당히 높다.

러닝 머신은 모터의 크기, 사용자의 몸무게, 설정 속도에 따라 시간당 최소 300W에서 최대 1,100W의 에너지를 소모한다. 2018년 영국의 평균 전기 요금을 기준으로 러닝 머신 1대를 1시간 동안 가동할 때 드는 전기 요금은 300원이다. 일주일에 3시간씩 러닝 머신을 이용할 때 드는 일주일 전기 요금은 900원, 1년 전기 요금은 4만 9,000원이다. 실내 체육관에 설치된 운동기구의 수와 운영 시간(24시간 운영하는 곳도 있다), 운영 중인 체육관의 수를 감안하면 실내 체육관의 에

너지 총 사용량은 어마어마하다.

영국의 체육관과 스포츠 시설이 지출하는 에너지 비용은 연간 1조 2,000억 원이다. 이는 석탄 화력발전소 2.6개가 1년 동안 생산하는 양이고, 생산 과정에서 1,000만t의 CO_2를 방출한다.

많은 현대식 기계처럼 체육관 운동기구 역시 대기 상태에도 에너지를 사용한다(94-95쪽 참조). 공기를 식히거나 샤워용수를 데우는 데 사용되는 에너지도 체육관 운동의 탄소 발자국에 추가된다.

2014년에 포르투갈 실내 체육관 공기의 질을 조사한 연구에서 높은 수준의 휘발성 유기화합물(VOC, 174-175쪽 참조)이 확인되었다. 전 세계 체육관의 건물 자재, 바닥재, 운동기구, 청소용품, 손 소독제에서 대기오염 물질인 VOC가 발생한다. 환기가 잘 되지 않으면 더 심각해진다. 많은 사람이 모여 운동하는 시간에는 먼지가 더 많이 일어나고 더 많은 먼지를 들이마시게 된다. 연구원들은 천식 및 호흡기 질환이 있는 사람에게 공기 중의 먼지와 높은 농도의 화학물질은 위험하다고 경고한다.

이렇게 바꿔볼까

- 가능한 밖에서 운동해서 탄소 발자국을 줄인다. 하루 20분씩만 운동해도 좋다.
- 운동할 때 발생하는 에너지를 이용하는 자체 동력 운동기구(러닝 머신, 로잉 머신 등)를 사용한다. 대부분의 근력 운동기구는 에너지를 사용하지 않는다.
- 에너지와 물의 효율적인 사용, 식수대 설치, 폐기물 분류와 재활용 방식 등 지속 가능성을 위해 노력하는 체육관을 이용한다.
- 집에서 쓰는 트레드밀이나 실내 자전거는 창가나 통풍이 잘 되는 곳에 놓아 운동 중에 먼지와 대기오염 물질이 호흡기로 들어올 위험을 줄인다.
- 쓰지 않는 운동기구는 새 주인을 찾아주거나 자선단체에 기증한다. 고장이 났거나 낡은 기구는 전기·전자 폐기물 재활용 수거소에 가져다준다(102-103쪽 참조).
- 집이나 직장에서 가까운 체육관을 다닌다. 걷거나 자전거를 타고 다니면 체력 단련 효과를 더 높일 수 있다. 자동차를 타고 체육관에 오갈 때 소요되는 에너지가 체육관 운동의 탄소 발자국에 큰 영향을 줄 수 있다.

체육관에 친환경 에너지를

사용자가 운동할 때 발생하는 에너지를 이용해 기계를 움직이거나 체육관 내 조명, TV 등의 전기 제품을 가동하는 방식이 점차 늘고 있다. 많은 공원 체육시설들이 이 기술을 사용하고 있다.

평균적으로 한 사람이 운동할 때 최대 300W의 에너지를 생성하는데, 이 에너지를 운동기구 작동에 사용하면 에너지 비용을 절약하고 탄소 배출량도 줄일 수 있다.

누구나 쓸 수 있는 공원 체육 시설

영국에는 1,800개 이상의 야외 체육관이 있다.

많은 지자체가 주민들이 비싼 실내 체육관 대신 이용할 수 있는 공간 마련을 위해 노력중이다. 공원의 야외 체육 시설에는 연중 노천에 비치될 수 있도록 고안된 여러 운동 기구들이 갖춰져 있어 누구나 무료로 쉽게 사용할 수 있다.

워커, 평행봉, 크로스 트레이너, 장애물, 철봉 등 하체와 상체, 코어, 유산소와 무산소 운동을 할 수 있는 다양한 기구들이 있다.

야외 체육 시설의 보급은 중국이 2008년 베이징 올림픽을 앞두고 전 국민 체력 단련 캠페인을 실시하면서부터 시작되었다. 따로 체육관 이용 비용을 들이지 않고 운동을 할 수 있도록 곳곳의 공원에 성인 체육 시설과 어린이 놀이터를 설치했다.

누구나 이용할 수 있도록 개방된 곳에 설치된 야외 체육 시설은 넛지 이론(상대방에게 특정 행동을 강요하는 게 아니라 그 행동을 할 수 있는 조건을 만들어 자연스럽게 행동 변화를 유도하는 유연한 개입 방식)의 긍정적 사례다. 이 이론에 따라 체육 시설들은 어린이 놀이터 옆 등 쉽게 찾아갈 수 있는 공간에 세워졌다.

영국의 '그레이트 아웃도어 짐 컴퍼니'(Great Outdoor Gym Company)는 장비에 '유산소 운동 충전 기술'을 적용해서 사용자가 자신의 운동에너지를 이용해 휴대 전자 기기를 충전할 수 있게 만들었다. 심장도 튼튼해지고 전자 기기 충전도 하니 일석이조다. 이 회사는 크로스 트레이너, 고정형 자전거 등 다양한 종류의 '에너지 체육 시설'을 보유하고 있다. 이곳에 설치된 기구들은 사용자가 이용할 때마다 전기를 생산해 그 공간이나 인근 건물에 불을 밝힐 수 있게 설계되어 있다.

에너지 체육 시설 한 곳에서 하루에 생산할 수 있는 에너지는 1kWh다. 45W 가로등 하나를 22시간 밝힐 수 있는 양이다. 미국 텍사스의 일부 도시들은 주민들의 건강 및 소득 데이터를 사용해 야외 체육 시설의 최적 후보지를 찾았다.

야외에서 신체 단련을 하는 동호회에 가입하면 건강뿐 아니라 자연과의 교류 덕에 정신 건강도 챙길 수 있다.

실내 체육관에 설치된 자판기 한 대의 에너지 소모는 가정용 냉장고의 10배쯤 된다.

2019년 영국에는 1,800개 이상의 공원 내 야외 체육 시설이 있다. 탄소를 전혀 배출하지 않고 운동을 할 수 있는 완벽한 장소다.

미국 웨이크 포레스트 대학이 실시한 실내 체육관 연구에 따르면, 체육관에 설치된 러닝 머신과 천국의 계단, 이 두 운동 기구만 따져도 매주 808kWh의 에너지를 소비한다.

이 정도면 일반 자동차로 2,248km를 주행할 때 소모하는 에너지와 맞먹는다.

유럽에서는 7,000개가 넘는 골프 코스에 등록된 골퍼 400만 명 이상이 활동 중이다. 그 가운데 66%가 남성, 25%가 여성, 9%가 청소년이다. 영국 골퍼 중 16%와 골프 코스의 28%가 잉글랜드에 있고, 골퍼의 10%와 골프 코스의 9%가 스코틀랜드에 있다.

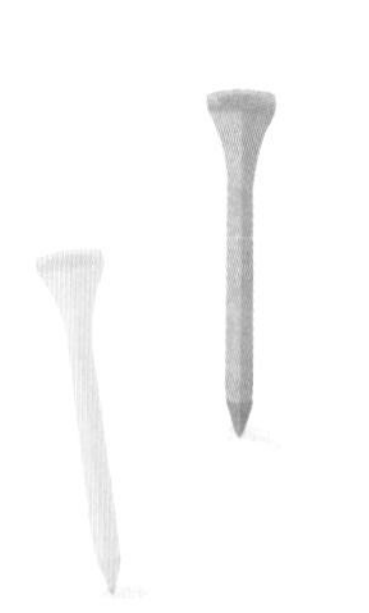

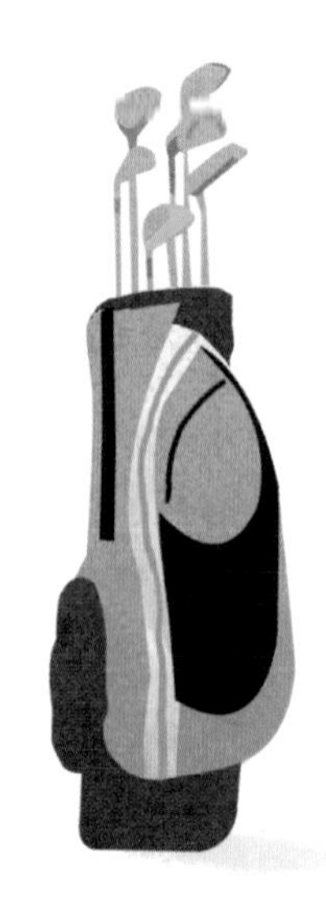

골프채

이제 골프는 명품 브랜드 점퍼를 입은 사업가들만의 상류층 문화가 아니라, 많은 사람이 사랑하고 즐기는 대중 스포츠로 바뀌고 있다.

'골프의 기원'과 '골프의 본고장'이라는 수식어에 대해서 네덜란드와 스코틀랜드 사이에 약간의 논란이 있다. 그러나 18홀 골프 코스가 최초로 탄생한 곳은 스코틀랜드로 1764년 세인트앤드루스에 티, 페어웨이, 러프, 그린으로 이루어진 첫 골프 코스가 만들어졌다. 이것이 오늘날 전 세계 골프 코스의 전형적인 구성으로 이어진다.

지구에 미치는 영향

골프 코스는 보통 아름다운 해안이나, 숲, 호숫가 등 자연의 명소 근처 드넓은 녹지에 있는데 환경을 오염시킨다는 오명을 안고 있다.

골프 코스를 조성하는 과정에서 야생생물의 자연 서식지를 파괴할 뿐 아니라 잔디를 깔끔하게 관리하기 위해 많은 양의 물과 살충제, 그리고 제초제를 투입한다. 기후·토양·식생 환경에 따라 다르지만 일반적인 골프 코스에서 여름에 잔디를 푸르고 싱싱하게 유지하기 위해 일주일에 378~3,785ℓ의 물을 사용한다. 그런데 자생식물을 가꾸고 인공 관개를 줄이며 빗물을 모아 쓰는 등 생태적인 모습을 유지하면 물 사용량을 줄일 수 있다.

골프채, 골프공, 티, 골프 카트 등 골프에 사용되는 장비 역시 환경 영향이 크다. 골프채는 스테인리스 스틸, 알루미늄, 티타늄, 흑연, 세라믹, 목재, 합성 폼을 원료로 써서 만든다. 감나무, 단풍나무 등의 목재는 변형을 막기 위해 오일이나 폴리우레탄 코팅을 한다. 원료를 추출하고 제조하면서 소모되는 에너지 역시 골프채의 탄소 발자국을 키운다.

골프채는 다양한 재료를 써서 만들기 때문에 재활용이 쉽지 않다. 그러나 금속을 주원료로 쓴 낡은 골프채는 고물상이 탐내는 물건이다.

골프공과 골프 티는 분실되거나 회수되지 않으면 쓰레기가 되기 쉽다. 매년 3억 개의 골프공이 분실되거나 버려지는 것으로 추산된다. 일반적으로 골프공에는 고무와 텅스텐, 코발트, 납 등의 중금속이 들어 있고 외피에 단단한 플라스틱 코팅이 되어 있다.

생분해가 가능한 골프공은 아직 발명되지 않았다. 그리고 어떤 골퍼도 예전에 쓰던 목재 골프공을 사용하고 싶어 하지 않는다. 그런데 요즘에는 화학물질로 처리하지 않은 대나무와 면을 사용하고, 공을 무겁게 하기 위해 중금속 대신 다른 대안 재료를 쓰는 친환경적인 골프공도 있다.

골프 코스에 방치된 플라스틱 티는 잔디깎이를 고장 낼 뿐 아니라, 오랜 시간에 걸쳐 미세플라스틱으로 분해되어 토양과 지하수로 유입된다. 값이 싼 플라스틱 티는 쉽게 부러져서 4~5라운드만 쓰면 더 이상 쓸 수 없다. 요즘에는 대나무나 재활용 플라스틱으로 만든 티도 있다. 재활용 플라스틱으로 만든 골프 티는 내구성이 매우 좋아 오래 사용할 수 있어 환경 발자국을 적게 남긴다. 대나무 등의 목재로 만든 티는 생분해가 가능하다.

골프 카트는 대부분 전기로 운행된다. 골프 코스에 설치된 재생에너지원을 이용해 직접 생산한 전기나 재생에너지 전력 사업자로부터 구입한 전기를 사용하면 골프 카트의 환경 영향을 더욱 개선할 수 있다. 요즘에는 태양광 패널을 설치해 태양 에너지로 달리는 골트 카트와 골프 카트 충전용 태양광 설비도 있다.

이렇게 바꿔볼까?

- 이용하는 골프 클럽에 토종 꽃과 식물을 심는 것을 건의한다. 살충제와 제초제 사용을 중단하고 직접 재생에너지 발전을 하거나 재생에너지 전력을 사용하고 폐기물을 줄이는 등 환경 친화적 전환에 힘쓰도록 장려하자.
- 사용하고 있는 골프채를 잘 관리한다.
- 골프공, 골프 티, 골프채를 새로 구입할 때는 지속 가능한 대안을 찾는다.
- 안 쓰는 골프채는 친구나 이웃 또는 인근의 골프 연습장이나 자선단체에 전달한다.

안 쓰는 골프채 새 주인 찾아주기

스코틀랜드에서 시작된 프로그램 '개러지 투 그린'(Garage2green)은 창고나 차고에 묵혀둔 낡았거나 사용하지 않는 골프채를 회수해 골프를 시작하는 사람들이 사용할 수 있게 제공하는 것이 목표다. '제로 웨이스트 스코틀랜드'(Zero Waste Scotland)가 지원하는 이 프로그램은 골프채의 수거, 수리, 재사용을 통해 폐기물을 줄이는 한편, 낡은 골프채를 새 제품으로 재탄생시키는 방법도 모색하고 있다.

2018년 런던 마라톤이 끝난 뒤 웨스트민스터시는 5,200kg의 쓰레기와
4만 7,000개의 플라스틱 병을 거리에서 수거했다.
2019년 런던 마라톤 때는 환경 친화적인 행사로 만들기 위해 노력했는데,
그 결과 35만 개가 넘는 플라스틱 병을 수거해 재활용했다.

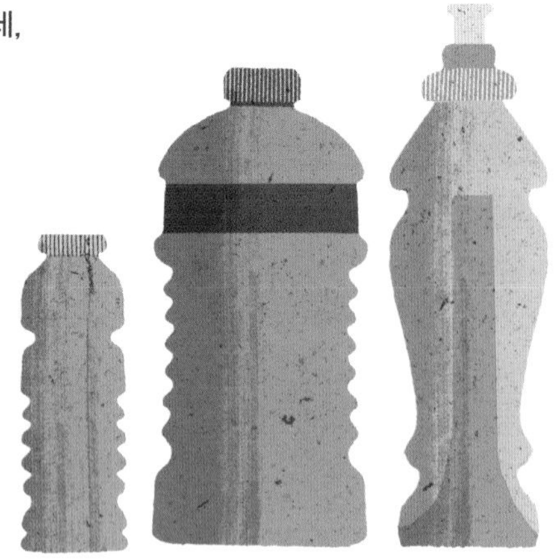

스포츠 음료와 식품

마라톤, 울트라마라톤, 트라이애슬론과 철인 경기, 바다 수영과 장거리 사이클링 같은 스포츠의 인기는 기능성 스포츠 음료와 식품 산업의 성장을 견인해온 동력이다. 요즘에는 스포츠 매장 진열대에 스포츠 젤, 아이소토닉·하이퍼토닉·하이포토닉 이온음료 그리고 단백질 보충제가 함께 놓여 있다.

전문가들은 60분 이상 집중적으로 운동하는 운동선수에게 스포츠 젤과 이온음료 및 단백질 보충제 섭취를 권장한다. 땀으로 빠져나간 수분과 전해질 그리고 탄수화물을 보충해 에너지를 회복하기 위해서다. 하지만 60분 미만의 달리기, 피트니스 수업, 실내 수영이라면 물만으로도 충분하다.

지구에 미치는 영향

스포츠 음료와 젤은 유동성 액체, 전해질, 설탕 등의 탄수화물을 혼합해 만든다. 옥스퍼드대학교의 연구에 따르면 운동 수행 능력을 향상시킨다는 일부 스포츠 음료 회사의 주장은 부적절한 연구를 근거로 삼고 있어 문제가 있다. 「영국의학저널」(*British Medical Journal*)은 당분 함량이 높은 스포츠 음료가 어린이 비만과 충치의 원인이 될 수 있으며, 이런 음료는 운동선수만 섭취하는 게 좋다고 강조한다.

보통 스포츠 음료는 플라스틱 병에 들어 있고 젤은 플라스틱 포장재에 들어 있다. 내용물이 완전히 비어 있고 오염되지 않은 플라스틱 병은 재활용할 수 있지만 파우치는 재활용이 불가능하다. 그리고 보통 시합이나 훈련 등 운동 중에 마시다가 아무 데나 던져버리기 때문에 땅에 버려져 쓰레기가 될 확률이 높다.

스포츠 행사의 주최 측은 일반적으로 급수대를 마련하여 참가자들에게 수분 보충을 위한 물이나 스포츠 음료를 제공한다. 그런데 급수대에서 멀리 떨어진 곳에 용기를 버리는 사람이 많아 자원봉사자들이 일일이 주워야 한다.

스포츠 젤 포장재에서 내용물을 짜내기 위해서는 포장재 일부를 찢어내야 한다. 빈 포장재는 쓰레기통에 제대로 버린다 하더라도 떼어낸 조각이 너무 작아 어딘가에 떨어져 결국 바다로 흘러든다. 포장재를 열 때 찢어낸 조각이 떨어지지 않게 설계한다면 환경에 큰 도움이 될 것이다.

친환경 스포츠 음료와 식품

최근에는 원료로 만든 캡슐에 들어 있어 먹을 수 있는 해초 등의 식물로 만든 캡슐 형태의 스포츠 젤과 음료 그리고 물이 나오고 있다. '오호'(Oohos)는 런던의 한 기업이 발명한 먹는 물 캡슐이다. 이 물 캡슐은 행사장 현지에서 생산할 수 있어 운송과 관련된 탄소 발자국을 줄일 수 있다. 또한 캡슐을 통째로 먹을 수 있어 쓰레기가 남지 않는다.

'곤'(Gone)은 스포츠 음료와 젤 포장에 쓰이는 포장재다. 식물성 재료로 만들어져 며칠 만에 100% 생분해되므로 스포츠 행사의 쓰레기를 줄일 수 있다.

이렇게 바꿔볼까?

- 훈련이나 경기 중 마실 물을 준비할 때 재사용할 수 있는 플라스틱 컵과 물 주머니를 사용한다. 중간에 급수대에서 물을 다시 채울 수도 있다.
- 대안적인 음료 용기를 사용한다. 요즘 일부 마라톤 대회에서는 플라스틱 병 대신 재활용이나 퇴비화가 가능한 컵을 참가자에게 제공한다. 접이식 파우치를 주기도 하는데, 튜브 꼭지가 붙어 있어 음료를 마시기 쉽고 고리가 달려 있어 벨트나 가방에 걸 수도 있다.
- 스포츠 젤과 음료를 탄수화물과 전해질을 이용해 직접 만든 뒤 재사용이 가능한 용기에 담아 휴대한다.
- 경기나 훈련 중 먹은 스포츠 젤 포장재는 운동복 속에 넣어두었다가 쓰레기통에 버린다.
- 운동하러 나갈 때는 재사용할 수 있는 물병을 휴대한다. 특별히 힘든 운동이 아니라면 물만 마셔도 충분하다.

'크로이드 오션 이벤트'(Croyde Ocean Events)와 '플라스틱 프리 노스 데번'(Plastic Free North Devon)은 '픽웰 파운데이션'(Pickwell Foundation)과 협력해 스포츠 행사를 위한 지속 가능한 플라스틱 프리 도구 상자를 개발했다.

방가진 우산에서 나오는 금속 폐기물은 연간 15만t이 넘는데
이는 에펠탑 25개를 지을 수 있는 양이다.
중국 송샤 마을은 4만 명을 고용해 중국 우산 시장의 30%인
연간 5억 개의 우산을 생산한다.

우산

우산을 좋아하는 사람도 있고 싫어하는 사람도 있다. 외출할 때마다 우산을 챙기는 사람이 있는가 하면, 곧잘 눈을 찌르고 센 바람에 뒤집히는 탓에 짜증스럽게 여기는 사람도 있다. 품질 좋은 우산부터 일회용 우산까지 다양한 품질의 우산이 생산되고 있다. 값이 싼 우산은 쉽게 망가져 비오는 날이면 쓰레기통을 가득 채우는 쓰레기가 된다.

동서고금을 막론하고 우산은 비슷한 디자인으로 만들어진다. 3,000년 전이나 지금이나 별로 달라진 것이 없다. 우산은 이집트와 중국에서 햇빛을 가리는 용도로 처음 사용되었고, 사회의 부유층 사람들이 시중드는 하인에게 들게 해 지위를 과시하는 용도로 쓰이기도 했다.

유럽에서는 우산이 16세기 후반부터 유행하기 시작했다. 당시 성직자들이 자신의 지위를 과시하기 위해 우산을 사용했고, 18~19세기에는 양산 형태의 우산이 등장해 여성용 패션 소품으로 쓰였다.

1852년 영국 셰필드 출신의 새뮤얼 폭스는 나무로 된 우산살 대신 더 가볍고 튼튼한 강철 우산살을 개발했다. 1960년대부터는 나일론과 폴리에스터가 우산용 직물로 자리잡았다. 시간이 흐르면서 다양한 색상과 크기의 우산이 제작되었고 골프용 우산과 휴대용 접이식 우산까지 등장했다.

지구에 미치는 영향

우산살은 철, 천은 나일론이나 폴리에스터 섬유, 손잡이는 플라스틱이나 나무로 만든다. 철을 얻으려면 철광석을 채굴해야 하고 철강을 제련할 때는 에너지가 소모된다. 나일론은 석유 화학물질에서 뽑아내는 것이라 세조 과징에서 이산화탄소와 배우 강력한 온실가스인 아산화질소를 배출한다. 여

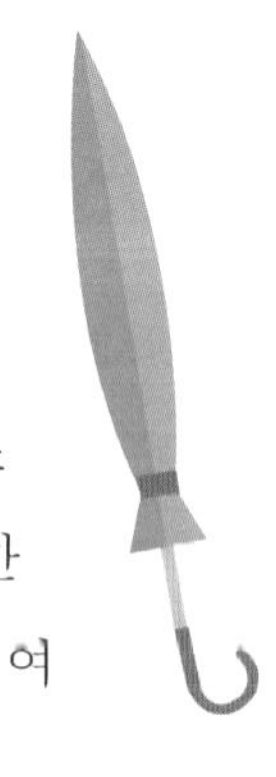

기에 우산 제조 과정에서 사용되는 에너지와 우산의 주 생산국 중국에서 소비지까지 운송하는 데 사용되는 에너지까지 고려하면 우산의 탄소 발자국은 훨씬 더 늘어난다.

버려질 때도 문제다. 우산이 망가져 쓰레기로 버려지면 매립지나 소각장으로 들어간다. 최악은 값싼 접이식 우산이 딱 한 번 쓰고 나서 버려지거나 망가지는 경우다. 눈비 올 때 잠깐 사용하고 버리기에는 너무 많은 에너지와 자원이 쓰이고 쓰레기도 많이 생기기 때문이다.

우산을 깔끔하게 보관할 수 있는 나일론 주머니도 문제다. 사람들은 대개 새 우산을 처음 사용한 후 주머니를 잃어버리거나 귀찮아서 그냥 내버린다. 비 오는 날 고객에게 제공하는 일회용 플라스틱 봉투는 더 문제다.

우산은 보통 망가지면 수리할 방법이 없다. 그래서 사람들은 좋은 우산을 사서 관리하면서 쓰기도 하고 한두 번 쓰고 버려도 아깝지 않은 값싼 우산을 쓰기도 한다. 우산은 다양한 재료가 혼합되어 있어 재활용이 불가능하다.

최근 들어 일부 디자이너들이 재료와 부품 수를 줄여 내구성을 높이고, 수리와 재활용이 쉬운 우산을 디자인하기 위해 노력하고 있다. 재활용 재료로 우산을 만드는 일에 뛰어든 회사도 있다. 예를 들어 재활용 플라스틱 물병으로 만든 원단을 사용하고, 대나무나 FSC 인증 목재를 손잡이에 사용하며, 재활용 알루미늄이나 대나무를 우산살로 사용하는 식이다.

이렇게 바꿔볼까?

- 비 오는 날에 우산 대신 후드가 달린 코트를 입는다.
- 가능하면 품질 좋은 우산을 구입해 잘 관리하며 사용한다. 보관용 주머니가 딸리지 않은 것을 고르고, 재활용이 가능하거나 지속 가능한 재료로 만든 것을 고른다.
- 비 오는 날 가게와 호텔에서 제공하는 우산 담는 봉투는 사용하지 않는다.
- 판촉용 선물로 주는 값싼 우산은 받지 않는다.

수리와 재활용이 가능한 우산

영국 디자이너 아이차 던다르는 런던 거리에 망가진 채 버려진 수많은 우산을 보고 충격을 받아 단 여섯 가지 부품만 사용해서 '드롭'(Drop)이라는 우산을 만들었다. 이 우산은 수리가 가능하고 바람이 센 날에도 거뜬히 쓸 수 있게 만들어졌다.
이탈리아에서 개발한 우산 '깅고'(Ginkgo)는 20개의 부품을 한 가지 재료를 써서 만들기 때문에 재활용이 가능하다.

2012년 호주 빅토리아에서 병원을 상대로 실시한 연구에 의하면 38군데의 병원 응급실에 한 해 평균 20명이 우산 때문에 부상을 입어 내원했다.

영국의 한 연구는 소비자의 51%가 인경사의 도움 없이
온라인이나 패션 매장에서 '패스트 패션' 선글라스를 구매한다고 밝혔다.

선글라스

선글라스는 눈을 보호하고 외모를 세련되게 꾸며준다. 요즘에는 스타일 기능이 더 강조되면서 선글라스를 여러 개 가진 사람이 많고 비싼 것보다 몇 번 쓰고 버리는 저렴한 선글라스에 대한 수요가 높아지고 있다.

햇빛으로부터 눈을 보호하는 것은 피부를 보호하는 것만큼 중요하다. UVA 광선과 UVB 자외선에 눈이 노출되면 백내장과 황반변성 등 눈 질환에 걸릴 위험이 커진다. WHO는 백내장의 20%가 자외선 과다 노출로 발생한다고 추정한다. 즉 백내장은 예방할 수 있는 병이라는 이야기다.

지구에 미치는 영향

선글라스는 플라스틱, 금속, 유리가 혼합되어 있어서 재활용이 어렵다. 선글라스 생산은 천연자원의 채굴, 화학물질 사용, 에너지 소비와 관련 있다. 선글라스 한 개의 탄소 발자국은 4.8kg CO_2e인데, 이 정도면 스마트폰을 607번 충전할 때 발생하는 탄소 발자국과 맞먹는다. 선글라스를 여러 개 가진 사람이 많고, 망가지거나 버려진 선글라스는 일반적으로 매립되거나 소각된다는 점도 탄소 발자국을 키우는 요인이다.

좋은 품질로 만들어져 수리가 가능한 선글라스는 10년 이상 쓸 수 있다. 요즘 복고풍과 빈티지 선글라스의 수요가 늘고 있으니 1980년대에 유행하던 낡은 선글라스를 버리지 않았다면 다시 꺼내 써도 손색없을 것이다.

문제는 값싼 선글라스다. 눈 보호 기능도 좋지 않고 쉽게 깨지거나 긁혀 몇 번 쓰고 버려진다.

경량 렌즈는 CR39(플라스틱 수지)나 폴리카보네이트로 만드는데, 두 재료 모두 플라스틱이라서 생분해되지 않는다. 최근에는 환경을 생각하는 제조사들이 재활용 플라스틱이나 대나무 등의 목재나 식물 기반 아세데이트를 이용해 선글라스를 만든다.

지속 가능한 선글라스를 만드는 기업 '딕 모비'(Dick Moby)에 의하면, 재활용 아세테이트로

선글라스를 만들면 물 2.56ℓ를 아낄 수 있다. 그리고 재활용 스테인리스 스틸로 안경테를 만들면 일반 스테인리스 스틸보다(0.12kg CO_2e) 훨씬 적은 0.05kg CO_2e의 탄소를 배출한다.

이렇게 바꿔볼까?

- 긁히거나 망가지지 않도록 선글라스는 안경집에 넣어 보관한다.
- 렌즈에 긁힘이 많지만 안경테가 멀쩡하다면, 안경점에서 렌즈만 복원하거나 교체할 수 있다. 호주의 세계적인 브랜드 '선글라스 픽스'(Sunglass Fix)는 교체용 렌즈를 판매한다.
- 선글라스를 추가로 구입한다면 충분히 생각한 뒤 결정한다. 영국의 '워터홀'(Waterhaul) 등 일부 제조사는 폐어망으로 만든 재활용 재료로 선글라스를 만들고 수리나 재활용을 위한 안경 수거 서비스를 기한 없이 제공한다. 두 개의 선글라스가 꼭 필요한 경우가 아니라면 '1+1' 제품은 사양한다.
- 품질은 좋으나 유행이 지났거나 어울리지 않는다고 생각해서 쓰지 않는 선글라스가 있다면 잘 보관해둔다. 언젠가 유행은 다시 돌아올 수 있으니, 그때가 되면 보관해두길 잘했다고 생각할 것이다. 영 어울리지 않는다면 새 주인을 찾아준다.
- 재활용할 수 있거나 지속 가능한 재료로 안경테를 만들고, 소비자가 선글라스를 수리해 오래 쓸 수 있도록 부품과 수리 지원을 제공하는 제조사의 제품을 구입한다. 낡은 선글라스를 수거하는 서비스가 있는지 문의한다.

콘택트렌즈

영국의 콘택트렌즈 착용자 가운데 20%가 렌즈를 변기나 세면대에 버린 적이 있다고 한다. 일회용 콘택트렌즈는 절대로 변기에 버려서는 안 되는데, 플라스틱으로 만든 것이라 수생 환경에 들어가면 야생생물에게 위험하기 때문이다.
콘택트렌즈는 재활용이 불가능하고 칸막이가 있는 투명 플라스틱 포장재(블리스터 팩)에 포장되어 나온다. 콘택트렌즈를 제작하는 회사 '바슈롬'(BauschLomb)은 재활용 단체 테라사이클과 함께 블리스터 팩 재활용 프로그램을 시작했다. 이제 사용한 블리스터 팩을 테라사이클에 보내거나 이 프로그램에 참여하는 안경점에 반납할 수 있다. 영국에서는 2019년 1월부터 플라스틱 콘택트렌즈 무상 수거 및 재활용 프로그램이 시행되었다. 렌즈 사용자는 제조사 상관없이 모든 소프트렌즈를 수거하도록 신청하거나 '부츠 옵티션'(Boots Opticians) 등 일부 안경점의 재활용 수거함에 넣을 수 있다. 수거된 콘택트렌즈와 블리스터 팩, 포일 포장재는 재활용을 통해 가구 등의 새 제품으로 탄생한다.

2013년에는 영국 성인의 40%가 종이 신문을 읽었지만, 2016년에는 29%로 떨어졌다. 인터넷 뉴스 서비스의 등장이 주요 원인으로 추정된다.

신문

여러분이 선호하는 뉴스 방식은? 트위터, 신문, 온라인, 아니면 타블로이드 신문? 그 어느 때보다 소비자의 선택의 폭이 넓어진 탓에 전통적인 종이 신문들이 고전하고 있다.

최초의 신문은 17세기 초에 등장했다. 그 전까지는 특정 사건과 관련된 공지가 수기 문서로 배포되거나 포고꾼이 큰소리로 외치고 다녔다.

1603년부터 뉴스가 실린 인쇄물이 출판되었던 일본에서는 신문의 오랜 전통이 오늘날까지 이어지고 있다. 현재 세계 신문 시장에서 발행부수 1, 2위를 차지하는 것은 요미우리 신문과 아사히 신문으로 둘 다 일본 신문이다.

미국 최초의 신문은 「퍼블릭 오커렌시스 보스 포린 앤드 도메스틱」(*Publick Occurrences Both Forreign and Domestick*)이라는 이름의 신문인데, 1690년 9월 단 1회 발행 후 영국 총독의 강압으로 발행이 중단되었다.

영국에는 1785년에 창간된 「타임스」(*The Times*)와 1791년에 창간된 「옵저버」(*The Observer*)를 비롯해 오랜 역사를 지닌 신문들이 있다. 여전히 종이 신문이 발행되지만 서서히 온라인 뉴스와 소셜 미디어 게시물에 추월당하고 있다. 「뉴욕 타임스」(*The New York Times*) 편집국장 딘 베케이는 2024년이면 지역 신문이 사라질 것이라고 예측했다. 영국에서는 2005년에서 2018년 사이 245개의 지역 신문이 문을 닫으면서 수백 명이 일자리를 잃었다.

지구에 미치는 영향

종이 신문은 여러 경로로 환경에 영향을 미친다. 종이를 만들기 위해 나무가 베어지고, 종이를 펄프화하기 위해 대량의 물과 화학물질이 사용되며, 종이를 인쇄하고 운송하는 과정에서도 많은 양의 탄소를 배출한다(199-201쪽 참조). 여기에 발행일이 지난 신문의 폐기 또는 재활용 과정에서도 탄소가 추가로 배출된다. 「뉴욕타임스」 일요판을 찍는 데 나무 7만 5,000그루가 사용되는 것으로 추정된다.

마이크 버너스리는 그의 저서 『거의 모든 것의 탄소 발자국』에서 여러 신문의 탄소 발자국을 계산했다. 재활용되는 가디언 신문 한 부가 이산화탄소 0.8kg을 배출하는 반면, 별책 부록이 포함된 주말판 한 부는 재활용되면 1.8kg, 쓰레기통에 버려지면 4.1kg의 이산화탄소를 배출한다. 즉 신문을 재활용하지 않고 그냥 버리면 탄소 발자국이 2배 이상 늘어난다는 이야기다.

2013년에 발표된 한 연구에서 종이 신문의 환경 영향을 컴퓨터나 전자 기기로 읽는 뉴스의 환경 영향과 비교했다. 하루에 십여 분씩 뉴스를 읽는 경우, 온라인이나 전자 기기의 이용이 종이 신문보다 탄소를 적게 배출한다. 하지만 30분 이상 뉴스를 읽는다면 종이 신문의 탄소 발자국이 상대적으로 줄어든다(한 해 동안 한 사람의 탄소 발자국을 계산하면 종이 신문 읽기가 28kg CO_2e, 온라인 뉴스 읽기가 35kg CO_2e이다).

종이 신문의 탄소 발자국에 가장 큰 영향을 미치는 것은 종이의 제조와 인쇄 과정이다. 온라인 뉴스 읽기의 탄소 발자국은 전자 제품의 제조보다는 제품 사용 시 에너지 소모에서 더 많이 발생하므로 재생에너지 전력 생산이 늘어남에 따라 점차 줄어들 것이다.

이렇게 바꿔볼까?

- 자신에게 알맞은 뉴스 읽기 방식을 정한다. 종이 신문을 천천히 읽는 사람이라면 읽은 뒤에 고양이 모래 대용이나 불쏘시개로 사용하거나 재활용한다. 온라인으로 뉴스를 본다면 사용하는 전자 기기를 잘 관리하여 가능한 한 오랫동안 사용한다. 기기가 느려지면 하드 드라이브를 비우거나 필요한 부품을 교체해 수리한다. 폐기물을 줄이는 것이야말로 탄소 발자국을 줄이는 중요한 방법이다.
- 재생에너지 전력 사업자가 공급하는 전기를 사용하면 온라인 뉴스 읽기의 탄소 발자국을 줄일 수 있다.
- 별책 부록 여러 권이 재활용할 수 없는 비닐봉투에 포장되어 딸려 오는 신문은 보지 않는다.
- 지역 신문을 지원한다. 일자리와 번성하는 커뮤니티는 지속 가능한 사회에 반드시 필요한 요소다.

퇴비화가 가능한 플라스틱 랩

가디언은 2019년 별책 부록의 포장에 쓰였던 플라스틱 랩 포장재를 감자 전분으로 만들어 퇴비화가 가능한 포장재로 전환했다. 이 포장재는 일반 쓰레기통에 넣지 말고 음식 쓰레기나 정원 쓰레기 수거함에 버려야 한다.

✎ 조간 및 석간 신문이 나오던 1950년대 뉴욕시에는 1,525개의 신문 가판대가 있었는데, 지금은 300개로 줄었다.

매년 약 220만 권의 책이 출판된다. 중국과 미국은 출판사 수가 가장 많은 나라다.
1인당 출판된 책 수는 영국이 가장 많다.

책

좋은 책 속으로 빠져드는 건 대단히 즐거운 일이다. 휴가나 여행을 떠날 때도 가방에 책이나 전자책 리더기를 챙겨가는 사람이 많다.

인류가 책의 매력에 빠지게 된 역사는 중국에서 처음으로 책이 인쇄되었던 기원후 868년으로 거슬러 올라간다. 15세기 말까지 유럽 전역에서 2,000만 권 넘는 책이 인쇄되었고 지금도 여전히 책이 출판되고 있다.

1935년 첫 번째 펭귄 문고본(페이퍼백)이 출판되었는데 저렴한 문고본의 출현 덕분에 누구나 책을 읽을 수 있게 되었다. 그후 일어난 일대 혁신은 2000년대 초에 등장한 전자책과 2007년에 개발된 수백 권 분량의 책 내용을 담을 수 있는 전자책 리더기 '아마존 킨들'이었다. 오디오북 역시 점점 인기를 얻고 있다. 시각 장애가 있는 사람뿐 아니라 이동 중인 사람도 책을 읽을 수 있는 장점이 있다.

지구에 미치는 영향

종이책은 종이 제작에 따른 환경 영향을 발생시킨다(199-201쪽 참조). 많은 출판사가 환경 발자국을 줄이기 위해 FSC 인증 무염소 재활용 용지와 식물성 잉크를 사용하고 책을 가볍게 만들려고 노력한다. 이 책은 본문과 표지 모두 FSC 인증 종이를 써서 인쇄했고 플라스틱 코팅을 하지 않았다.

전자책 리더기도 점점 대중화되고 있는데 역시 환경에 영향을 끼친다. 제조와 사용 과정에서 원료와 전기를 소모하며 전자 폐기물을 발생시킨다. 종이책과 전자책 중 어떤 것이 더 나은지는 간단히 답할 수 없다. 전자책 리더기 한 개를 제조할 때 소요되는 에너지와 물, 원료는 종이책 40~50권을 만들 수 있는 양이다. 또한 전자책 리더기 한 개를 사용할 때 발생하는 탄소 배출량은 종이책

약 100권을 볼 때 발생하는 양에 해당한다.

전자책 리더기의 탄소 배출량은 사용자의 이용 시간과 관련 있다. 기기를 가동하며 소모하는 에너지에서 상당히 많은 탄소 발자국이 나오기 때문이다. 게다가 전자책 리더기를 업그레이드할 때도 탄소 발자국이 추가된다. 그런데 일단 출간된 종이책은 아무리 읽어도 탄소 발자국이 늘지 않는다. 물론, 그 종이책을 우편으로 먼 곳에 있는 사람에게 보낸다면 발자국은 커진다.

오디오북 역시 기기를 가동하는 에너지에서 탄소 발자국이 나온다. 그러나 오디오북은 휴대전화로도 들을 수 있어서 별도의 기기가 필요치 않다.

만일 전자책 리더기 하나로 100권 이상의 책을 읽는다면 종이책을 100권 이상 사는 것보다 환경 영향이 적다. 그러나 많은 사람이 두 가지 모두를 이용하고 있어 어느 편이 더 좋은지 비교하는 것이 무의미하다. 또 종이책과 전자책에 대한 선호도는 사람마다 다르며 둘 중 어느 것을 선택하느냐가 정보를 이해하거나 보유하는 사용자의 능력에 영향을 줄 수 있으니 사용자 신중히 결정해야 한다. 읽히지 않는 책은 쓰레기만 늘릴 뿐이지만, 독자에게 소비되고 공유되어 삶을 개선하는 책은 소중한 자산이 된다.

이렇게 바꿔볼까?

- 다 읽은 종이책은 다른 사람에게 넘겨준다. 종이책을 공유하는 것은 애독자가 할 수 있는 가장 환경친화적인 독서법이다. 구입해 놓고 읽지 않는 책이 많다면, 책 구입을 줄이려고 노력한다.
- 도서관을 이용하는 것은 아주 지속 가능한 방법이다.
- 새 책 대신 중고 책을 구입하고, 운송과 관련된 탄소 배출을 줄이기 위해 인근 서점이나 국내 서점을 이용한다.
- 심하게 손상되어 더 이상 쓸 수 없는 책은 재활용한다. 재활용되는 책은 재생지로 다시 태어날 수 있을 뿐 아니라 매립지로 가는 쓰레기를 줄여 탄소 배출을 줄인다.
- 전자책 리더기는 가능한 오래 쓰고 전자책도 많이 읽는다.
- 전자책을 읽거나 오디오북을 들을 때 재생 에너지를 사용해 기기 사용에 따른 탄소 발자국을 줄인다. 수명이 다한 기기는 반드시 전기·전자 폐기물 수거소로 보낸다(101-103쪽 참조).

2014년 영국에서 실시한 설문 조사에 따르면
영국인의 56%가 종이책을 읽는다.
영국인의 23%는 종이책도 읽고 전자책 리더기도 사용한다.
영국인의 11%가 주로 전자책 리더를 사용한다.

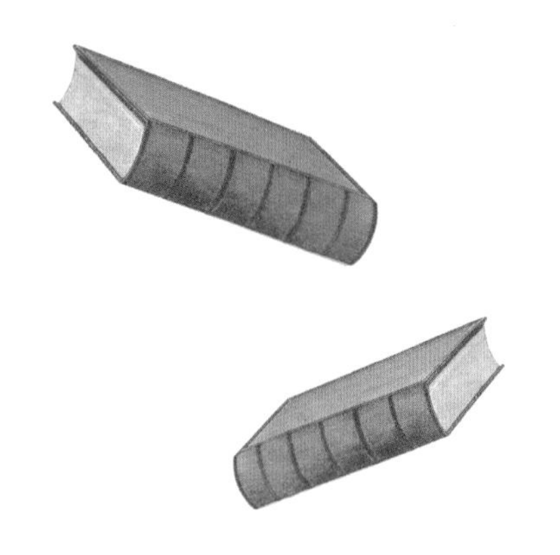

파티와 행사

미국에서는 하루에 무려 5억 개의 빨대가 사용되는데,
길게 이어붙이면 지구를 네 바퀴 돌고도 남는다.
영국의 연간 플라스틱 빨대 사용량은 약 47억 개,
호주에서는 하루에 1,000만 개의 빨대가 사용된다.
케언스에서 멜버른까지 닿을 수 있는 길이다.

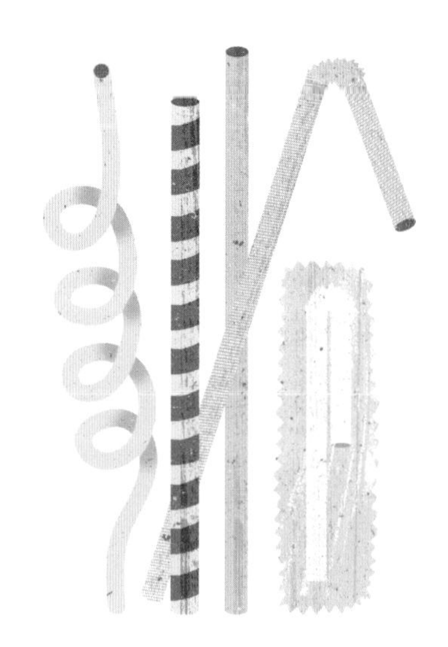

빨대

최근 몇 년 사이 플라스틱 빨대는 부정적인 소식으로만 뉴스에 등장했다. 2015년 한 해양생물학자가 바다거북의 콧구멍에 끼인 플라스틱 빨대를 빼내는 영상이 공개되어 여론을 뜨겁게 달구었다. 사람들은 해양생물에게 그토록 해로운 빨대를 꼭 써야 하는지 자문하기 시작했다.

사람들은 수천 년 동안 빨대를 사용해왔다. 메소포타미아의 양조업자들은 발효 항아리에 든 맥주를 맛볼 때 금속 빨대를 사용해 발효액 위에 뜬 부산물을 걷어내는 수고를 덜었다.

1888년 마빈 스톤이 호밀 줄기로 만든 빨대보다 튼튼한 빨대를 만들어 최초로 음료용 빨대 특허를 냈고, 1890년 종이 빨대 제조를 시작했다. 1930년대에는 조지프 프리드먼이 꺾이는 빨대를 발명했다. 1960년대에 빨대 재료는 종이에서 플라스틱으로 바뀌었고 대성공을 거두었다. 플라스틱 빨대는 종이 빨대보다 저렴하고 내구성이 좋아 다양한 크기와 모양, 색상으로 제작할 수 있었다.

컵으로 물을 마실 수 없는 질병이나 장애가 있는 사람들에게 빨대는 중요하다. 하지만 한 번 쓰고 나면 버려지는 일회용품이라 엄격한 관리 감독을 받게 되었고, 유럽연합에서는 2021년부터 사용이 금지되었다.

지구에 미치는 영향

플라스틱 빨대는 폴리프로필렌으로 만드는데 착색제와 여러 첨가제가 들어간다. 대표적인 첨가제가 가소제와 산화방지제인데, 산화방지제는 플라스틱과 산소 사이의 상호작용을 방지해 빨대의 내구성을 높인다. 폴리프로필렌은 석유에서 추출되고 빨대로 가공되는 과정에서 에너지를 소모해 탄소 발자국을 남긴다. 추가로 포장과 운송 문제도 있다.

폴리프로필렌을 재활용하는 건 기술적으로 가능하지만, 현재로서는 빨대를 재활용할 수 있는 시설이 없다. 플라스틱 빨대는 분해되는 데 200년이 넘게 걸리고, 분해된 후에는 미세플라스틱이 되어 환경에 영향을 준다.

플라스틱 빨대는 미국의 비정부기구 오션 컨저번시에서 확인한 10대 쓰레기 중 하나였고, 유럽연합 해변의 일회용 플라스틱 쓰레기 중 13번째로 많은 품목이었다. 2017년 한 연구는 전 세계 해변에 버려진 플라스틱 빨대가 무려 83억 개라고 밝혔다.

이렇게 바꿔볼까?

- 음식점이나 카페에서 포장 음식을 살 때 빨대를 아예 받지 않는다. 대부분의 사람들은 빨대 없이도 음료를 마실 수 있다.
- 인근 카페나 음식점에서 플라스틱 빨대를 쓰지 않도록 촉구하고, 플라스틱 빨대를 사용하지 않는 가게를 이용한다.
- 빨대 없는 학교 만들기 캠페인에 참여한다. 아일랜드와 영국에서 학교에 공급되는 우유팩에는 아직도 얇은 비닐에 싸인 플라스틱 빨대가 붙어 있다. 빨대도 비닐도 재활용이 불가능해 쓰레기가 될 뿐이다. 유럽연합 그리고 영국은 2021년 플라스틱 빨대의 사용을 금지했다. 호주에서는 학교에서 '빨대 안 쓰기'(Straw no More) 캠페인이 진행되고 있다.
- 종이 빨대도 일회용품이기는 마찬가지다. 무엇이든 한 번 쓰고 버리면 자원 낭비이니 가능하면 재사용할 수 있는 대안을 찾는다. 스테인리스 스틸, 대나무, 유리로 만든 빨대는 재사용이 가능하다. 통에 든 접이식 금속 빨대는 갖고 다니기에도 좋다.

필요 없는 음료 젓개

진토닉 혹은 칵테일을 한 잔 상큼하게 마시려고 주문했는데 플라스틱 빨대와 플라스틱 젓개까지 딸려 나오는 걸 경험한 적이 있을 것이다.
수백 년이 지나도 썩지 않는 물건인데 사용 시간은 겨우 몇 분이다.
딱 한 번 쓰고 나면 쓰레기가 되는 젓개를 꼭 써야 할까? 반드시 써야 한다면 재사용 가능한 스테인리스 스틸로 만든 젓개나 젓개 겸용 빨대를 쓴다. 대나무로 만들어 퇴비화할 수 있는 젓개도 있다.

✎ 플라스틱을 비롯한 각종 해양 쓰레기는 주로 환류에 모여 있다. 환류는 소용돌이 형태로 회전하는 큰 규모의 해류를 말하는데, 지구에는 5개의 대양 환류가 있다. 가장 규모가 큰 해양 쓰레기 더미는 텍사스 면적의 2배 크기인 '태평양 거대 쓰레기섬'(140-141쪽 참조)이다.

먹을 수 있는 빨대

지속 가능한 혁신이란 어떤 일을 할 때 지구에 미치는 영향을 줄이는 방법을 찾는 것이다. '롤리웨어'(Loliware)는 이런 혁신을 이뤄가는 훌륭한 회사다.

미국의 산업 디자이너 첼시 브리간티와 리 앤 터커는 플라스틱 컵과 빨대가 야생생물과 환경에 미치는 영향을 알게 된 후 일상에 변화를 이뤄내기로 결심했다. 이들은 설계를 바꿔 혁신이 가능한지 확인하고 싶었다. 그래서 선택한 것이 쓰레기를 남기지 않고 감쪽같이 사라지는 일회용품이었다.

이들은 먹을 수 있고 퇴비화가 가능한 빨대를 발명해 '롤리스트로'라는 이름을 붙였다. 디자인과 문제 풀이 과정을 흥미진진하게 만드는 '즐거운 혁신'을 통해서 사람과 지구 모두에게 좋은 빨대가 탄생했다.

롤리스트로의 모양과 기능은 플라스틱 빨대와 비슷하지만 식용으로 쓸 수 있는 좋은 품질의 해초를 원료로 만든다. 따라서 이 빨대는 사용한 후 먹을 수 있다. 최대 18시간 동안 액체에 담가두어도 변형되지 않아 종이 빨대보다 성능이 좋다. 게다가 해양이나 자연환경에 두면 자연 분해된다. 하지만 애초에 자연환경으로 유출되는 일이 없도록 먹거나 퇴비화 할 수 있는 원료를 써서 만들었다. 빨대 염료도 과일과 채소에서 얻은 천연 성분만을 사용해 안전하다.

브리칸티와 터커는 이 발명품을 2019년 말부터 상품화한다는 목표로 크라우드 펀딩을 진행했다.

아이들은 평균 238개의 장난감을 갖고 있는데 그 가운데 12개만 주로 갖고 논다.
나머지 95%는 거의 사용하지 않는다.

장난감

아이가 있는 집에는 곳곳에 장난감이 널려 있다. 걸핏하면 걸려 넘어지니 보호자는 늘 장난감을 정리하느라 신경이 곤두선다. 아이가 좋아하는 장난감은 잃어버렸다가는 큰일이 나니 특별히 잘 챙겨야 한다.

옛날에는 동물 모양 장난감, 공, 연, 요요 등을 갖고 놀았다. 옛날에는 종이, 나무, 점토, 끈으로 장난감을 만들었지만, 요즘은 금속과 플라스틱을 주로 사용해 시장에서 판매되는 장난감의 90%가 플라스틱이다.

장난감의 과도한 구입은 전 세계적인 소비 추세와 연관 있다. 사람들은 더 많은 물건을 계속해서 사들인다. 평균적인 미국 가정은 1만 5,000달러가 넘는 신용카드 부채가 있고, 연간 230t의 쓰레기를 만든다. 영국도 비슷하다. 평균적으로 소비와 관련한 가계 부채를 6,454파운드 지고 있으며 연간 91t의 쓰레기를 만든다.

장난감은 아이의 발달과 교육에 중요한 역할을 한다. 하지만 학습에는 거의 도움이 되지 않으면서 쓰레기만 늘리는 장난감도 많다.

지구에 미치는 영향

장난감을 제조하는 과정에서 천연자원과 에너지를 소모하며 폐기물도 발생한다. 또 운송과 폐기 과정에서 온실가스를 배출한다. 장난감이 많으면 많을수록 지구 환경에 미치는 영향은 커진다.

장난감은 수명이 다한 뒤에도 재활용이 어렵다. 여러 재료가 혼합되어 있을 뿐 아니라 쉽게 분리하기 어려운 위치에 배터리가 든 경우도 많다. 결국 망가진 장난감은 매립되거나 소각된다. 아이들이 밖에서 갖고 놀다 깜박 잊고 가는 장난감도 많은데, 일부는 그대로 버려져 환경을 더럽히는 쓰레기가 된다. 장난감은 해변 청소 때 흔히 발견되는 품목이다.

장난감에 함유된 독성 물질과 유해한 화학물질도 문제다. 유아기 어린이는 장난감을 입에 넣고 맛, 질감, 모양을 탐구하기 좋아한다. 플라스딕을 유연하게 만들기 위해 첨가하는 프탈레이트(30-32쪽 참조)가 건강에 유해할 수 있다는 우려도 있다. 2009년 2월 미국에서는 장난감에 3종의 프탈레이트를 0.1% 이상 함유시키는 것을 영구적으로 금지했다. 유럽연합에서도 비슷한 법규가 시행되고 있다.

장난감 구입비

영국인이 장난감을 사는 데 쏟아붓는 돈은 연간 5조 800억 원이 넘는다. 2017년 영국 어린이 1인당 평균 지출액이 57만 원이다. 2015년 연구에 따르면 아일랜드의 부모는 크리스마스 선물을 사는 데 평균적으로 자녀 1인당 37만 원을 지출했다. 그중 16%는 자녀 1인당 최대 87만 원을 지출할 수 있다고 답했다.
장난감 지출이 가장 많은 나라는 호주다. 2013년 호주의 부모들은 장난감과 게임을 구입하는 데 자녀 1인당 94만 원을 지출했다.

이렇게 바꿔볼까?

- 너무 많은 장난감을 사지 않는다. 미국의 한 아동발달학 연구에 따르면, 5세 미만 어린이에게 장난감을 너무 많이 주면 한 가지 장난감에 집중하지 못해 충분한 학습을 할 수 없다.
- 장난감을 보물처럼 여긴다. 우리 부모님 집에는 오래전 내가 갖고 놀던 장난감이 아직도 있어서 요즘엔 내 아이들이 갖고 논다.
- 재활용 재료나 나무, 양모 등의 천연 재료로 만든 장난감, 내구성이 좋아 누군가에게 물려줄 수 있는 지속 가능한 장난감을 산다.
- 가족, 친구와 장난감을 바꾸거나 공유한다. 장난감 도서관을 이용하면 여러 가지 장난감을 이용할 수 있어 다양한 재미를 즐길 수 있다. 가까운 곳에 장난감 도서관이 없으면 직접 설치를 계획하거나 제안한다.
- 쓸모가 없어진 장난감을 다른 집에 주면 더 많은 아이들에게 기쁨을 줄 수 있다. 중고 장난감 가게나 자선단체, 어린이집, 학교에 가져다주면 좋은 품질의 장난감이 쓸모를 되찾게 된다.
- 패스트푸드 판매점에서 사은품으로 주는 장난감이나 어린이 만화책에 사은품으로 포함된 장난감은 받지 않는다.
- 망가진 장난감은 수리해 사용한다.
- 장난감 대신 소풍이나 공연장, 박물관 견학 등의 체험을 통해 소중한 추억을 만들어 준다.

✎ 완구 회사 레고는 2030년까지 지금까지 써온 재료를 대체할 친환경적인 재료를 찾아 생산에 투입하는 데 10억 덴마크 크로네를 투자할 예정이다. 완구 회사 해즈브로는 테라사이클과 협력해 더 이상 쓰이지 않는 자사의 장난감과 게임을 수거해 새로운 재료와 제품으로 재탄생시키는 장난감 재활용 프로그램을 시범 운영하고 있다.

재미난 장난감 도서관

장난감 도서관은 일반 도서관이 책을 빌려주는 것처럼 장난감을 빌려준다. 회원으로 가입하면 회원 카드를 이용해 1~2주일 동안 장난감을 빌려 쓴 다음 반납하고 다른 장난감으로 바꿔올 수 있다.

뉴질랜드의 한 장난감 도서관 이용자는 크리스마스가 2주마다 찾아오는 느낌이라고 말한다. 그것도 플라스틱 쓰레기 걱정 없이 말이다.

아이 입장에서는 1~2주마다 한 번씩 장난감 가게에서 원하는 장난감을 골라 집에 가져올 수 있으니 얼마나 좋은가. 어른 입장에서도 장난감 보관에 신경을 쓸 필요도 없고 돈을 들이지 않고 그냥 빌려 쓰고 돌려주니 정말 좋다.

아이도 좋고 어른도 좋다. 이렇게 장난감을 공유하면 많은 가정이 구입하고 보관해야 할 장난감이 줄어 환경 발자국도 줄어든다.

장난감 도서관은 소액의 연간 또는 주간 이용료를 내면 회원이 될 수 있다. 거의 모든 연령대의 아동이 쓸 수 있는 장난감을 보유하고 있으니 아이가 자람에 따라 다양한 장난감을 이용할 수 있고, 어른들은 도서관에서 새로운 친구를 사귈 수 있어 일거양득이다.

1986년 미국 오하이오주 클리블랜드에서 풍선 축제 때 약 150만 개의 헬륨 풍선을 하늘로 날려보내 세계기록을 세웠다. 이 행사는 일대 장관을 연출하기 위해 계획되었지만, 날려보낸 풍선이 되돌아와 도시 전역에서 날아다니거나 떨어져 교통사고를 일으키고 인근 호수에 떠도는 엄청난 쓰레기로 변했다. 결국 풍선이 환경에 미치는 영향을 생생하게 입증한 사건으로 기록되었다.

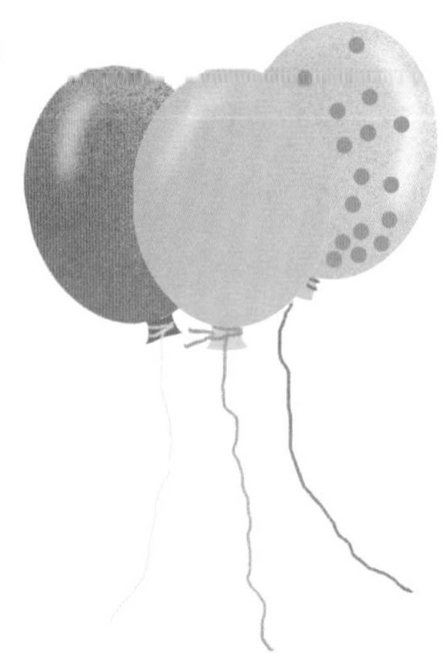

풍선

아주 옛날에는 동물의 방광에 바람을 넣어 풍선을 만들었다. 갈릴레오가 바람을 넣어 부풀린 돼지의 방광을 이용해 공기의 무게를 측정했다는 이야기도 있다. 요즘에는 풍선이 엄청나게 인기있는 물건이 되어 개업이나 광고, 축제, 생일 파티 등 각종 행사에 쓰인다.

1824년 영국의 과학자 마이클 패러데이가 최초의 고무풍선을 만들었다. 그는 천연고무 두 장을 맞대고 가장자리를 붙인 다음, 풍선 안쪽에 밀가루를 뿌려 달라붙지 않게 해 풍선을 만들었다. 그리고 수소 등 가스를 채워 기상학 및 물리학 실험을 했다. 이듬해 영국 최초의 고무 회사 설립자 토머스 행콕은 사람들이 직접 풍선을 만들 수 있도록 고무 용액과 주사기를 넣은 키트를 판매했다.

장난감 풍선은 1900년대 초반부터 인기리에 팔려나갔고 1912년에는 손으로 비틀어 동물 모양으로 만들 수 있는 소시지 풍선이, 1970년대에는 표면에 축하 메시지와 장식을 넣고 안에 헬륨을 채울 수 있는 포일 풍선이 등장했다.

지구에 미치는 영향

고무 풍선은 주로 파라고무나무의 수액으로 만든다. 천연고무는 오랜 시간이 흐르면 생분해되지만 색상과 신축성 향상을 위해 첨가되는 여러 화학물질이 고무의 생분해를 막고 분해되는 과정에서 환경으로 방출된다.

헬륨 포일 풍선은 금속으로 코팅한 나일론이 원료다. 이 풍선은 생분해가 불가능하며 손에 쥐고 있다 놓치면 날아가다 나무나 전깃줄에 얽혀 정전과 화재의 원인이 된다. 헬륨 가스는 지각에서 추출하는 희소 자원인데 풍선에서 새어나오면 대기 중으로 날아가 회수할 수 없다. 과학자들은 남용을 막기 위해 헬륨 가스를 높은 가격에 판매하라고 권한다. 즉, 헬륨 포일 풍신은 고무 풍선보다 사람과 야생생물 그리고 환경에 더 큰 위험을 안긴다.

사람의 손에서 빠져나간 풍선에는 리본이나 끈이 부착되어 있어 쓰레기가 된다. 요즘엔 풍선에 달린 리본이 내구성 좋은 플라스틱으로 된 것이 많아 동물의 팔다리를 단단히 옭아매거나 미세플라스틱으로 분해되어 야생생물에게 해를 입힐 수 있다. 최근 들어 대중화된 플라스틱 풍선 스틱은 더 많은 폐기물을 남길 뿐 아니라 생분해도 되지 않는다.

풍선이 환경에 유입되면 야생생물에 큰 위협이 된다. 바다로 흘러든 풍선은 해파리나 오징어와 비슷하게 보여 거북이 등의 야생생물이 먹이로 착각하기 쉽다. 해양생물이 풍선과 비닐봉지 등 플라스틱을 먹으면 포만감을 느껴 먹이 활동을 하지 않아 영양실조로 죽을 수도 있다.

환경에 유입되어 미세플라스틱으로 분해된 포일 풍선은 작은 동물성 플랑크톤에게 먹혔다가 먹이사슬을 따라 우리가 먹는 어패류에까지 들어올 수 있다.

중국과 태국 등지에서 유래한 풍등은 종이, 끈, 철사, 대나무로 만든 것으로 요즘에는 풍선 대신으로 널리 쓰인다. 풍등은 생분해가 가능하다고 주장하기도 하지만, 보통은 환경에 버려져 야생생물과 가축에게 해를 입힌다. 버려진 풍등이 동물의 몸을 옭아매기도 하고 동물이 섭취할 경우 철사나 대나무로 된 뼈대가 장기를 손상시킬 수 있기 때문이다. 또한 주택 화재와 산불, 인명 손실의 원인이 되기도 한다.

영국, 미국, 캐나다에서는 풍등 사용을 금지하는 지자체가 점점 늘고 있다. 호주에서는 전국적으로 풍등 사용이 금지되어 있고, 뉴질랜드에서도 사용 금지를 촉구하는 목소리가 높다.

이렇게 바꿔볼까?

- 흥을 깬다는 원성을 듣더라도 풍선은 사지 않는 게 옳다. 재활용할 수 없는 일회용품이고 결국 환경을 오염시키는 골칫거리가 된다.
- 아무리 생분해가 가능하다 해도 고무풍선은 사용하지 않는다. 분해되려면 오랜 시간이 걸릴 뿐 아니라 야생생물에게 해를 입힐 수 있다.
- 대안을 찾는다. 천으로 만든 삼각 깃발, 화장지나 털실로 만든 방울, 깃발, 꽃, 직접 만든 배너도 축제 분위기를 낼 수 있는 재미난 아이디어다. 이런 장식용품은 잘 보관하면 언제라도 꺼내서 파티 분위기를 살릴 수 있다.

✎ 유럽연합에서는 2021년부터 플라스틱 풍선 스틱의 사용이 금지되었다.
2018년 6월 4일 태국 동부 해변에서 쓰러져 있는 거북이 한 마리가 발견되었다. 이틀 만에 죽은 이 거북이의 내장에는 플라스틱 조각과 고무줄, 풍선 조각 등 각종 잡동사니가 들어 있었다.

영국에서 답례용 선물 꾸러미는 어린이 생일 파티를 준비할 때
특별 이벤트, 먹을거리, 장식 다음으로 비용이 많이 드는 품목이다.

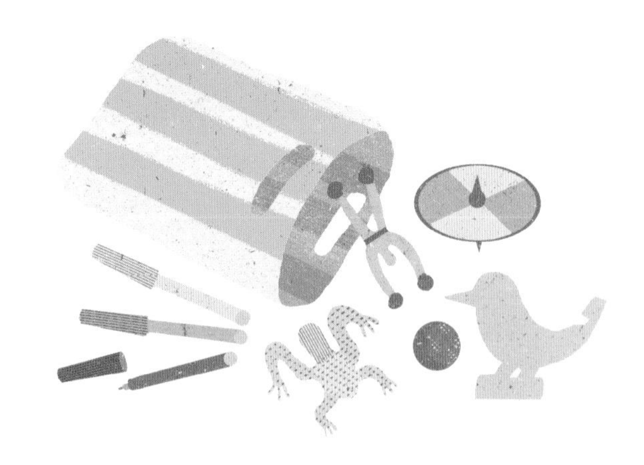

선물 꾸러미

아이의 생일 파티를 하려면 준비할 것이 많다. 파티 장소를 꾸미거나 예약하고 케이크와 간식을 준비하며 특별 이벤트를 해줄 사람을 부르기도 한다. 무엇보다 파티에 오는 아이들을 위한 선물 꾸러미를 준비해야 한다. 언제부터 이것이 당연한 일이 되었을까?

지구에 미치는 영향

선물 꾸러미와 결혼식 답례품의 가장 큰 문제는 쓰레기다. 어린이용 선물 꾸러미는 대부분 생분해도 되지 않고 재활용도 안 되는 플라스틱 가방에 들어 있다. 내용물도 과자를 제외하곤 거의 다 플라스틱이다. 장난감(237-238쪽 참조), 스티커(202-203쪽 참조), 풍선(240-241쪽 참조) 등등. 재활용될 수 있는 것도 거의 쓰레기통으로 들어간다.

결혼식 답례품도 마찬가지다. 모든 하객이 만족하는 답례품은 없다. 결국 챙겨가지 않은 답례품 때문에 쓰레기가 쌓이고 돈 쓴 보람도 사라진다. 파티에 사용되는 용품 대부분이 플라스틱이라 한 번 쓰고 나면 바로 쓰레기통으로 향한다.

이렇게 바꿔볼까?

- 과소비를 자제하자. 파티 손님들을 성의껏 챙겼다면 답례품이 굳이 필요할까?
- 답례품으로 제로 웨이스트 품목을 선택한다. 결혼식 답례품으로 손수 구운 과자나 케이크, 야생화 씨앗, 수놓은 손수건은 어떨까. 온라인에 수백 가지 아이디어가 있다.
- 아이들 손에 무언가 들려 보내고 싶다면 손수 구운 빵이나 과자를 준비한다.

2011년 크리스마스 시즌에 영국에서는 36만 5,000km 길이의 포장지가 소비되었다.

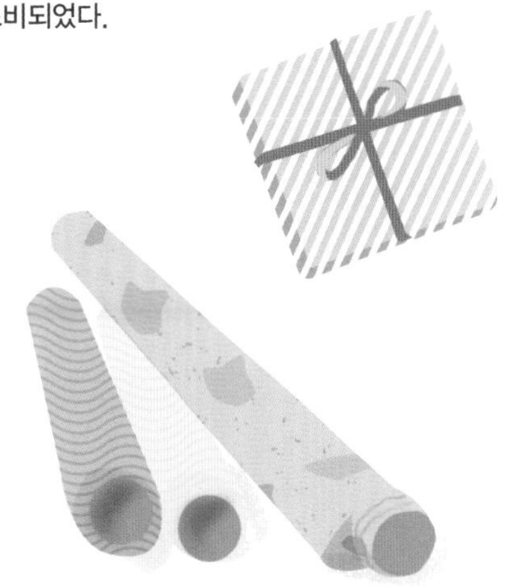

선물 포장지

우리는 누군가에게 줄 선물을 보이지 않게 종이로 포장한다. 그런데 그 포장지는 몇 분만에 찢겨 쓰레기통에 버려진다. 말 그대로 돈과 자원을 쓰레기통에 버리는 셈이다.

지구에 미치는 영향

선물 포장지의 환경 영향에는 종이를 생산하는 환경 영향(199-201쪽, 228-229쪽 참조)이 포함된다. 반짝이나 금속 장식이 달려 있는 포장지, 플라스틱이나 포일로 만든 포장지는 재활용할 수 없다. 장식 없이 말끔한 종이 포장지 외에는 모두 쓰레기통에 버려야 한다.

둥글게 말린 선물 포장지는 대개 플라스틱 비닐에 싸여 있는데, 이 비닐은 재활용도 생분해도 되지 않는다.

이렇게 바꿔볼까?

- 선물을 포장하지 않고 그냥 주자.
- 보자기처럼 재사용할 수 있는 포장재를 고른다. 예쁘고 질 좋은 주방용 수건으로 포장하면 실용적인 선물이 된다.
- 집에 남은 색색깔의 종이나 신문지, 종이 상자, 종이 가방을 활용한다.
- 접착 테이프 대신에 끈을 사용하고 야생 열매, 꽃, 나뭇잎으로 장식한다.
- 와인은 포장 가방 대신에 병목에 허브나 계피 스틱을 끈으로 묶어 선물한다.
- 플라스틱 포일이나 반짝이가 없는 포장지를 고르고, 받는 사람에게 재활용을 권한다.
- 플라스틱 리본은 재활용 수거함에 버리지 않는다.

영국에서는 매년 약 100만 개의 일회용 바비큐 그릴이 팔린다.
조심해서 쓰지 않으면 화재 사고를 일으키고,
해변과 교외를 지저분하게 만드는 쓰레기가 된다.

일회용 바비큐 그릴

인류는 약 200만 년 전 처음으로 불 피우는 방법을 알아냈다. 나무나 석탄으로 불을 피워 하는 요리는 누구에게나 가슴 설레는 경험이다. 바비큐는 친구들과 함께 맛있는 음식을 나누는 여름철 중요한 행사다. 이런 바비큐 사랑이 한 번 쓰고 버리는 편리한 바비큐 그릴을 탄생시켰다.

1968년 칼 카라페티안이 일회용 바비큐 제품을 개발해 특허를 냈다. 하지만 이 제품이 널리 쓰이게 된 것은 1990년대부터다. 이후 일회용 바비큐 그릴은 알루미늄 그릴과 숯, 점화액을 채운 경량 알루미늄 접시 모습으로 발전했다.

지구에 미치는 영향

일회용 바비큐 그릴은 한 번 쓰고 버리도록 만들어졌고 가격도 3,000원으로 저렴하다. 물론 환경 영향으로 인한 비용은 전혀 반영하지 않았다. 딱 한 번의 사용으로 이 제품을 만드는 데 들어간 원자재와 에너지 모두 쓰레기가 된다. 요리 과정에서 더러워지기 때문에 재활용이 어렵다. 사람들은 그냥 쓰고 버릴수 있다는 편리함 때문에 이 제품을 구입한다. 하지만 일회용 바비큐 그릴은 아름다운 자연과 생물 다양성이 풍부한 곳을 어지럽히는 쓰레기로 자주 발견된다. 영국에서는 이 제품의 사용 금지를 요구하는 목소리가 높다.

숯은 산소가 충분하지 않은 상태에서 가열하여 불완전연소시킨 연료로, 불을 붙이면 높은 열을 내며 탄다.

바비큐용 숯은 여러 측면에서 기후변화를 촉진한다. 2009년 열대지방에서 숯을 만드는 과정에서만 이산화탄소 7,120만t과 메탄 130만t이 배출된 것으로 추정된다. 이 정도면 석탄 화력발전소 19개가 1년 동안 배출하는 양과 맞먹는다.

숯을 태우면 지구온난화를 촉진하고 건강에 해로운 블랙 카본(88-89쪽 참조) 등 각종 대기오염 물질이 발생한다. 숯 점화제가 뿜어내는 기체는 건강에 좋지 않을 뿐 아니라 조리하는 음식의 맛에도 영향을 준다. 또한 지속 가능한 방식으로 생산되지 않은 숯은 산림 파괴와 서식지 손실을 촉진하는 원인이 된다.

일회용 바비큐 제품의 부주의한 관리는 화재로 이어져 자연경관을 망치고 야생생물에게 해를 입힌다. 2019년 4월 영국 요크셔의 마스든 무어에서 발생한 대형 화재는 일회용 바비큐 그릴에 의한 실화로 시작되어 2만 5,000m²의 땅을 잿더미로 만들었다. 파괴된 지역 중에는 '내셔널 트러스트'(National Trust)가 20만 파운드의 비용을 들여 복원한 야생생물 서식지도 포함되어 있었다. 이 같은 화재는 야생생물의 대량 사망으로 이어지며 대기오염 물질을 발생시켜 기후변화를 촉진한다.

일회용 바비큐 그릴을 텐트 안 등 밀폐된 공간에서 사용하면 숯이 탈 때 발생하는 일산화탄소 때문에 치명적인 사고로 이어질 수 있다. 2011년 영국 콘월에서는 추위를 쫓기 위해 일회용 바비큐 그릴을 텐트 안으로 들였다가 일산화탄소 흡입으로 쓰러져 입원 치료를 받은 가족도 있었다. 일회용 바비큐 그릴은 식은 뒤에도 한동안 위험한 농도의 일산화탄소가 방출된다. 뜨거운 그릴에 닿아 화상을 입기도 하지만, 그릴의 열기에 달궈진 모래 때문에 화상을 입기도 한다. 일회용 바비큐 그릴은 최대 600°C의 고열을 낼 수 있고, 아래 깔린 모래 역시 최대 300°C까지 올라가니 5분가량은 조심해야 한다.

이렇게 바꿔볼까?

- 일회용 바비큐 그릴을 사지 않는다.
- 공원이나 캠프장의 공용 바비큐 설비를 반드시 취사 허용 구역 내에서 사용한다.
- 가까운 지역에서 지속 가능한 방식으로 생산된 숯을 구입해 운송과 관련된 배출량을 최소화하고 산림 파괴를 일으키는 숯은 사용하지 않는다.
- 점화제 처리가 된 숯은 사용하지 않는다.
- 꼭 필요하다면 소형 그릴을 구입해 오래 사용한다.
- 점화제 대신 둥글게 만 신문지나 사용한 내유지(32-33쪽 참조)를 사용한다.
- 숯을 바비큐를 버릴 때는 바닥에 떨어뜨리거나 흘리고 지나치는 일이 없도록 한다. 쓰레기통에 버리기 전 반드시 물을 이용해 불을 완전히 끈다. 날씨가 더울 때는 특히 더 주의하고, 화기 사용 금지령이 내려지지 않았는지 꼼꼼히 점검한다.

✎ 2019년 이탈리아 코모에서 일회용 바비큐를 사용하다 대형 화재를 일으킨 학생 두 명이 각각 1,350만 유로의 벌금형을 받았다. 2012년 아일랜드에서는 약 7만 5,000개의 일회용 바비큐가 사용된 뒤 버려졌다. 약 2t의 알루미늄이 매립지에 버려진 셈이다.

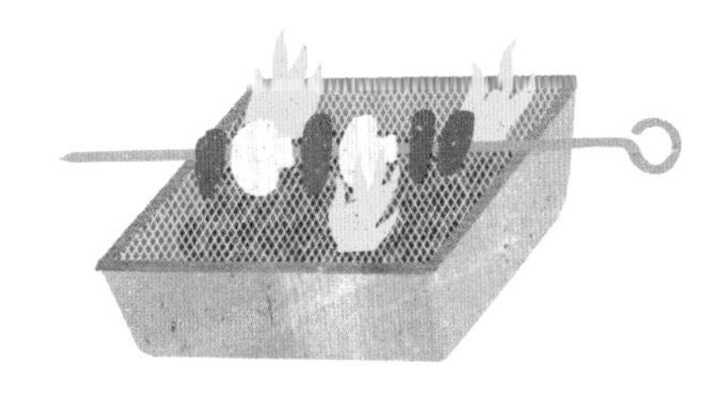

영국의 부활절 달걀 시장 규모는 3,700억 원으로
매년 약 8,000만 개의 부활절 달걀이 판매된다.

부활절 달걀

밸런타인데이가 끝나면서 시작되는 부활절 기간의 가게 진열대에는 부활절 초콜릿 달걀이 산처럼 쌓여 있다. 영국인들은 연간 초콜릿 지출의 10%를 이 기간에 쓴다.

부활절 달걀의 기원은 논란의 여지가 있다. 여신 이스터(Eastre)와 관련된 이교 전통에서 유래해 다산과 부활을 상징한다는 의견도 있으며, 사순절 기간에 고기와 유제품 그리고 달걀 섭취를 자제하다가 부활절이 되면 음식을 즐기고 축하하는 기독교 전통에서 유래했다는 의견도 있다.

달걀에 색칠하는 전통은 나중에 생긴 것으로 현재는 동유럽 지역에서 일반적이다. 전통적으로 식물성이나 광물성 염료가 사용되었지만, 최근에는 발색 효과가 좋고 마르는 시간이 짧은 합성염료가 대중적으로 사용되고 있다.

1290년 영국의 에드워드 1세는 색칠하거나 금박으로 덮은 달걀 450개를 왕실 가족과 친구들에게 나누어주었다. 미국에서는 1878년 부활절 다음 월요일에 백악관에서 처음 시작된 '부활절 달걀 굴리기' 행사가 지금도 이어지고 있다.

지구에 미치는 영향

요즘 흔한 초콜릿으로 만든 부활절 달걀 역시 환경 발자국을 남긴다. 영국의 초콜릿 산업은 연간 약 210만t의 온실가스를 배출하는데, 이는 북아일랜드의 수도 벨파스트의 연간 배출량과 거의 같다. 온실가스는 젖소의 우유와 분유 생산 과정, 코코아, 설탕과 팜유 생산과 관련된 토지 이용 변화 그리고 원료와 초콜릿 제품의 운송 과정에서 발생한다.

초콜릿의 원료를 재배하고 그 원료로 초콜릿을 만들 때 소모되는 물은 초콜릿 바 혹은 크기가 큰 부활절 달걀 하나당 최대 1,000ℓ에 이른다. 그런데 부활절 달걀의 가장 큰 문제는 과대 포장이다. 영국에서 판매되는 부활절 달걀 총 중량의 1/4이 포장재이며, 매년 3,000t의 포장 폐기물이 나온다. 제조사들이 소비자의 눈길을 끌기 위해 포장재를 과도하게 사용해 부활절 달걀의 크기를 키우고 있기 때문이다.

그나마 부활절 달걀 포장에 쓰이는 판지 상자와 달걀을 감싼 포일은 이물질이 묻지 않은 상태라면 재활용이 가능하다. 알루미늄 포일은 알루미늄 캔과 함께 분리배출하면 된다.

달걀을 담는 용도의 단단한 플라스틱 통은 재활용할 수 있지만 부드러운 플라스틱 필름과 초콜릿을 쌌던 포장지는 재활용이 불가능하다. 어쨌든 포장은 많이 하면 할수록 자원과 에너지를 사용해 더 많은 탄소 발자국과 폐기물을 발생시킨다.

많은 제조사가 포장재의 양을 줄여가는 추세지만 아직 갈 길이 멀다. 쓰레기가 덜 나오게 포장재를 줄이고 대신 초콜릿의 양을 늘리는 것이 소비자가 원하는 바다.

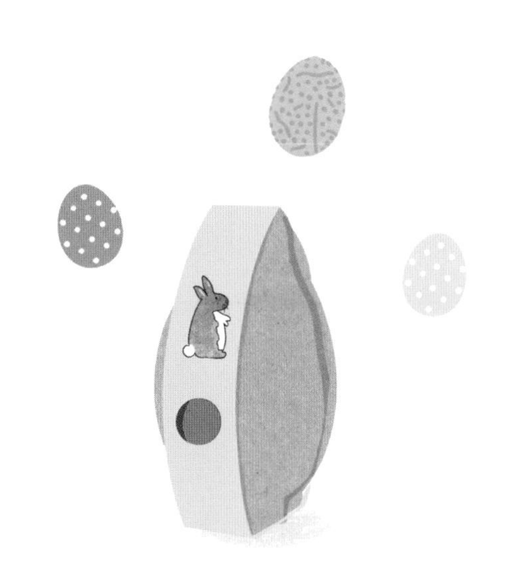

이렇게 바꿔볼까?

- 가까운 곳에서 만들어지고 포장재를 적게 쓴 부활절 달걀을 산다. 값이 비쌀 수 있지만 새로운 경험을 선사해 선물의 가치를 올려줄 것이다.
- 포장재를 최소한으로 사용하고 플라스틱을 쓰지 않은 제품을 찾는다. 또한 '2+1' 등 다량으로 구입할 때 제공하는 사은품의 유혹에 넘어가지 않는다.
- 공정무역, 레인포레스트 얼라이언스 등의 인증은 제품에 사용한 코코아가 생산지의 주민들과 협의를 거쳐 환경친화적으로 재배되었으며 제대로 가격을 지불했다는 뜻이다.
- 직접 달걀을 삶아 색칠을 하고 부활절 달걀 찾기를 해본다. 특이한 부활절 달걀 바구니를 굳이 살 필요가 없다. 집 안을 살펴보면 달걀을 담는 데 안성맞춤인 물건이 나올 것이다.
- 쓰고 난 포장재는 반드시 재활용한다.

영국에서는 2016년 한 해에 핼러윈 의상 700만 벌이 쓰레기통에 버려졌다. 핼러윈 의상은 대부분 두 번 입고 버려지는데, 다섯 벌 중 두 벌은 한 번 입은 뒤에 버려진다.

핼러윈 의상

핼러윈은 어린이들이 좋아하는 대표적인 축제다. 어둠이 내린 뒤 특이한 분장을 한 어린이들이 무리지어 이 집 저 집 문을 두드린다. '트릭 오어 트릿'이라고 말하면 집주인들은 약간의 간식거리를 내준다.

요즘 우리가 즐기는 핼러윈 데이는 고대 켈트족의 전통과 기독교의 영향, 그리고 미국의 마케팅이 결합해 탄생했다. 핼러윈은 겨울이 시작되는 시기를 기리는 켈트족의 사우인 축제에서 유래했는데, 전설에 따르면 이날은 이승과 저승의 경계가 엷어져 악령이 이승으로 쉽게 넘어올 수 있는 날이다. 악령이 다가오지 않게 몸을 숨기기 위해 분장을 한 것이 핼러윈 의상의 기원이다. 가톨릭교회는 만성절과 위령의 날 축일 행사를 이 이교 전통과 어우러지도록 조정한 것으로 짐작된다.

핼러윈은 아일랜드를 비롯한 유럽의 켈트족에 의해 미국으로 전파될 때 특이한 분장을 하고 이웃집 문을 두드리며 음식을 청하는 관습에 호박 랜턴과 '트릭 오어 트릿' 문구가 추가되면서 빠르게 퍼져나갔다.

예전에는 핼러윈 의상을 집에서 직접 만들었는데, 어린이들은 대부분 유령, 마녀, 해골 등의 분장을 했다. 2016년 영국의 핼러윈 의상 중 집에서 만든 의상은 14%에 불과했고 나머지는 구입한 의상이었다. 영국에서는 2013년과 2018년 사이에 의상을 포함한 핼러윈용 상품의 지출이 두 배로 늘었다.

지구에 미치는 영향

한두 번 입고 버리는 핼러윈 의상은 해마다 1만 2,500t의 쓰레기를 발생시키는데 결국 매립되거나 소각된다.

대부분의 슈퍼마켓이나 장난감 가게에서 합성섬유와 플라스틱으로 만든 핼러윈 의상을 판매한다. 폴리에스테르 망토, 합성고무와 플라스틱으로 만든 가면, 합성 그물, 플라스틱 도끼, 조명 지팡이까지 수많은 소품이 판매되고 있다. 이 모든 소품은 석유에서 추출한 원료로 만들 뿐 아니라 직물 생산 과정에서도 에너지를 소모한다.

천과 플라스틱을 염색하고 플라스틱을 부드럽게 하기 위해 첨가되는 화학물질의 독성도 문제다. 핼러윈 의상은 생산 과정에서부터 환경을 오염시킬 뿐 아니라, 세탁 과정에서도 미세플라스틱을 방출하며(114-115쪽 참조) 쓰레기 매립지나 소각로로 들어간 뒤에도 계속 환경을 오염시킨다.

2009년 '안전한 화장품 캠페인'(Campaign for Safe Cosmetics)이 미국에서 판매되는 10개의 페이스 페인팅 화장품을 분석한 연구 결과 모든 제품에서 납이 발견되었고, 6개 제품에서 니켈, 코발, 크롬이 발견되었다. 모두 피부 알레르기를 유발할 수 있는 성분이다. 납이 함유된 화장품은 유럽연합과 캐나다에서는 판매가 금지되어 있지만 미국에서는 아니다. 따라서 페이스 페인팅을 할 계획이라면 성분 목록을 꼼꼼히 확인해야 한다.

이렇게 바꿔볼까?

- 핼러윈 의상은 더 이상 사지 않는다. 크리스마스를 비롯한 다른 기념일도 마찬가지다.
- 친구들과 핼러윈 의상을 교환하고, 입지 않는 의상은 이웃이나 자선단체에게 준다.
- 값싼 천으로 만든 핼러윈 의상은 쉽게 찢길 수 있지만 바늘과 실만으로도 수선할 수 있다.
- 손수 핼러윈 의상을 만든다. 그 자체가 재미있는 경험일 뿐만 아니라 그리 어려운 일도 아니다.
- 페이스 페인팅 화장품을 쓸 때는 독성이나 알레르기 유발 성분이 없는지 확인한다.

협동 의상

영국의 '소우스푸키'(#sewspooky) 캠페인은 핼러윈 의상을 사용자가 직접 만드는 걸 장려해 소비와 쓰레기를 줄이는 것을 목표로 한다. 해시태그로 자신이 만든 의상 사진을 공유하고 소셜 미디어에서 창의적인 의상에 대한 팁과 아이디어를 공유한다.

영국인들은 2016년 핼러윈 의상에 5억 1,000만 파운드를 지출했는데 대부분 딱 한 번 입은 뒤 쓰레기통에 버려졌다.
미국인들은 2018년 핼러윈에 90억 달러를 지출했는데 의상에 32억 달러, 장식에 27억 달러, 과자에 26억 달러, 축하 카드에 4억 달러를 썼다.

영국에서는 매년 600만~800만 개의 생나무 크리스마스트리가 판매된다.
생나무 트리 한 개의 연간 탄소 발자국은 3.1kg CO_2e고
대여섯 번 재사용되는 인조 트리의 연간 탄소 발자국은 8.1kg CO_2e이다.
인조 트리의 탄소 발자국을 생나무 트리 수준으로 줄이려면,
같은 트리를 20년 동안 사용해야 한다.

크리스마스트리

매년 12월이면 사람들은 크리스마스트리용 나무를 구입하거나, 보관 상자에서 크리스마스트리를 꺼내 장식을 하며 크리스마스 시즌을 즐긴다.

이집트, 중국, 헤브라이, 스칸디나비아 등 많은 문명에서 장생을 기원하고 악령을 물리치기 위해 집 안에 상록수와 나뭇가지 그리고 화환 장식을 두었다. 최초의 크리스마스트리는 독일 전통과 관련있다. 16세기 독일인들은 아담과 이브를 기리는 연극 무대에 사과 장식을 단 전나무를 사용했다.

영국 빅토리아 여왕의 남편 앨버트공이 모국인 독일의 전통을 영국으로 들여오면서 1840년대부터 크리스마스트리를 선물, 케이크, 양초, 과자로 장식하는 풍습이 널리 유행했다. 한편 독일 출신 이민자들에 의해 대서양 너머로 전해진 이 풍습은 1800년대 후반 미국에서도 널리 성행했다.

1950~1960년대에 플라스틱 인조 트리가 등장했는데, 생나무 트리에서 잎이 떨어지는 것을 좋아하지 않는 사람들에게 인기를 얻었다.

지구에 미치는 영향

영국과 아일랜드에서는 평균 8~10년 사이의 성목이 크리스마스트리로 판매된다. 생나무는 물을 주고 가꾸면 보통 6주가량 수명이 유지된다. 영국에서 판매되는 크리스마스트리는 대부분 영국이나 스코틀랜드의 전나무 농장에서 재배되는 것으로, 가까운 농장에서 재배한 나무를 사면 장거리 운송으로 인한 탄소 발자국을 줄일 수 있다.

크리스마스트리용 나무가 자라는 동안 광합성을 통해 연간 1t 이상의 이산화탄소를 흡수하고 산소를 내뿜는다. 그러나 지속 가능한 방식으로 재배되고 베어낸 만큼 새로운 나무가 심어지는 경우가 아니라면 이런 혜택은 나무가 베어지는 순간 사라진다.

전나무 농장에서는 해충과 잡초를 억제하기

위해 제초제와 살충제를 사용하는데, 이런 물질은 곤충과 조류 그리고 여러 야생생물에게 해를 끼친다. 요즘에는 생물 다양성 손실을 막기 위해 살충제 사용을 줄이는 방법을 모색하는 농장이 늘어나고 있다.

인조 트리는 플라스틱과 금속으로 만드는데 탄소 발자국의 85%는 제조 과정에서, 나머지는 운송 및 폐기 과정에서 발생한다.

생나무로 만든 트리는 잘게 쪼갠 뒤 퇴비로 쓸 수 있다. 매립지에 버려지면 오랜 시간 분해되면서 메탄가스를 배출하는데, 생나무 트리 탄소 발자국의 최대 19%가 폐기 과정에서 발생한다. 잘게 쪼갠 나무로 정원 식물의 뿌리 부분을 덮어주면 탄소 발자국을 줄이고 토양 환경을 조절하는 데 도움이 된다. 인조 트리는 재활용이 불가능해 매립이나 소각 방식으로 처리해야 한다.

이렇게 바꿔볼까?

- 생나무는 크리스마스가 지난 뒤 정원에 심었다가 이듬해 크리스마스 때 집 안으로 들여 재사용할 수 있다. 생나무를 빌려주고 크리스마스가 지나면 회수했다가 이듬해 다시 사용할 수 있게 관리해주는 농장도 있다.
- 뿌리가 잘린 생나무 트리를 구입할 때는 지속 가능성을 고려하는 인근의 농장을 찾는다.
- 생나무를 농장에서 집으로 가져올 때는 플라스틱 그물 없이 운반할 방법을 찾는다.
- 제초제나 살충제를 사용하지 않고 재배한 유기농 생나무를 선택한다.
- 생나무 트리를 폐기할 때는 매립지로 가지 않게 할 방법을 찾는다. 영국의 일부 지자체는 1월에 방문 수거를 하거나 트리 수거소를 운영한다. 이렇게 수거된 생나무 트리는 잘게 쪼개져 공원과 정원용 우드칩으로 사용된다.
- 인조 트리를 산다면 20년 이상 사용할 수 있는 품질 좋은 제품을 고른다. 크리스마스가 지난 뒤에는 다시 쓸 수 있게 신경 써서 보관한다.

크리스마스 장식을 위한 핵심 팁

1. 매년 크리스마스 시즌에 유행하는 테마 장식은 피한다. 이런 테마를 따르려면 해마다 장식 세트를 새로 장만해야 한다.
2. 가정의 고유한 이야기가 담겨 있는 장식품을 모아두었다가 아이들에게 물려준다.
3. 천, 양모, 나무, 금속 장식을 선택한다. 공장에서 만들어진 저가의 플라스틱 방울 대신 가까운 공예점에서 수제품 장식을 구입하자.
4. 꼬마 전구 장식을 지나치게 많이 사용하지 않고, 플러그인 방식의 전구를 선택한다.

내 삶의 환경 발자국을 줄이는 열 가지 도구

가정에서 환경 발자국을 줄이는 데 도움을 주는 열 가지 도구를 소개한다. 원산지는 어디인지, 누가 만들었는지, 어떤 방법으로 만들었는지, 왜 값이 그렇게 싼지, 재사용이 가능한지, 재활용이 가능한지 등 여러 질문들을 던지는 강렬한 호기심이 있어야만 이 도구들이 최고의 효과를 낼 수 있다. 꼼꼼히 따지고 살피는 마음가짐은 많은 상품이 유혹할 때 선뜻 구입 결정을 내리기보다 신중히 생각할 기회를 준다. 이런 자세를 통해 우리는 개인의 일상적인 선택뿐만 아니라 정부 정책에까지 변화를 일궈낼 수 있다.

다회용 물병과 다회용 컵 외출이나 출퇴근을 할 때 또는 아이들을 데리고 나갈 때 항상 물이나 따뜻한 커피 등의 음료를 스테인리스 스틸 같은 용기에 넣어 다회용 컵과 함께 들고 다닌다. 이런 습관을 들이면 개인의 쓰레기 배출량이 줄어든다. 모든 가족이 따를 수 있도록 노력한다.

바늘과 실 옷을 손수 수선하거나 다른 용도로 바꾸어본다(온라인을 참조하면 낡은 티셔츠로 가방 만드는 방법을 찾을 수 있다). 떨어진 단추를 달거나 풀린 밑단을 궤맬 줄 알면 사람들에게 도움을 줄 수 있어 인기도 올라간다.

공기 정화 식물 키우기 집과 사무실에서 미국 항공우주국(NASA)이 선정한 공기 정화 식물을 키운다. NASA는 우주정거장에서 이 식물들을 키운다. 식물을 돌보는 경험은 다른 생명체와 교감할 기회를 준다. 먹을 수 있는 허브나 화상 통증을 진정시키는 알로에 베라, 샐러드용 채소, 튼튼한 다육식물도 좋다.

베이킹 소다와 식초 이 둘은 세정계의 영웅이다. 이 책(74-75쪽, 91쪽 참조) 곳곳에서 설명한 것처럼 이 훌륭한 물건 둘만으로도 거의 모든 종류의 세척과 응급처치, 치료에서 효과를 볼 수 있다.

수건 화장을 지울 때 면 수건을 사용하면 물티슈나 화장솜이 필요 없고 피부 각질도 제거할 수 있어 따로 각질 제거 제품이 필요하지 않다. 얼룩이 묻은 의류를 부분 세탁할 때나 열이 나서 뜨거워진 이마를 식힐 때, 또 더러워진 얼굴을 닦을 때도 수건을 사용할 수 있다. 더러워진 수건은 세탁해서 사용하고 낡은 수건은 행주나 걸레로 사용한다.

다회용기와 도시락 남은 음식을 다회용기에 보관하면 비닐 랩과 포일 사용을 줄일 수 있다. 점심은 도시락에 담는다. 가게에서 조리된 음식이나 생선을 살 때나 제로 웨이스트 가게에 갈 때는 뚜껑이 달린 다회용기를 준비한다. 다회용기 소재는 플라스틱, 유리, 대나무, 철제 등 다양한데, 오래 사용할 수 있게 품질 좋은 제품을 선택한다.

퇴비통이나 음식물 쓰레기 수거함 음식물 쓰레기는 따로 모았다가 음식물 쓰레기 수거함에 넣는다. 가정용 퇴비통이나 지렁이 사육통에 넣어 퇴비로 만들어 쓰면 개인의 탄소 배출량과 쓰레기 배출량을 줄일 수 있다. 무엇보다 중요한 건 식품을 꼼꼼히 따져가며 구입하고 남은 음식을 현명하게 사용해 음식물 쓰레기를 줄이는 일이다(26-27쪽 참조).

가볍고 편한 에코백과 장보기 가방 외출용 가방에 넣어두면 장 볼 때도, 아이를 챙겨야 하는 외출 때도 편하게 쓸 수 있고, 비닐봉지나 종이 봉지 사용을 줄일 수 있다

걷기 편한 신발 자동차나 엘리베이터를 타는 대신 걸어다니면 개인의 탄소 배출량이 줄고 건강도 개선된다. 엘리베이터를 하루 4번 이용할 때 한 사람이 배출하는 이산화탄소는 0.3~0.6kg이다. 하루에 20분 이상 밖에서 걸으면 기분도 좋아지고 몸도 가뿐해진다.

인터넷 이용 온라인에는 다른 사람들과 소통하며 이용할 수 있는 정보가 굉장히 많다. 카풀, 전기 드릴 대여, 물건 수리와 재사용, 탄소 계산, 생활 습관 개선에 관한 정보, 그리고 비슷한 관심사에 대한 해법을 모색하는 사람들과 교류할 수 있는 플랫폼도 있다.

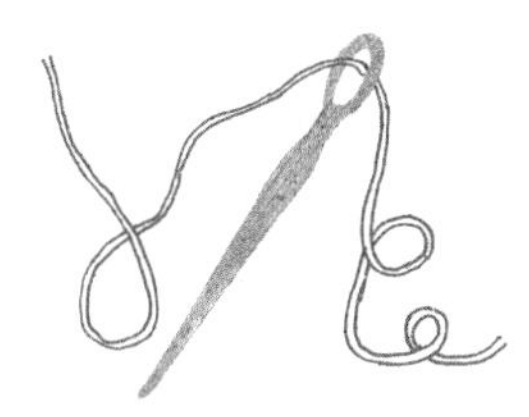

용어 설명

- **생분해성(생분해가능)**
  어떤 물질이나 물체가 박테리아나 곰팡이 같은 생물에 의해 분해되는 성질을 지니고 있어서 시간이 지나면 언젠가는 분해된다는 의미다.
- **생물권**
  지구의 지각에서부터 대기에 이르는 지구 전체의 시스템을 말한다. 여기에는 지구상의 모든 생물과 생물 간의 관계가 포함된다.
- **블랙 카본**
  석탄과 석유 같은 화석연료나 나무와 풀 같은 식물성 물질을 태울 때 발생하는 미세한 그을음 형태의 검은 물질. 대기오염을 일으키고 인체에 유해한 영향을 미친다.
- **탄소 발자국**
  어떤 물건을 만들거나 활동을 할 때 대기 중으로 배출되는 이산화탄소와 기타 온실가스의 양. 기후변화에 얼마나 기여하는지를 나타내는 지표로 쓰인다.
- **탄소 흡수원**
  대기 중으로 이산화탄소를 배출하는 양보다 흡수하는 양이 더 많은 곳. 숲과 바다가 대표적인 탄소 흡수원이다.
- **순환 경제**
  자연에서 일어나는 순환적인 흐름을 모방해 자연 자원을 덜 사용하고 폐기물 발생을 줄이는 경제모델. 순환 경제는 '제조–사용–폐기' 방식의 선형모델이 아니라, '제조–사용–회수' 방식으로 지속 가능성을 추구하는 경제모델이다.
- **CO_2e**
  이산화탄소 환산량. 모든 종류의 온실가스가 지닌 지구온난화 효과를 파악하고 이를 비교할 수 있는 수치로 나타내기 위해서 사용한다.
- **퇴비화 가능**
  산업형 퇴비화 설비에서 9~12주 이내에 분해되는 물질. 예를 들어 채소 껍질은 가정용 퇴비통에 넣어도 퇴비가 되지만, 퇴비화 가능한 컵, 접시, 용기는 반드시 산업형 퇴비화 설비에 넣어야 한다(64-65쪽, 164-165쪽 참조).
- **환경 발자국**
  특정한 활동이 환경에 미치는 모든 영향(탄소 배출량, 물 소비량, 토지 사용 면적, 폐기물 발생량 등)을 나타낸 것.
- **부영양화**
  질소, 인 등의 영양물질이 물 속에 과도하게 들어있는 상태. 조류를 비롯한 식물의 급격한 증가를 일으킨다. 조류가 급격히 번식하면 다른 생명체가 이용할 수 있는 햇빛과 산소의 공급을 차단해 어패류 등의 떼죽음을 초래할 수 있다.
- **FSC**
  지속 가능하게 관리되면서 인근 주민들에게 혜택이 돌아가는 산림에서 생산된 제품에 부여되는 인증.
- **온실가스**
  이산화탄소, 메탄, 아산화질소 등 지구온난화를 일으키는 기체.
- **IPCC**
  기후변화에 관한 정부 간 협의체. 기후변화와 관련된 모든 과학적 사실을 평가하는 유엔 산하 기구.
- **매립지**
  땅을 깊이 파서 쓰레기를 쏟아 넣는 곳. 현대식

매립지는 환경오염을 예방하기 위해 세심한 계획에 따라 부지를 선정하고, 침출수 유출을 막아 신중하게 관리한다.

- **침출수**
  매립지 폐기물에 빗물이 스며들면서 형성되는 액체 상태의 오염 물질.

- **전주기 분석**
  어떤 제품의 원료 채취부터 생산, 소비, 폐기까지 전 과정에서 환경에 미치는 영향의 장단점을 종합적으로 평가하는 것. 생애 주기 환경 영향평가라고도 한다.

- **저밀도 폴리에틸렌(LDPE)**
  플라스틱의 일종으로 탄성이 높아 쉽게 휘어지지만 내구성이 좋아서 소스·꿀·샴푸·로션·안약 용기와 빵·당근·사과 포장재로 사용된다.

- **선형 저밀도 폴리에틸렌(LLDPE)**
  폴리에틸렌 플라스틱의 일종으로 유연하고 질겨서 일회용 커피 컵 내부 코팅재 등 얇은 필름의 원료로 사용된다.

- **메탄**
  기후변화를 일으키는 강력한 온실가스로 연료용 천연가스를 채취할 때, 소와 양이 트림할 때, 매립지나 논에서 유기성 폐기물이 분해될 때 배출된다.

- **마이크로바이옴**
  인체의 장 등 특정한 환경에 사는 미생물 군집.

- **OECD**
  경제협력개발기구. 36개 국가가 회원국으로 있으며 본부는 파리에 있다

- **PERC**
  퍼클로로에틸렌. 드라이클리닝에 사용되는 액체 용제.

- **PET**
  폴리에틸렌 테레프탈레이트. 물과 청량음료를 담는 용기와 의류에 사용되는 폴리에스테르를 만들 때 흔히 사용되는 플라스틱이다. 재활용 PET는 카펫, 플리스 재킷, 이불을 만들 때 사용된다.

- **플라스틱 프리**
  제품에 플라스틱이 포함되어 있지 않거나 포장에 플라스틱이 없음을 나타낸다. 일회용 플라스틱 사용을 줄이거나 없애는 것을 목표로 하는 플라스틱 없는 가게, 플라스틱 없는 커뮤니티 이니셔티브도 있다.

- **PVC**
  폴리염화비닐. 흔히 쓰이는 경량 플라스틱인데, 프탈레이트 등의 가소제를 추가하면 경질 PVC와 연질 PVC를 만들 수 있다. 경질 PVC는 수송관, 창틀, 문틀을 만드는 데 쓰이고, 연질 PVC는 인조가죽, 공기 주입식 완구, 전력케이블 절연재로 쓰인다.

- **PVDC**
  폴리염화비닐리덴. 접착성 있는 필름을 만드는 데 사용되는 플라스틱.

- **재활용 가능**
  재활용이 가능한 재료 또는 제품. 그러나 이런 제품이 모두 재활용된다는 의미는 아니다. 이를 수거하는 재활용 서비스가 없으면 재활용될 수 없다.

- **재활용 제품**
  재생지나 재활용 원료로 만든 알루미늄 캔 등의 제품

- **SDGs**
  유엔 지속 가능 발전 목표. 유엔은 기아 종식, 기후변화 해결 등 세계가 해결해야 할 문제들을 아우르는 17가지 목표를 정했고, 유엔 회원국들은

2030년까지 이 목표를 달성하기로 약속했다.

- **공유 경제**

  사람들이 개별적으로 물건을 소유하는 방식이 아니라 온라인 플랫폼을 통해 서비스를 공유하거나 상대방에게 직접 서비스를 제공하는 방식으로 개인과 개인이 연결되는 경제모델이다. 의료 상담 서비스, 숙소 임대 서비스, 차량 공유 서비스 역시 공유 경제다. 자주 사용하지 않는 자산(차량, 주택, 컴퓨터 처리 능력, 옷)을 최대한 활용하는 것이 공유 경제의 주요 목표다.

- **지속 가능성**

  어떤 물건이나 활동이 환경과 인간에게 미치는 부정적인 영향을 최소화하고 편익을 최대화하는 결정을 내리려고 노력하는 방식이다. 경제적,·사회적·환경적 영향 간의 균형을 추구한다.

- **하수**

  가정에서 샤워와 세탁, 수세식 변기에 사용된 물이나 기업이나 산업에서 사용된 물. 하수는 환경으로 배출되기 전에 반드시 처리 과정을 거쳐야 한다.

- **WEEE 지침**(전기전자폐기물처리지침)

  전기·전자 폐기물은 가장 빠르게 증가하는 폐기물 가운데 하나다. 유럽연합에서는 WEEE 지침이 시행되고 있다. 공인 수거소나 전기 전자 제품 판매점에서 폐기물과 폐배터리를 무상으로 수거해 재활용하도록 규정하고 있다.

- **제로 웨이스트**

  폐기물의 발생과 소각 및 매립이 일어나지 않도록 자원의 보존과 회수를 제품 제조 과정에서부터 설계하고 관리하는 방식을 말한다.

추가자료

- IPCC(기후변화에 관한 정부 간 협의체)의 요약 보고서들을 살펴보라. 특히 중요한 것은 2018년에 출간된 1.5°C 보고서, 2019년에 출간된 기후변화와 육지에 관한 보고서, 그리고 해양과 빙권에 관한 보고서다.

- 기후 정의와 관련해서는 메리 로빈슨의 책『기후 정의』를 읽어보길 권한다.

- 어떤 물건이나 활동의 탄소 발자국을 확인하고 싶으면 탄소 계산기를 쓰면 된다. 온라인에 여러 가지 탄소 계산기가 있는데, 각각 서로 다른 측정 시스템과 가정에 기초하고 있으므로 일관된 측정값을 얻기란 쉽지 않다. 다음 탄소 계산기를 살펴보라.
  - www.carbonfootprint.com
  - Footprint.wwf.org.uk
  - Climatecare.org

- 탄소 발자국에 관해 더 자세히 알고 싶으면 마이크 버너스리의 책「거의 모든 것의 탄소 발자국」을 읽어보길 권한다.

- 탄소 배출량을 쉽게 이해할 수 있는 비교 대상을 사용해 표현하려면, 미국 환경보호청의 온실가스 등가치 계산기를 사용해보자.
  - www.epa.gov/energy/greenhouse-gas-equivalencies-calculator

- 기후변화와 관련한 100가지 해법에 대해 알고 싶으면 '프로젝트 드로다운'(Project Drawdown)을 방문해보자.
  - www.projectdrawdown.org

- 식품과 관련해서는 'Sustainable Food Trust', 'Slow Food Movement', 푸드 저널리스트 조애나 블라이스먼(@Joanna Blythman)도 참고해보자.

- 지속 가능한 패션에 관한 좀더 자세한 내용은 영국 의회 환경감사위원회의 패스트 패션 보고서를 찾아보라. 'Clean Clothes Campaign'과 'Fashion Revolution'에서도 패스트 패션과 지속 가능한 대안들에 대한 최신 정보를 얻을 수 있다.

- 루시 시글의 역작 『Turning the Tide on Plastic』을 추천한다. 내가 지금 읽고 있는 책은 그레타 툰베리의 『No One Is Too Small to Make a Difference』와 환경단체 '멸종저항'(Extinction Rebellion)의 『This Is Not A Drill: An Extinction Rebellion Handbook』이다.

- 나오미 클라인의 『이것이 모든 것을 바꾼다』는 지구온난화를 막기 위해 우리 경제 시스템의 근본적인 변혁을 이루자고 제안한다.

- 사고 싶은 물건을 지속 가능한 브랜드에서 찾고 싶다면 마리에케 에이스코트의 책 『This Is a Good Guide – For a Sustainable Lifestyle』을 읽어보라. 그녀가 추천하는 가정용 장식품과 의류 등 거의 모든 품목의 지속 가능한 브랜드가 소개되어 있다. 호주의 환경단체 '1 Million Women'의 설립자 내털리 아이작스의 『Every Woman's Guide to How to Saving the Planet』도 추천한다.

- '굿 온 유'(Good on You)를 방문하면 윤리적인 의류 브랜드를 찾고 비교할 수 있다. 인간과 지구, 동물에게 미치는 영향 측면에서 브랜드의 성과를 평가해, '반드시 피한다'부터 '훌륭하다'까지 순위를 매겨놓았다.
  - goodonyou.eco

- '굿 쇼핑 가이드'(The Good Shopping Guide)는 2002년부터 브랜드를 비교해 윤리 점수를 부여한다. 화장품, 식품, 에너지, 은행, 기술, 가정용 장식용품, 의류 등의 평가를 확인할 수 있다.
  - www.thegoodshoppingguide.com

- 나는 이 책의 집필에 필요한 자료를 조사하면서 전 세계의 주요 기관과 단체에서 발행한 수많은 기사와 학술 논문, 보고서를 읽었다. 참고 문헌에 관한 정보는 지면의 제약 때문에 온라인에 올려두었다. 다음 링크를 따라오면 된다.
  - www.simonandschuster.co.uk/howtosaveyourplanetnotes

감사의 말

나는 아주 오래전부터 이 책의 집필을 구상해왔는데, 책으로 실현된 것은 소호 에이전시의 조 사스비와 줄리언 알렉산더 덕분이다. 줄리언의 조언 덕분에 이 책의 초기 기획이 사이먼앤슈스터 출판사의 프리사 손더스의 관심을 끌었고, 프리사는 이 책을 만드는 데 열정을 쏟아부었다.

이 책이 탄생하기까지 막후에서 헌신해온 재능 있는 사람들이 있다. 놀라운 세심함과 통찰력을 발휘한 편집자 니키 심스, 한 단어 한 단어를 아름답게 배열하는 마법을 보여준 레이첼 크로스, 아름다운 삽화를 그려준 톤웬 존스와 니콜라스 스티븐슨에게 감사할 따름이다. 좋은 책이 될 거라며 나를 독려해 준 사이먼앤슈스터의 열정적이고 창의적인 직원들에게도 감사를 전한다.

깊이 있는 서문을 써주고 꿋꿋한 낙관론으로 나를 격려해준 크리스티아나 피게레스에게 진심 어린 감사를 전한다.

제프리 블랙은 몇 가지 물건과 관련한 사실 자료 수집을 도와주었고, 홈워드 바운드의 동료들은 초고 원고와 책 디자인에 대해 솔직하고 중요한 피드백을 주었다. 체인지 바이 디그리스를 함께 꾸려가는 매들린 머레이는 내게 집필 시간을 주기 위해 많은 추가 업무를 맡아주었다. 정말 고맙다. 친구들과 이웃들은 원고 마감으로 시간이 빠듯한 나를 위해 내 아이들을 돌봐주었다. 얼마나 고마운 사람들인지.

고마운 나의 가족은 주말에도 짬이 나지 않을 만큼 바쁜 나를 참고, 지켜보고, 요리해주고, 바다에서 함께 수영하며 나의 원기를 북돋아주었고, 내 아이들과 놀아주어 나의 죄책감을 덜어주었다. 나의 부모님, 비니 샤인과 마이클 샤인은 내 아이디어에 대해 훌륭한 피드백을 해주었고 역사적 배경을 이해하는 데 큰 도움을 주었다. 가장 고마운 사람은 남편 제레미 걸트와 우리 아이들 로런과 네이선이다. 내가 이 책에 묶여 있을 때에도 남편과 아이들은 이 책에 대한 기대가 높았는데, 이제 출간되었으니 자랑거리로 삼을 수 있으면 좋겠다.

나는 지구가 직면하고 있는 문제들을 우리 아이들과 젊은이들에게 떠맡겨서는 안 된다고 생각한다. 이 책을 읽은 모든 사람이 지금 당장 책임 있는 행동에 나서서 변화를 일궈나가기를 바란다.

지은이 | 타라 샤인

타라 샤인 박사는 기후변화 및 지속 가능한 발전과 관련한 국제 무대에서 여러 정부와 세계 지도자, 기업과 국제기구의 고문으로 20년 넘게 활동해온 환경 과학자다. 가정과 직장에서 사람들이 더 지속 가능한 생활을 실천할 수 있도록 돕는 사회적 기업 '체인지 바이 디그리스'(Change by Degrees)의 현직 이사이며, 자신이 사는 킨세일에서 일회용 플라스틱 사용을 줄이기 위해 노력하는 '플라스틱 프리 킨세일'의 공동 설립자다.

타라 샤인 박사는 BBC와 RTE에서 방영되는 자연 다큐멘터리를 찍고 있고 틈날 때마다 바다 수영을 즐긴다. 또한, 2019년 1월 여성 과학자들의 남극 원정을 위해 조직한 글로벌 리더십 프로그램 '홈워드 바운드'(Homeward Bound)의 일원이다. 현재는 아일랜드 킨세일에서 남편과 두 자녀와 함께 살고 있다.

그녀가 이 책에서 권장한 활동들을 직접 해본 경험을 나누고 싶거나, 집이나 직장, 지역사회에서 지속 가능한 삶을 실천하기 위해 어떤 활동을 할 수 있는지 더 많은 정보를 얻고 싶다면, 웹사이트(www.changebydegrees.com)나 소셜 미디어 채널을 이용하길 권한다.

옮긴이 | 이순희

서울대학교 영어영문학과를 졸업하고 번역가와 청소년 도서 저술가로 활동하고 있다.

『기후책』『이것이 모든 것을 바꾼다』『미래가 불타고 있다』 등 환경, 사회, 경제 분야의 여러 도서를 번역했다. 또 지구와 환경, 기후변화 문제를 다루는 청소년 도서『빌 게이츠의 화장실』『그레타 툰베리와 함께하는 기후 행동』을 썼다.